U0522784

商务印书馆（成都）有限责任公司出品

负伤的知识人

民国人物评说

陈远 著

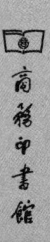

商务印书馆

目录

序

教育当年

批清华，也批北大，教育应该是什么样子？阅读这些关于民国教育的文字，依稀可以听到来自历史深处的呼唤：教育，魂兮归来！

2　清华风物今安在？
8　不同的大学，相同的命运
12　令人怀念的老报馆
15　家学的消亡
21　看那一群风流的人物
25　老南开人的一代风骚
29　北大110周年校庆的反思

昔日教育家

过去的教育家，都懂得教育的本质是塑造人。然而这个过程却不简单，每个大学的掌舵人，对于教育都有自己的理解，使得当年的大学各具姿态，而不似今日大学，千人一面。

- 38　胡适日记中的学潮
- 47　胡适不宽容的一面
- 50　梅贻琦的选择
- 54　生死皆寂寞的教育思想家
- 58　"性"博士的文化气魄
- 62　蒋梦麟：联合中的现实考虑
- 66　梅贻琦：西南联大的真正掌舵人
- 70　司徒雷登：燕京大学的灵魂

负伤的知识人

过去的知识分子，在其后半生走过的都是荆棘路。既不盲目赞美，也不一味渴求，对于这些前辈，若能有一种设身处地的体察，方不负先贤之初心。

- 86　黄炎培：以教育始，以政治终
- 91　此般师生此般情
- 96　在学术与气节的跷跷板上
- 104　被辜负的爱国心
- 110　梁漱溟的骨气和底气
- 119　历史的吊诡

123　费孝通的两个世界

127　刀割到自己方觉痛

132　贾植芳：负伤的知识人

137　赵俪生：一二·九知识分子的歧路

145　关于季羡林去世的几点思考

148　广陵散从此绝矣

换个角度读历史

并非试图推翻历史的定论，而是希望看到更真实的历史。

160　蔡元培为什么能够做成最成功的教育家新解

165　由燕京大学想到的

169　"北大是常为新的"新解

174　西南联大：不是最好的学校

178　郑天挺"奉调"南开探微

191　势利的历史

195　费正清为什么反对李约瑟

出山与在山

出山与在山，一直是摆在知识分子面前的两难选择。出山不比在山清，但若是知识分子一味爱惜羽毛，这个世界会是什么样子？

202　出山不比在山清

208　蒋介石：总统原来是常人

216　章乃器：在政治和经济的天平上

234　傅泾波：站在司徒雷登身边的人

244　大公报四巨头

读书札记

读书，就是和古人拼智慧。文字，尤其是回忆性文字，是有遮蔽的，要从古人的字里行间寻找漏洞。

260　两相比较读《家书》

263　家书中的历史

267　知道的和说出的

271　人间正道是沧桑

275　李新回忆录的一致与不一致

280　仅有理念是不够的

285　自由不在彼岸，而在于争取

288　道与势之间的党人之争

293　一杯毒酒，他却甘之如饴

298　陶菊隐又如何？

302　一边心凉　一边眼热

307　顾颉刚的方法　李泽厚的思想

311　"不采蘋花即自由"

与前辈谈

当代华语学术界四大重镇思想的精华。

316 李泽厚:《论语》非圣经

322 余英时:《论语》只能"冷读",不能"热读"

329 许倬云:《万古江河》是思乡,更是对中国的期望

340 与唐德刚先生聊历史

346 后　记

序

一

一花一世界。

一个人的命运,在历史和现实的宏大叙事面前,固然微亮如豆,却也能烛照一个时代一个国家的命运。

民国知识人的命运,实堪为读懂中国的一个群体样本。

曾几何时,有关这一群体的记忆,以意识形态画线,被割裂成了两个阵营。积极革命的,我们尚能从印刷品的程式化介绍中,描摹出他们命运的大致曲线,虽然,很大程度上,他们的群像,也被实用主义扭曲了;而当年这一群体中的其他许多人,却有意无意地被湮没于历史的掌故和故纸堆里。他们的作品不见了,他们的身影淡出了人们的视野,他们的声音消失了。甚至,偶尔遭遇了,也要视而不见。他们成了沉没的一群,失踪的一群。或者不为人知,或者印刷品上留给后人的,是供批判嘲弄的可憎甚至不乏狰狞的面目。

越来越苍白，他们渐渐淡出了人们的记忆。历史、学术和精神的传承，就这样被人为割裂中断了。

没有了历史的传承和记忆，纵然是这些已经走进历史的先辈的损失，而后来者更是注定了在精神上漂泊无依，命运也难免多舛。

好在四时有法度，人间有纲常。被颠倒的，总会反转，被污名的，也终会洗清。

时光流转，政治和经济形势的变化，人们不仅从西方，也开始从历史尤其是曾被刻意湮没的历史中汲取资源和营养，养育今日智慧及精神，以启未来。一批批尘封已久的资料档案先后开放，各种各样的回忆录、口述史以及研究著述，汗牛充栋。

却顾所来径，苍苍横翠微。拂去历史的尘埃，曾经沉没的历史，开始浮现，变得丰满和具象。一个个消失或者记忆模糊的名字，鲜活起来了。

原来世间多雄士，故国自是竞风流。

二

晚清以降，民国这一代知识人，他们成长于东西方思想文化冲突交汇之际，无论东方古老的传统，还是西方现代的思想观念，给那一代人留下了至深的印记。

他们与将逝的传统仍保留着血脉关联。对于古老的传统，无论爱与恨,都是切肤之感,而不似今人之隔靴搔痒。

西方先进文化,也渗透进了他们的血脉。甚至他们中的一部分人,自幼儿开蒙,即开始受西方文化熏陶。没有意识形态的限制,也少今人之功利主义物质主义的偏好,他们以今人都少有的开放心怀,吸纳异国文明,西方文化也成为他们的一个精神渊源。

在他们的故国,弱势的政府无暇他顾,无疑也给了那一代人思想的自由更高远的天空。无论传统现代,东方西方,在当时,都如天马行空般,留下了许多著述和传奇,给风雨飘摇的故国,涂抹了一片难得一见的瑰丽亮色。

不过,在历史的惊涛骇浪中,知识人终究只是驾了一叶扁舟,常常由不得自己,覆舟之难屡见不鲜。但整体性罹祸,却是世所少见。

鼎革之后,政治丕变。他们的思想和成就,虽然有过辉煌,甚至是一个时代文明的高点,却因是前朝旧物,自然不见容于要去的新社会,成了新社会新时代的"废弃物"。百无一用是书生。于是,要么自我改造自我革命,放弃旧日之自我,以适应新社会,要么渐行渐远渐无声,湮没于历史的洪流中。

曾经,贫病没有摧折他们,战火中的颠沛流离没有动摇他们,但他们在新时代却被轻易地放逐了。要多大的力量才能这样?

他们的爱国心,他们的家国情怀,被无情践踏,被辜负。他们是"负伤的知识人",为政治所伤,为时代所伤,为自己热爱的国家所伤。无疑,他们是近代中国最为悲情的一代知识人。

一个号称敝帚都要自珍的国家，却如此这般豪奢地对待自己民族的文化精英，弃自己的肱股之士如同敝屣，这又是怎样的悲剧？以至于后人打捞整理阅读那些曾经辉煌而又沉没的历史的时候，也是满怀惆怅悲情。

但无论如何，他们已经在历史上留下了自己的印记。纵然思想被雪藏，肉体遭摧残，他们都是幸运的。至少，他们犹如流星般，划过了黑暗的夜空。在精神上，他们也不是无根之木，他们有自己的故国家园可以守望。

相形之下，今天，包括我们在内的诸多读书人，在现实政治和物质利益的双重影响下，既无力续接古老的传统，也无法深入西方文化的核心，物质上进入了现代社会，精神上，却是无根之木，是漂流的浮萍，成了现代社会的边缘人。一旦受伤，没有也找不到可以回去疗伤的家园。今日之读书人变得越来越功利暴戾，缺少了雍容倜傥的精气神，也多源于此。

风流已绝。

三

知晓了从哪里来，才能明了去往何处。

我个人对民国史、民国时期知识人命运的阅读，既非为了猎奇，也非仅仅是为了自身知识的完善，更大程度上，像是一个流浪已久的游子，想找回自己的故园。

陈远兄的《负伤的知识人——民国人物评说》，在众多的民国读物中，跳出了相关当事人口述史的感情和利益纠葛，也不同于一般后世著述"事后诸葛"式的窠臼，从一个记者的角度，带着温情和敬意，搜集各方资料，沉着平缓地叙述复原着故国旧事，没有动人心魄的传奇，没有生离死别的悲壮，通过点点滴滴的小事，透过个体命运叙述朴实无华的文字，同样让我能感受到历史的惊涛骇浪与吊诡，以及个人在大时代的无奈与坚守。

风流总被雨打风吹去。

往者不可谏，来者犹可追。我只是希望，历史行进到今天，社会有进步，民国那一代知识人遭遇的风流劫，再也不会在后来者身上重演。这是我阅读陈远兄这部著述的感受，也是内心对我素所敬仰的商务印书馆出版这部书以及类似出版物的一点小小的期待。

朱学东
2011 年 10 月

批清华,也批北大,教育应该是什么样子?阅读这些关于民国教育的文字,依稀可以听到来自历史深处的呼唤:教育,魂兮归来!

教育当年

清华风物今安在？

历史常常诞生于偶然之间，偶然诞生的历史往往又能对后世产生重大的影响，比如说清华大学。清华大学的诞生众所周知是因为国耻，但无论从什么角度看，作为国耻的八国联军侵华事件与清华大学的诞生均无必然之联系。但是历史的诡吊，偏偏让这两件没有必然联系的事件联系在了一起，个中缘由，恰可用本文的开端作为解释。

《辛丑条约》签订以后，梁诚有一次往见美国国务卿海约翰，谈话中这位美国的国务卿无意说出了"赔款原属过多"，长于涉外的驻美公使当然不会错过良机。于是，梁诚一方面要求美方带头核减赔款数目，一方面又急报中国政府，建议向美交涉要求美方退还多余的款项。如何使美方把落入口袋中的银子再掏出来返还中国，梁公使想必大费心思。及至1907年12月3日，事情终于有了眉目，美国总统在国会宣布"我国宜实力援助中国厉行教育，使此繁众之国度能渐渐融洽于今世之文化。援助之法，宜将庚子赔款退赠一半，俾中国政府得遣学生来美留学"。

翌年12月31日美国国务卿路提正式通知其驻华公使柔克义：总统于1908年12月28日的实施法令中指示，赔款之退款从1909年1月1日开始。这一段曲折，便是被老一代清华人称之为"国耻纪念碑"的"游美学务处"的由来。

2003年3月份，我曾到清华校史专家黄延复先生家中与其进行过一番关于梅贻琦校长的对话，那篇对话最初经我整理，由于当时刚刚出道，整理结果殊不尽人意，后来经黄老审阅，黄老不辞劳苦，又经一番加工，几近重新写过，遂使文章文采斐然，此亦见黄老治学行文的严谨。那篇文章后来发表在我供职的《中国产经新闻》，随后不久，我辞职赋闲在家。其时，黄老以其多年研究清华校史的大著见赠。《图说老清华》即为其中之一。

赋闲在家，除了抓紧时间另觅饭辙，更免不了读书自遣。黄老的几本大著伴我度过大半无聊的时光。《图说老清华》以清华的校史为纲，借图片描绘老清华的轮廓，对于像我这样一个"爱读书不求甚解"的人来说，在读图的过程中遥想清华的故事，自然是最惬意的事。

清华前期人物，周诒春自然不可不提。周是清华学堂改称学校之后的第一任副校长，在首任校长唐国安卸任之后顺利接任，任职期间，于清华建树颇多：硬件如四大建筑（大礼堂、科学馆、图书馆、体育馆）的兴建，软件如"人格教育"和"三育并举"的倡导，均为可圈可点可歌可泣之事。而尤为不可不提者，则是1916年他呈文外交部，请"逐步扩充学校，设立大学部"，此为清华成为中国独立教育事业之开端,在清华校史上可谓浓墨重彩。周的呈文以行楷书之,洋洋数页,涂抹修改之处颇为不少,可见周校长擘画清华蓝图之心血。据黄老统计,在1959年公布的中科院学部委员中,这一时期的学生达28人之多,其中有曾任浙江大学校长的气象学家竺可桢、曾任北京大学校长的人口学家马寅初、困惑的大匠梁思成以及哲学家金岳霖,等等。早年的甲所与乙所为校长住宅,简陋而古朴,与我当时租住的小房子几近相同。所不同者,当然是前者宽敞许多。这一时期梅贻琦已学成回国,在清华出任教务长(1926—1928),不过其时周诒春已离任,当时的校长为曹云祥。

这一时期的教师合影看上去也颇具意味,譬如1921年的教师群体:国文部的梁启超诸人一律长袍马褂,而其他各部则均为西服革履。遥想这一群风流人物行走于清华园的景象,令人忍俊不禁。服饰的不同,其实代表了文化取向上的不同,这也从一个侧面体现了那个时代的文化多元性。

国学研究院也在这一时期得以成立。王国维、梁启超、陈寅恪、赵元任四位各具姿态,可谓天作之合。而吴宓则是国学研究院的主任。朱自清这时任教于中文系并兼系主任,刘崇鋐则是历史系的教授和系主任。后来当了云南大学校长的熊庆来先生,当时则是算学系的教授并兼系主任,其他的名师如叶企孙、陈岱孙也都身居要职,他们当时的照片看上去年纪都不大,好像都在30岁左右的样子。于是我就想我怎么就没有早生那么百八十年?就算不能在清华当个教授，去清华当个学生还是可以的吧？后来梅贻琦所说的"所谓大学者，非谓有大楼之谓也，有大师之谓也"，可谓渊源有自。

转眼到了1928年，清华学校鸟枪换炮，改称国立清华大学，光听名字就气派了很多。不过，国立清华大学可不光是名字听起来气派，虽然在此之前的清华学校几经曲折，甚至有几位校长竟然为学生所驱赶，连首任国立清华大学的校长罗家伦也不能逃脱这样的命运。不过平心而论，罗校长气魄极大，于清华之奉献在清华校史上亦有举足轻重之位置。罗校长在接管清华之初即强调师资之重要，他说："要大学办好，首先要师资好，为青年择师，……必须以至公至正之心，凭着学术的标准去执行。"他又说："研究是大学的灵魂，专教书而不研究，那所教的必定毫无进步。"此可视为后继者梅贻琦"大师论"的滥觞。其在职期间，开放女禁、淘汰冗员、调整学系、兴建土木均有雷厉风行之势。惜乎这位党国新贵作风比较专断，最终为清华师生所不容。罗校长离校之后，大家都认识到清华的校长不太好当，无人再敢轻易接管清华这块烫手的"热山芋"。

梅贻琦"生斯长斯"，虽知前途艰难，依然临危受命。梅先生有句名言："为政不在言多，故力行耳。"其人沉默寡言，但却众望所归，于是清华上下对此均无异议。梅先生为清华校史上最为出彩的校长，清华教授治校之传统可谓自梅先生始。此传统常为时贤追怀与击赞，非有大气魄大胸襟者不能为。此期间清华不唯大师林立，且英才辈出，如1929级的王淦昌、沈有鼎、施士元，1930级的李健吾、萧涤非，1931级的余冠英、夏鼐、钱思亮，1933级的吴组缃、林庚、乔冠华、万家宝、钱钟书等等不一而足。各种学会在此时期空前活跃，诸如中国文学会、史学会、社会学会、哲学会、物理学会等等，少者十余人，多者则达六七十人，譬如化学会。若非此后战乱频仍，清华于学术上的建树实在不可估量。

1937年7月7日"卢沟桥事变"，7月29日北京沦陷。清华、北大、南开奉命南迁，始迁长沙，后辗转而入昆明成立国立西南联合大学。凝视当时的校舍，不由令人心酸，其时的女生宿舍，竟还不如笔者中学时代所住的集体宿舍，想来教授们的住宿条件也强不到哪里去。无怪乎费正清访华时要惊叹他的老友们是如何在那样艰苦的条件下依然保持学术热情的了。联大的三位常委中，张伯苓曾经是梅的业师，蒋梦麟的资格也要比梅贻琦老，当时张蒋二位却有意让梅多担其事，毫无间隙之心。梅处事则事事体现至诚至公，使得三校均无意见，殊为难得。当时的联合大学并非别无分号，但是持续时间较久且成绩卓越者则只此一家。刚才说到教授们的生活条件艰苦，但是这时教授的著述却为数不少，文理科的教员均有累累硕果，这可以从存留的照片上看得出来。师生们的民主活动亦是此起彼伏，比较著名的有张奚若和吴晗的演讲，从照片上来看，听者甚众，几达数千人，令人艳羡不已。如今就演讲条件跟以前比起来已经是大为改观，且不必有生命危险，但此情此景，不复见矣。

抗战胜利后梅先生依然掌管清华。远在抗战前夕，以梅为首的清华校当局曾制定过一个"大清华"发展计划。按照这一计划，复员之后的清华有了很大的扩充。但随之而来的，则是频仍的内战和无休无止的学潮。及至1948年梅先生选择去台，清华的历史便从此告一段落。

如今清华的后人中，据我所知，梅贻琦的公子现已八十高龄，居北京。年前我曾想到府上拜访，惜乎老人住院，未能成行。如果将来有机会，我一定要当面问问老人：清华风物今安在？想来老人不会笑我迂腐。

（注：梅贻琦之子梅祖彦先生已于2003年去世。）

不同的大学，相同的命运

自上个世纪北大百年肇始，学界谈论大学渐成风气。不过，时贤所提及的大学多为声名显赫的国立大学，譬如清华，譬如北大，又譬如说中大。众人评说国立大学，自有道理，且不说国立大学得天独厚，有强大的国家财政支撑，又有众多精英为其建制殚心竭虑，单就在资料保存的完整性上，就让所有治教育史的史家心动不已。更何况现代大学问题重重，几近积重难返，也不由得让人怀念过去的老大学、老故事。

国立大学的历史受人瞩目理所当然，然而这不是说私立大学就理应受到冷落。而今日之情形恰恰如此，一方面是国立大学的备受瞩目，另一方面是私立大学被有意无意地"打入冷宫"。旧上海三所私立大学（大同大学、大夏大学、光华大学）相似的命运，或许可以为我们这个问题提供一个答案。

在中国教育史上，大同、大夏远远不如南开、光华等私立大学那样有名，但在当时，这些学校都曾经名盛一时。

大同大学创办于1912年3月19日（时称大同学院），其创办人均为北京清华学堂的教师,他们因为不满清华学堂陈旧的教育方式辞职一同来到上海,共同的宗旨(己欲立而立人,己欲达而达人)使他们在一起创办了"立达社",并想用立达社来改革中国的教育。大同大学即是这一思路的产物。历史不应该忘记他们的名字:胡敦复、平海澜、朱香晚、吴在渊、叶上之、郁少华、张季元、顾养吾、顾珊臣、华绾言、曹惠群。

校名典出《礼记·礼运》中"大道之行也,天下为公"的"大同世界"。原规定"社为干,校为枝",即大同大学只是立达社兴办的一个试点学校。大同大学的办校经费不向社会募捐,不接受私人或团体赠款,仅依靠社员自集经费。这种书生气十足的办学方式当时几乎遭到了所有人反对——既来自家人,更多的人的态度是嘲笑。但是大同的同仁"但忧毅力不充,不患度支之不足",一如既往地坚持把大同大学办了起来,并且成为了当时旧上海虽然是最穷但是教育质量却非常高的大学。由于经费不足,立达社于1920年开始接受社会资助,但是并没有改变大同私立的性质,也并没有因为接受资助而使教育沦为金钱的附庸。

20世纪的二三十年代是学潮最为频繁的时期。学潮有的时候是因为国事,但也有时候是因为人事纠葛、派系斗争。当时的环境对于教授还是比较宽松的,教授们在大学之间可以自由流动,"此处不留人,自有留人处",实在不行还可以自己创办学校。大夏大学的创办者们当初大概就是这样一种心态。1924年6月,厦门大学三百余位教师和学生闹学潮离校到了上海,在原来厦门大学教授欧元怀、王毓祥、傅式说等人的帮助下成立"大厦大学筹备处"。"大厦"即"厦大"之颠倒，后来取"光大华夏"之意改名大夏大学。大夏跟大同比起来显得很幸运，她不像大同那样困顿。这是因为当时有一个叫何纵言的学生，这个学生有一位显赫的哥哥，叫何应钦，引得社会名流纷纷捐资。我们单看当时的校董名单就可以想见其阵容：吴稚晖、汪精卫、叶楚伧、邵力子、张嘉森、马君武、傅式说等。说到教授更是囊括名家：马君武、何昌寿、邵力子、郭沫若、田汉、何炳松、李石岑、朱经农、程湘帆等。当时炙手可热的杜月笙也曾经屡次帮助大夏。大夏当时的盛况可见一斑。

与上述两所学校相比，光华大学相对来说还算是没有被现在的人们完全忘记，时贤论及以前的教育家，也多有提及张寿镛。这所学校同样也是学潮的结果。1925年"五卅运动"爆发后，圣约翰大学校长卜舫济强行阻止学生组织起来的声援斗争，这对于一个大学校长来说本也无可非议，校长的主要责任毕竟在于维持学校的正常进行，不过当时学生并不好惹，尤其是一个外国校长在处理涉及民族情绪的事情上体现得更是淋漓尽致。6月3日，部分学生发动"离校"运动，中国籍教师孟宪承、钱基博、张寿镛等17人为支持学生也同时宣布辞职。教育家自有教育家的眼光，虽然在离校这个事情上支持了学生，但是并不意味着可以放弃学业。随后由张寿镛负责经费筹划，王省三（其子王华照是当时的学生）捐出大西路90亩地作为校址，成立了光华大学。在张寿镛的管理下，仅仅用了一年多的时间，光华大学就发展成为了旧上海规模最大的私立大学之一。在太平洋战争爆发之后，日军进驻租界，光华大学被迫改名，但是也避免了日伪的控制。

这三所大学相似之处颇多，首先是创办年代（上个世纪一二十年代）、创办地点（上海）以及创办的原因（学潮或者人事纠葛），其次是性质相似，都是私立大学，都有很高的教育自主权。不过，意味深长的还在于它们共同的命运——被取缔、解散、或者并入其他学校。这自然要提起上个世纪50年代的院系调整，"这次院系调整表面的理由是为了加速中国工业人才的培养，或者说速成。但它的深层理由却有意识形态的考虑，也就是说，首先它要打破国民政府高等教育的基本格局，所以在这次院系调整中，原来国民政府高等教育的基本格局完全被打破了，主要标志就是教会大学和私立大学的消失。"（谢泳《从院系调整到大学合并》）本来科学知识的研究、传授本无阶级、帝国主义或社会主义之分，教育同政治也是两个不同的领域。然而，随着解放初期教育改革运动的不断扩大，程度的日益加深，院系调整就成为了新的人民政府要对旧世界的所有一切来一场脱胎换骨的、彻底改造的指导思想在教育领域的具体表现，这样就把教育不加分析地与政治等同了起来，把一些纯属学术方面的问题纳入了政治思想范畴。50年过去了，当我们纷纷质问为什么我国不能产生像哈佛、耶鲁这样著名的大学的时候，我们是否有人记得那些大学一直存在着私学传统，在教育自治上有着绝对的权力？我们是否还能记起在以前，我们也曾有过这样的学校？

令人怀念的老报馆

2002年是《大公报》创刊100周年,这不由得使人想起了以前的那些老报馆。

说起老报馆,就想起了以前的编辑。以前的编辑胆子是非常大的,脾气也是非常大的。1924年的时候,孙伏园在《晨报副刊》做编辑,当时鲁迅写了一首诗《我的失恋》寄给了晨报,孙伏园随即编排。但是在见报的前天晚上,孙看到鲁迅的稿子被总编辑刘勉已撤掉了。孙当时就很气愤,偏偏刘又跑来说鲁迅的诗要不得。孙于是"气急了",顺手就打了刘一个嘴巴,不止如此,孙还追着刘"大骂了他一顿"。第二天,孙就愤而辞职了。

如果说孙伏园敢打总编仅仅是脾气大,那么《申报》的大老板史量才就可谓胆子大了。史量才做《申报》老板的时候,坚持"报纸是民众喉舌"的功能,"除了特别实力的压迫以外,总要为人民说些话"。"九一八"以后,《申报》支持抗日爱国运动,抨击时弊,很是让蒋委员长头疼。于是蒋找史先生谈话,警告说:"不要把我惹火,我手下有一百万兵!"史先生反唇相讥:"对不起,我手下也有一百万读者！"不过读者终归不是兵的对手，史先生最后还是被暗杀了。

这样的事在当时并不鲜见，《大美晚报·夜光》副刊的编辑朱惺公就因为把汪精卫的诗改为"当时'慷慨歌燕市'，曾羡'从容作楚囚'。恨未'引刀成一快'，终惭'不负少年头'。"刺怒了汪而遭到了与史量才同样的结局。

这样的事情在当时是很多的，"萍水相逢百日间"的邵飘萍和林白水，敢于当面抨击孔祥熙的彭子冈……看起来不怕死，敢于碰硬是老报馆的一个传统。老报馆能形成这种传统，说明当时的社会制度还是有一定的弹性的。独裁者固然残暴，却也不敢公开违背"新闻自由"的原则。

除了这些可歌可泣的故事，老报馆还有许多事情让人感动。那就是在对待青年人的态度上，那时的人们是不大讲资历这玩意儿的。只要你肯钻研，能做事，社会是会给你舞台让你施展的。李健吾的《终条山的传说》在《文学旬刊》上发表的时候，他才18岁。要知道《文学旬刊》并不是一家寻常的小刊物，而是大诗人徐志摩"方从英伦回来"之际创办的一个文学刊物，其时鲁迅正"如日之向午"。像李健吾这样的文学青年能在上面发表文章是很不容易的。

萧乾进入《大公报》接手《小公园》副刊的时候，年仅25岁。年轻的萧乾看到老气横秋的旧稿件根本就不感兴趣。萧把自己的想法如实地告诉了老板胡霖。胡并没有因为萧年轻就忽视他的话,而是让他放开手对《小公园》加以改造。萧乾果然也不负厚望,大刀阔斧地进行了改革,使《小公园》一下子成了中国文坛的重镇。

看看现在,想想过去,老报馆是有许多故事让人怀念的。

家学的消亡

研究近现代学术史,有一些名字是无论如何也无法绕过的,比如说梁启超,比如说陈寅恪,比如说俞平伯,又比如说钱钟书。研究学术史,还能发现一个有趣的现象,那便是家学。上述的各位大师,在近现代学术史上都不是一个孤立的个体存在,由他们向上或向下追溯,都可拉出一串在学术史上举足轻重的名单。家学产生及其消亡,皆有深刻的社会原因,个中关系,很难用简单的谁隐谁显来概括。

家学的产生,与儒家学说在中国两千年的正统地位关系极大。注重伦理的儒家学说在漫长的中国学术变迁史中加重了文化的家族主义的色彩。在中国悠久的历史上,文化世家层出不穷,三班、三曹、三苏以及万泰、万斯同、万经,王安国、王念孙、王引之等等都是其中的代表。及至现代,学术家族更是屡见不鲜,在高增德先生主编的《中国现代社会科学家大辞典》中,就收有众多的父子学者(如严复和严群)、兄弟学者(如陈衡恪和陈寅恪)、叔侄学者(顾延龙和顾颉刚)以及夫妻学者(钱钟书和杨绛)和翁婿学者（余嘉锡和周祖谟）。多重关系相互交叉，使得学术史的研究极具趣味。

家学何以在当代社会的演变中消亡，这个问题曾由高增德先生在《家学：现代学者的成名渊源》一文中提出过。但是高先生虽然提出，并且认为对于这一现象进行深入的探讨，"很可能是有益于当代及今后的文化学术发展的事情"，却没有在文章中给出这一问题的答案。笔者不揣浅陋，试以新会梁家为例对这个问题做进一步阐释。

在梁启超之前，新会梁家仅仅是在乡村中比较常见的耕读之家。梁启超在其《中国文化史——社会组织篇》中这样描述他的故乡茶坑村的私塾状况："教师总是在本乡念过书的人。学费无定额，多者每年30块钱，少者几升米。当教师者在祠堂得领双份胙，因领双胙及借用祠堂故，其所负义务，则本族儿童虽有无力纳学钱米者，亦不得拒其附学。"这种以家族为中心的崇尚读书的风气与新会梁氏的兴起息息相关，没有这样的环境，也就不会产生之后在现代文化史上占重要位置的梁氏家族。

对梁启超的人生选择产生直接影响的，则是梁的祖父和父亲。梁启超说自己"之为童子时，未有学校也。初认字，则我母教我，直至十岁，皆受学于我祖父"。梁的祖父梁维清"勤俭朴实，其行己也密，忠厚仁慈，其待人也周，其治家也严，而训子也谨，其课诸孙也祥而明"，在当地是颇受人尊重的乡绅。承其祖父的余荫，梁的父亲梁宝瑛在故里也颇有声誉，其"平生不苟言笑，跬步必衷于礼，恒性嗜好，无大小一切屏绝；取介之间，一介必谨；自奉至素约，终身未尝改其度"。他教育子女非常严格，对梁启超尤寄厚望，启超言行稍有不当就会遭到父亲的训斥。家庭的耳濡目染，无疑对梁启超日后的思想发展以及在对其子女的教育上产生深远的影响。同时，在这种家庭教育下，不仅产生了梁启超，还培养出了词学名家梁启勋与哲学史家梁启雄。避开他们的学术成就而单谈他们之间的学术关联，由此钩沉家学这种现象逐渐消亡的原因，本身就显得颇具意味。

梁启勋是梁启超的二弟，于诸兄弟中与乃兄年龄相距最近。少年时与梁启超同就学于万木草堂，其间兄弟之间如切如磋自是应有之义。梁启超早年流亡日本，其时梁启勋在美国哥伦比亚大学学习经济，兄弟之间常常鸿雁往来，探讨学问之道。及至1912年10月梁启超回国，梁启勋则成为乃兄负责家庭事务的左右手。任公的诗词以及这方面的研究作品虽少，但却一直兴趣未失。这种兴趣对与其朝夕共处而又专事词学的二弟无疑会产生影响。"从根本上说，梁氏兄弟的学术都是对中国文化的阐释，只是重心不一。任公的重心在于史学与诸子学，而梁启勋在于文学"。与梁启勋相比，和梁启超同父异母的七弟梁启雄与长兄的年龄差距要大得多。梁启雄生于1900年，比梁启超小27岁，从年龄上几乎可以说是两代人。上个世纪20年代初，任公在南开授课，梁启雄在南开就学，自然就成了乃兄的"入室弟子"。1925年，梁启超被清华国学研究院聘为导师，梁启雄则在其兄的帮助下成为清华的助教。任公当时正处于诸子学研究的高潮，启雄则在乃兄的影响下开始了诸子的研究。及至30年代初，梁启雄已经成为在诸子学、史学领域颇有造诣并有所成就的学者了。1960年梁启雄的《韩子浅解》由中华书局出版，他在"附语"中表示这贡献与"党的英明领导分不开"。然而，若真的要考镜源流，倒毋宁说是受了乃兄的影响更为确切。

研究近代学术史，师承和家学是两个不可忽略的重要因素。这一点在梁启超的子女身上体现得更为明显，与梁启超对诸兄弟的影响不同，梁思成一代的成长和其学术成就的取得都可以说是得益于任公的"设计"。任公晚年反思自己的学术历程，深感自己的学问"病爱博"，"尤病在无恒"。是以他在诸子女求学时颇为注重学习的专精和恒心。事实上也确实如他所愿，其子女九人，在学术上多有成就，困惑的大匠受世人瞩目自不待言，其他的子女也都多有建树，如图书馆专家梁思庄以及火箭专家梁思礼。

梁启超在为其子女精心设计道路的同时，既注意兄弟间的学术优势互补，又注意顾及子女的兴趣。对于梁思永选择考古，他就明确表示："思成和思永同走一条路，将来可以互得联系观摩之益，真是再好没有了。"任公最初给二女儿思庄设计的道路是学习生物学，但他得知女儿对于生物学并无兴趣后，特地给思庄写信，表示"狠怕因为我的话扰乱了你治学之路"。及至1949年，共产党以新政权的建立昭告世人：世界变了。从旧社会中走来的知识分子们在新的局势中显得有点不知所措。他们诚心诚意抱着满腔热情来建设新的社会主义，但是他们发现，无论他们如何努力，可能都无法适应当时之形势。"批评共产党在城市规划工作中采取关门主义的态度"的"反动学术权威"梁思成自然在运动中"在劫难逃"。这里仅举一个小小的例子：1967年梁家再次接到通知限他们三天内全家搬到一间24平方米的房子里去，这是梁家的第三次搬家了。梁思成和夫人林洙在整理书籍时发现了一些精美的塑像和小雕塑的图片。夫妻俩于是停下来欣赏这些图片，困惑的大匠抚摸着上有一对汉代铜虎的图片情不自禁地对夫人说："你看看，眉，你看看多……""美"字还没有说出来，忽然想到这是一个在当时犯忌的词，于是立刻改口说："多……多么有'毒'阿！"一个噤若寒蝉到如此地步的学者，又怎么敢以自己为榜样教育自己的子女？这些运动给中华民族的传统文化造成了多大的损失姑且不论，但是以儒家文化为基础的家族文化却是彻底地被粉碎了。

当然，家学的消亡也绝非能用政权更替来简单概括，在考察现当代学术史的时候，我们也应当注意到，现代学制的确立，在某种程度上来说也是对家学的一种瓦解。然而，同意识形态的强大力量相比，这方面的因素就显得微乎其微了。

家学的产生，需要一个相对宽松的读书环境以及以家族为中心的社会文化结构。近代以降，政权更迭，政体频变，但并没有对相对稳固的社会文化结构产成冲击。清末至民国期间"你方唱罢我登场"的政客们似乎对于文化环境比较仁慈，虽然真正的原因是因为当时频繁的战乱使得当时的执政者们无暇顾及加强意识形态的控制。然而，应了中国的那句古话：国家不幸诗人幸。这种混乱的政治局面在客观上起到了保障文化生态良性发展的作用，以致上个世纪上半叶中国大师辈出，群星璀璨。加上父子、兄弟、夫妻、翁婿等诸多关系交叉，使得当时的学术史在后人看来是如此摇曳多姿。

参考文献

罗检秋：《新会梁氏——梁启超家族的文化史》，中国人民大学出版社1999年版。

林洙：《困惑的大匠——梁思成》，山东画报出版社2001年版。

高增德：《鸿儒遍天涯》，湖北人民出版社1997年版。

看那一群风流的人物

说起南社,对近代史稍微熟悉的人恐怕都会想起"欲凭文字播风雷"的大诗人柳亚子。这位诗人不仅仅是南社的主要创办人,而且因一度与共和国开国领袖诗词唱和而使得柳亚子这个名字在近现代史上格外响亮。

前一段时间,因为写一篇关于老报馆的文章,翻阅了一些史料,竟然发现在辛亥革命前后,京、沪、苏、浙、湘、粤甚至南洋等地的不少报纸,一时之间都被南社社员所掌握。南社建立于1909年11月13日,主要创建人为柳亚子、陈去病、高天梅,早期社员有于右任、叶楚伧、包天笑等人。其时,反清之潮渐成大势,南社也以排满反清为鹄,以文字鼓吹革命。不过,据早期社员包天笑回忆:"南社是提倡旧文学的一个集体,虽然其中人物,都是鼓吹革命的,但他们的作品,还是固守着文言,不掺杂白话。"从南社的发展来看,这样的评价基本上是中肯的。

南社的主要创办人柳亚子早年曾加入中国教育会,随后因结识章太炎、邹容、蔡元培等老牌革命党,并受他们的影响鼓吹暗杀。不久又先后加入中国同盟会和光复会，成为"双料的革命党"。虽然柳亚子向往的暗杀行动屡屡因事未果，但是这些早期的活动为其创建南社奠定了坚实的基础。

　　1912年1月，南京临时政府成立之时，柳亚子已经是南社名副其实的精神盟主了。他曾应邀赴南京出任临时大总统的秘书，但三日后即称病辞职，返回到上海进《天铎报》任主笔，不久又陆续到《民声日报》、《太平洋报》任文艺编辑。后两家报纸均是由南社早期成员叶楚伧创办。《太平洋报》创办于1912年4月1日，是民国后首家大型日报，叶楚伧任总编辑。南社的早期社员如朱少屏、苏曼殊、李叔同等多为协助编辑。于是该报成为南社的重要阵地也自是应有之义。该报仅仅支撑了半年，便因经费拮据而告终。是年12月，叶氏入《民立报》主编副刊，该报的创办人于右任也是南社早期社员，在之前还曾创办《神州日报》、《民呼日报》和《民吁日报》，因为批评政府，坚持不偏不倚的编辑方针，大都中途夭折。不过于右任颇有一股不屈不挠的劲头，报纸被禁后就随后创办其他的报纸，加上当时创办一份报纸也没有像今天这样困难，于右任因此成为民国时期著名的报刊活动家。

　　《民立报》停刊之后，叶楚伧又先后参与了《生活日报》、《民权素》、《妇女生活》等报刊的编务事项。1916年1月22日，叶楚伧在陈英士协助下又创办了《民国日报》，其早期成员邵力子、朱执信、戴季陶、沈玄庐、成舍我多为南社的社员，其撰稿人也多为当时的南社健将，如柳亚子、余十眉、王德钟等。《民国日报》

在南社历史上占有举足轻重的地位,其后南社的瓦解以及新南社的创建都与《民国日报》紧密地联系在一起。

南社的瓦解缘于当时诗坛上历时已久的宗唐尊宋之争。这次争论的战场也是《民国日报》。其时,成舍我在该报担任副刊编辑,他经常发表朱鸳雏、闻野鹤等人的宋体诗,这引起了柳亚子的不满,并著文进行批评,这场文学上的论争最终沦为谩骂和人身攻击。盛怒之下,柳亚子在《民国日报》上刊出声明,宣布开除朱鸳雏的南社社籍。不到十九岁的成舍我恰值年轻气盛,在柳亚子登载声明的当天,他也草拟了一份文告,刊于《申报》,号召南社社员"最好能一起驱逐柳亚子出社"。于是柳亚子在《南社丛刻》第二十集中又宣布开除成舍我的社籍。这场争论使南社元气大伤并导致了南社的瓦解。不过,"度尽劫波兄弟在,相逢一笑泯恩仇",在事隔多年之后,两位风流的人物在彼此的回忆中不期达到了谅解。柳亚子追悔"那时自己是少年气盛,狂放到不可一世",成舍我则承认自己当时"才十八九岁","还年轻"。不过,这已经是后话了。

值得注意的是,南社社员与当时大名鼎鼎的胡适之似乎颇不相恰,甚至有时还相互攻击。不过,当时的社会在文化生态上循环良好,结社、出版以及大学(南社社员经亨颐为著名教育家,时为浙江省立第一师范学校校长)之间均有良好的互动联系。这个社团不适合你,总还有别的社团可供选择,当然,选择不选择也有你的自由。至于报刊,如果这个报纸(或者刊物)不同意你的观点，总还有那个报纸（或者刊物）可以让你发表。所以不会让人感到窒息，南社一群风流的人物便是在这样一个个性舒展的环境中孕育而出。南社从创建到瓦解，再到后来创建的新南社，也不过二十余年，而影响流布大江南北，其中社员之间的关系重重交织让后人看来也别具趣味，有同乡、夫妻、兄弟、父子以及师生。

　　过去的文人结社并不鲜见，但影响如南社者则甚为少有。1949年之后，随着一个时代的远去，文人结社以及涉足报界和大学则几乎没有。那群风流的人物，在地下或会感到些许寂寞吧。

老南开人的一代风骚

西南联大是现代教育史上公认的奇迹，当年美国学者费正清到昆明去，就曾经感叹他的老友们是如何在那般艰苦的生活中依然保持了对学术的热情并且还取得了丰硕的成果。如果说在西南联大之后，清华和北大依然被昔日的光环笼罩而备受世人瞩目，那么南开则正在人们的记忆当中渐行渐远。

南开大学建校85周年的时候，校史研究室特意编撰了一套丛书，一方面为回顾过去，感念南开昔日的辉煌；更重要的一面，我想，大概是为了从过去令人感念的往事之中汲取资源，展望南开今后的道路。南开大学校史研究室的王昊兄，知道我对这方面素有兴趣，特意给我寄来一套，其中最让我感到欣喜的，当属《联大岁月与边疆人文》。

过去的大学，大抵上和一个人差不多，总有一些自己的特性。这些特性发展到了相当显著的时候，在人就成了所谓的性格，在大学来说，就成了所谓的校风或者校格。一个学生从哪个学校出来的，从他的言谈举止就能推测个大概。也许正因为这一点，《联大岁月与边疆人文》在上编"西南联大岁月忆往"中，收录了近20位老南开人对于联大岁月的追忆。时隔60余年，这些"老南开"大多谢世，健在者也都已是"鲁殿灵光"，存留在他们记忆中的这些吉光片羽，并非全面展现南开一个世纪风风雨雨的沧桑，也并非叙述南开曲折而又辉煌的历程，不过，诚如序言中所说：南开之所以为南开，从中当能察知一二。

关于费正清的疑问，我想，费正清所指生活艰苦除了物质方面之外，对于学者们来说，大概资料的匮乏才是让他发出这样喟叹的原因。陈序经在《我怎样研究文化学》一文中也曾说到这个问题，不过，他把这个问题变成了对研究学问有利的原因。他说："……参考的书册太多了，看了一本，又想看别本，这样类推下去，有的时候，反而不太容易动笔。"与其临渊羡鱼，不如退而结网，于是"在蒙自那个环境之下"，他也"作了不少研究"。关于学者们对于学术的热情，时贤多有论及，不过，我以为，与其从理想主义的角度无限拔高，不如从现实角度审查一番。每个人都渴望美好的生活，学者们自然也不例外。过去的社会给他们提供了这样一个环境：那就是整个社会都对学问怀有尊重。学者们对于学术的热情，除了"自得其乐"的原因之外，上面的原因也不当小视。当然，这样说，并非否定前辈们"允公允能"的胸襟。

除了学者自身的热情，联大时期师生之间的情谊也值得一提。近年来，梅贻琦先生有句名言常为时贤所征引，那就是"学生没有坏的，坏学生都是学校教出来的"。无独有偶，一代名师查良钊在联大时期也曾经说过:"把学生看作自己的子弟,一切为他们着想好了。"如此师生情谊,对于学术的传承意义不言而喻。放眼当下,我们不但在学术上难望前人之项背,就是连这样的为师之道也已难见。

下编《边疆人文研究室》中选编的当时学者们的书信往还以及学术论文,也算是费正清那番感叹的一个注解。边疆人文研究室的主事者为西南边疆社会研究的开拓者之一的陶云逵,作为同时代的学者,费孝通先生这样评价他:"他是我的畏友,我爱找他谈,就是因为我们不会在离开时和见面时完全一样,不会没有一点的领悟,不会没有一点新的烦恼。"在陶云逵的带领下,边疆人文研究室同仁编辑出版了《边疆人文》,虽是油印刊物,不过质量却不差,当时,著名的学者如罗常培、闻一多、向达等人都曾经在上面发表过论文。可惜的是,陶云逵以不惑之年于1944年早逝于昆明,不然,中国社会学于此后的格局也许是另外一种局面。60年的斑驳岁月,边疆人文研究室和陶云逵几乎淡出人们的视野,少有提及。此次重新发现,可谓是功莫大焉。

郑天挺从严格意义上来说并非是老南开人,在西南联大时期,他更多的是以"老北大"的角色活跃在各个场所,三校复校之后北大学生送给他一幅"北大舵手"的锦旗,可见他和北大关系之深。1952年院校调整,郑天挺"奉调"而去南开。对于这个决定,他于"思想上颇有波动"。郑天挺产生思想波动的原因,除了他自己所说的三点之外(见《南开学人自述》第一卷,郑天挺:《自传》），我总觉得还与当时的局势有关，也与当时有关方面与南开的看法有关。这个看法是什么，我们不得而知。不过，从这一细微之处，细心之人或许可以找到南开衰落的线索。从这个角度来说，我们回首老南开人的一代风骚，倒有几分"白头宫女在，闲坐说玄宗"的悲凉了。

北大110周年校庆的反思

在如今的北大人当中,我对钱理群先生抱有一份独特的敬意。

十年前轰轰烈烈的北大百年庆典,大家津津乐道的,都是蔡元培时期的辉煌以及老北大的逸闻韵事,后50年的校史,竟然无人谈起。堂堂北京大学,后50年的校史竟然无人捉刀?非也。个中原因,大家都心知肚明,只不过大家都是聪明人,心里知道,嘴上不说。

但是钱理群不。

就在北大百年那一年,钱理群选编了《北大百年:光荣与耻辱》一书。在书的序言中,钱理群说出了这样一个"基本事实":

"我们高谈北大的'光荣',却不敢触及同样惊心动魄的'耻辱';我们一厢情愿地描绘了一个'一路凯歌进行'的百年辉煌,却闭眼不承认前进道路中的坎坷、曲折、倒退与失误;我们用鲜花(其中有的竟是假制的纸花)与甜腻的歌唱掩盖了历史的血腥与污秽!而更为无情的事实,还在于我们在片面描述,以至曲解、阉割历史时，实际上正是在掩盖现实北大的种种矛盾、诸多黑暗与丑恶！当某些人用夸大北大的光明面（本来北大的光明面是谁也否定不了的，根本用不着夸大其辞）来壮胆，声嘶力竭地高喊'北大不败'时，却正是暴露了他们内心深处的缺乏自信与空虚。"

确实，自抗战胜利北大复校到"西移"燕园，北大少了逸闻韵事，多了风风雨雨。

马寅初校长是后60年中被提及最多的一任北大校长，自1951年被任命，在北大执政近十年，对于北大后来的发展模式影响至深。马校长是从旧社会中走出来的，但是和那个时期的校长却又迥然不同。

且来看看马校长的就职演讲："同学们或许要听取我的建校方针，这点不免使诸位失望。我认为建校方式是中央所定，一个大学校长只有工作任务，没有建校方针。一个大学校长应以执行中央的政策，推动中央的方针为己任。"马校长还说："中国已经走上了一条新的道路，我们只能前进，不能后退。倘若还是固步自封，不肯赶上时代，必然落后，甚至于被淘汰。"

担任校长不久，马寅初就干了一件惊天动地的大事，这件事后来成为一场政治运动的导火索。针对解放初期师生员工的实际情况，为倡导师生学习政治、改造思想，马寅初首先在北大教师中发起了一个以改造思想、改革高等教育为目的的学习运动，并邀请周恩来为北大教育学习会作第一次报告。后来全国范围内兴起的知识分子思想改造运动，就是以此为发端。

陆平校长是现在说得比较少的校长，但是其出任北大校长是北大历史上的一个转折点，如果说马寅初校长时期北大还有一些老大学的影子，那么，后来北京大学学术品格和大学理念的塑造，则是通过陆平实现的。陆平接任北大于风雨飘摇之际，那一段历史至今难以理清，去年北大出版了《陆平纪念文集》，对于当年事情多有披露，有兴趣的读者不妨找来一读。本文择取作家叶永烈对于陆平的一段回忆，回忆中折射的则是北大独特的魅力：

在结束采访时，他竟问起我来："你是北大理科六年制的毕业生。当时，我是六年制的积极倡导者之一。你能不能就你毕业之后的工作实践，谈谈六年制的利弊？你对当时北大课程设置，有什么意见？……"

这时，他的夫人笑道："你怎么还像在当北大校长的时候一样？"

他大笑起来："虽然我现在不当校长，我可以把他的意见转告北大嘛！"

"哦，他的心还在北大！"模仿一下叶永烈的语句：哦，对了，后60年的北大校长中，陆平的前任江隆基和后任周培源也都可圈可点。

1957年，北大是重灾区，一千多名学子沦为"贱民"。虽然20多年前的1979年均已得到全部"改正"，但作为抓"右派"的北京大学当局，却从未向受害学生公开致歉或进行赔偿，甚而连"改正"前应发还的20多年工资也不返发。历史的原因不去说了，只说前不久看到一则消息：今年2月16日北京大学举行校友春节联谊会，当年的右派学生，如今已是白发苍苍。在联谊会上，他们抓住难得与校长直接沟通的机会，他们的诉求简单而质朴：我们到底是不是北大学生，北大是不是我们的母校？并说同学们的要求非常简单：首先要向受害学生道歉。对于他们公开当年"右派"学生档案的要求，校方也没有满足。一向"open"的北大，在一些方面表现得相当保守。怪不得那些北大当年的学生会问："北大五四精神哪里去了？蔡元培精神哪里去了？独立自主精神哪里去了？"只是，谁来回答这些问题？

北大110周年校庆，是否还是会把这些当年的"右派"学生排除在外？

1966年，"文革"在北大校园内打响了第一枪。那一段岁月，人们提起来都会用到"不堪回首"。"不堪"是真，"回首"却很必要。

北大一直领风气之先，正视历史，更能显现北大的荣光。恢复高考那一年，千万考生绝大多数人的第一志愿，不是北大，就是清华，人们对于中国最著名的两所高等学府的向往，没有因为历次运动而消减。那一年，北大总共录取了一千多名考生。那些考生，此时正是我们国家的"中流砥柱"。

改革开放之初，能有哪个出自民间的口号比得上"小平您好"？这一世界著名的口号，已成为人们对邓小平开创的改革开放时代的情感怀念。其发源地就是北京大学。1984年国庆节大阅兵时，北京大学的学生队伍走近天安门检阅台，呼啦一下子展开了一幅光彩夺目的大标语——"小平您好"。之后的《邓小平百年诞辰纪念册》，以及关于邓小平一生功绩的纪录片都是以此口号作为标题。至今我们没有看到关于此事的校方记载，只能从几个当事人的零星回忆中勾勒出当时的大致情景。

作为当事人，原北京大学生物系81级学生郭建崴谈到当年的举动时依然心绪难平："国庆的前一天，我们在扎花的同时说起游行的事情，大家总觉得通过口号、花束等不足以表达内心的激情。有一个叫常生的北京同学，建议写个标语打出去，我们都觉得很有创意，就准备动手制作。"

郭建崴特别提到，他们的想法并不像一些媒体报道的那样进行了很深的思考。他们只是觉得中国正在发生巨大的变化，能够亲历这一历史时刻，真的是很幸运。"我们处在一个历史转型的时期，小平同志对当时的中国走向起到了很大的推动作用。通过邓小平，我们看到了国家的希望，因此我们很自然就想到了用'小平您好'这几个字。"

当郭建崴们打出"小平您好"标语的那一刻，当时北京大学的校长陈佳洱在天安门的观礼台上。他的第一反应是"北大学生是不是闯祸啦?!"因为"原来规定不能随便带东西的。同学带了这个标语了，学校可要挨批评了"。陈佳洱"看看小平同志"，结果邓小平没有生气，并且带头鼓掌，陈校长才"高兴"起来。

1998年，北京大学迎来百年校庆，众多世界一流大学的校长聚集燕园，国家领导人亲临现场，世界的目光，在此聚焦。

也是在那一年，国家主席江泽民向北大当时的校长陈佳洱提出了要求：北京大学要创建世界一流大学。也是在那一年，众多世界知名大学的校长云集北大，世界的目光聚焦于此。而在百年校庆那一天里，陈佳洱"最难以忘怀的就是中央领导这么重视北大的校庆"。在卸下北京大学校长这一职位之后，陈佳洱回顾：当时觉得"最关键的还是要能让我们的老师、我们的学生理解我们国家的现状，理解我们国家关于教育的政策"。

已经在北大校长任上度过了8年的许智宏，是一个具有争议性的人物：对于北大学生操刀卖肉，他说正常；对于世界瞩目的北京大学，他说需要改革；对于最容易惹人争议的人事改革，他敢大刀阔斧；对于世人瞩目的大学校长位置，他说累……看起来儒雅的许智宏，内心或许和他的外表带给人的感觉大相径庭。不过，在我看来，在后60年的校长中，许智宏也许是最用心体会蔡元培那一代教育家理念的北大校长：在今年人大会议期间，许智宏与几位校长和其他代表又呼吁，应加紧修订《高等教育法》，给高校更多的自主权，能够确保大学规范地行使权利，又避免"千校一面"，并确保国家的投入。

然而，要叙述北大的后60年是困难的，老北大风流不再，老故事无人流传。平心而论，让人们津津乐道的老故事，不是评判一所大学水平的关键指标，缺少了故事的北大，也许正是当代大学向制度化迈进的表现。只是，以后我们说起这60年的北大，或许只有一系列的数字和一系列的政策。

过去的教育家,都懂得教育的本质是塑造人。然而这个过程却不简单,每个大学的掌舵人,对于教育都有自己的理解,使得当年的大学各具姿态,而不似今日大学,千人一面。

昔日教育家

胡适日记中的学潮

北大教职员捐俸建筑图书馆

胡适教授提议……已得多数的赞成……出于罢工运动之后……尤足表示教职员之纯洁。

昨天下午各校教职员代表，召集各该校同事，报告罢工以来经过及宣传复职情形。北京大学因校舍被人纵火，守卫甚为严密，故特假美术学校大礼堂开会。因天下大雨，至会者共五十余人。代表李大钊、谭熙鸿二教授将罢工后经过详情，一一当众报告。后由徐宝璜提议，该校教职员，对于该二代表之奔走和措施，加以感激和追认，众赞成，遂一致道谢。次由代理校长蒋梦麟报告校中失火情形，谓失火之后，由在校教职员组织委员会日夜轮流守卫，全体教职员理应表示感谢，并于复职后分任仔肩，全体赞成。次由胡适教授提议，"校中此次出险，幸立时设法扑灭，未至成灾，事后又由在校职员组织委员会分别守卫，故无发生意外之虑。但此种举动，究系暂时的而非永久的。北大图书馆何等重大，非特数十年来购藏中西书籍，为值甚巨，即论开学以来之公文案件，学生成绩，关系亦属非轻，倘一旦付之一炬，损失之大，何堪设想。此次教职员罢工运动，早已一再宣言，系维持教育，不为个人私利。本校教职员对本校有切身肺腑之关系，对于最重要之图书馆，自然同有维护之责。所以我提议，为免除北大图书馆危险起见，请今日到会诸君发起，将本校教职员本年四月份应得薪俸，每月薪俸在六十元以上者，全数捐作图书馆建筑费。每月薪俸在六十元以下者，自由捐助。此款由北大会计课分四个月摊扣，存储银行，作建筑新图书馆之用。此议案由今日在会同人发起以后，持往各教职员传观，并请赞成者签名"。当时在场教职员全体赞成，惟对于办法上稍有讨论。马裕藻主张，"薪俸在六十元以下者只能自由捐助，未免轻视得薪较薄者之人格。"结果将六十元以上或以下之薪俸，经多数赞成通过以后，均捐作图书馆建筑。均赞成，散会已七时矣。

这则剪报，粘贴于胡适1921年5月3日的日记之后，既无报名，亦无日期。我没有"考据癖"，故不想考证这则剪报的出处，但是这则剪报中涉及的各校教职员罢工的事件，却引起了我的注意。

这次罢工事件前后历时达五个月之久，原因则可追溯到1919年末，其时，北洋政府增加军政费用，克扣教育经费，为此，蔡元培与北京各大专以上校长曾于12月31日同时提出辞职。直至1920年1月情况才得缓和。但是，这种缓和的局面并没有持续多久，到了1921年春，象牙塔里的教授们"又不耐饥了，而且实在没法维持了"（马叙伦：《我在六十岁之前》）。因为"他们常常两三个月才能领到半个月的薪俸"（蒋梦麟：《当代世界中的中国》），同时，他们"也觉得政府对于教育满不在意，只是做他装点门面的工具"（马叙伦：《我在六十岁之前》）。北京大学等八校教职员遂于4月8日全体辞职，并通电全国。4月29日胡适从章洛声处得知，"靳云鹏和曹锟闹翻了，靳要辞职不干了，已把阁员全体邀往天津，决议辞职的手续"。使得"明天的内阁会议通过教职员认可的条件"的计划破产，胡适"五十日的风潮或许可以告一个结束"的猜测也自然落空。5月1日，政府正式宣布了三条解决的办法，次日的胡适日记粘贴有这则剪报，说的是这则剪报的内容：

一、自四月份起，财政部对于北京国立专门以上八校及北京师范暨公立中小学每月经费、临时各费二十二万元未筹有的款及确实保障方法以前，由交通部每月尽先拨付财政部特别款二十二万元，充该八校及北京师范暨公立中小学每月经费、临时各费（按八年度预算支配）。此款由财政、交通、教育三部订明不作别用，俟财政部筹有的款或教育资金筹足时前项协款即行截止。二、其他教育部应向财政部额领之款（以向来额领之数为准），由财政部筹定拨付。三、国民九年十二月份起至本年二月份止之八校及中等各校积欠经费约四十余万元，先拨付一个月，与本年三月份经费同时并发；其余分为三期，由银行担保于四、五、六三个月各付一期。

胡适在次日的日记中记载：今日教职员代表联席会议决议取消辞职。但上课尚未定期，因还有一些善后办法未了。5月10日，"梦麟来谈。教职员事，政府第一个月即失信用，至今无钱，经不能解决。现在内阁动摇，教育部无人，这事更不能收束了"。

5月19日，政府发布公函："径启者：京师高等专门以上各校经费，前经议定办法，原为维持各校克日开课，以免诸生旷误学业。兹经国务会议决议，以该校迄未开课，所有八校教员薪费，应暂行停发，由财、交两部查照前意，储款以待，俟各校实行开课，再行照发。至从前积欠经费，仍照原意，分月陆续发给。其中小学校，现均照常上课，其经费自应由部按期拨发，等因。除分函外，相应函达，即希贵部查照办理。此致教育部。中华民国十年五月十九日。"这一来便激化了教授们与政府的对立情绪。胡适在21日的日记中愤愤地记道：我们倒要看看这个新上台的杂碎内阁究竟能硬壮到几时！这种话颇不符合胡适温和的脾性，但却透露了当时的教授们与政府的对立情绪之大。5月28日，"学校事似无解决。政府非取消五月十九日的公函，我们决无转圜的余地。有人想此时退让，真是做梦。"在这时，胡适对待这件事情的态度是十分坚决的。

6月3日，"北京小学以上各校教职员联合会"不仅继续索薪，而且进一步提出"教育基金和教育经费独立"的口号，全体罢课。同日，北京十五校学生为维持教育举行请愿。国立八校教职员向政府索薪，在新华门前遭到军警殴打，受伤十余人。马叙伦在《我在六十岁之前》中评价"六三事件"的规模，"实在远过'五四运动'"，但是，也许是我孤陋，无论是在文化史还是教育史中，我看到提及这一事件的时候，大都一笔带过。不知道这是为什么？当时，蒋梦麟已经在北大任代理校长，在他后来的那本"有点像自传，有点像回忆录，也有点像近代史"的著作《西潮》中，对"六三事件"有一段极为生动的叙述，有兴趣的读者可以自己找来翻翻，在此不叙。

让我感兴趣的，还是胡适在次日的日记中的几则剪报，一条是《八校教职员呈国务院文》，以八校校长的名义上呈大总统和国务总理。里面说："至此后校务行政，实在无法维持，更无力付此重大责任，请即日批准辞职，并迅速派员接替，不胜迫切待命之至。"与之相比，《八校教职员通电》则尖锐得多，通电在一开头便说："政府摧残教育，停给经费，同人等万不得已，罢课辞职，向政府力争，奔走呼号，心力交瘁，此两个月以来之事，已为国人所共见共闻。"接下来，《通电》历数政府残害教职员及学生的种种行为。说"如此情形,实足为政府自曝其破坏教育、摧残民权之铁证。日本人所不敢施于朝鲜人民者,政府竟以之施于同人。同人等牺牲一身虽不足惜,然号称共和国家,竟有此等野蛮残毒之政府,国法何存,人道何存,瞻顾前途,伤心何极。现同人等除依法向法庭起诉外,谨将经过实在情形报告国人,惟国人速图谋之。"另一则是《八校辞职全体教职员宣言》,内容与以上二则大同小异,故不节录。

7月9日,据范静生调停学潮已有十日,胡适给蒋梦麟打电话问学潮究竟调停到什么地步。蒋答复说:

(1)六三事件,政府大概肯做到我们的条件。

(2)四月三十日的阁议三条,可以履行。

(3)最困难的是保证问题,——值二百元的保证。

同日范静生对同一问题给胡适的答复与以上大同小异,可作互补:

(1)六三事件

① 谢罪与慰问,行的。

② 医药费归教育部担任。

③ 命令可由政府下,但须俟安徽事件了结之后。

④ 两方撤销诉讼,略有手续上的困难,但做得到。

(2)四月三十日阁议可履行;六月份经费可即发;前两个月不足之临时费,由各校以临时费手续领发。

(3)保证金事尚未得张志谭的话。

当日的胡适日记还有记载：范先生颇主张保证金的做到。因为他觉得若无保证金，以后经费偶缺，或又致罢课，故不如做到一劳永逸之计。这时的胡适表现得颇为宽容，一来有性格上的原因，同时也是因为他觉得"时间问题很重要"，"已不能再缓了"。故表示"如二百万做不到，一百万亦可"。7月14日上午，"联席会议开会，对于条件都无甚异议，但担保品二百万一层虽已言明，而盐余分还一层不在条文内，——因财政部不愿如此说，——故颇有争执。"但胡适觉得总算有一个"比较满意的解决了"。然而，事情并非像胡适想象的这样简单。就在胡适放心地离开北京，开始他的上海之行后的28天，也就是8月12日，胡适在上海收到蒋梦麟的信，说"教职员复职后，八月一日的假支票领不出钱，银行说'没钱，对不住'。我和邓子渊两人把静生找回来北京，费了许多心。起初政府还天天说几天内发钱，至今更无期了，所以六月份款分文无着。今晨静生说，'没办法了，政府就要倒了！'"

文章到这里似乎就应该结束了，其实不然，我们可以回头再看看这些记录。当时的教授们似乎和现在的教授有点不一样，不一样的地方表现在对待自己的权利上面。中国人一向是"耻言利"的，尤其是知识分子。但是当时的教授似乎不是这么回事。他们不但言利，而且还大张旗鼓地言。但是，他们对于"利"似乎又不那么看重，这从文章的开头所引的剪报中他们对于捐献薪俸筹建图书馆的热情上可以看得出来。如果今天的教授们碰到这样的事情，我就想象不出有什么样的结果了。另外，教授们对待政府的态度也让我感到奇怪,教授们手无寸铁,怎么就敢和残暴的政府相抗衡?但是政府好像还觉得教授们不太好惹,所以才会忽软忽硬,但是最终还是做了妥协。从事情表面的最终结果看,政府似乎和教授们达成某种默契,就是在处理事情的度上,都有一定的让步,譬如说"联席会议开会,对于条件都无甚异议,但担保品二百万一层虽已言明,而盐余分还一层不在条文内",在政府,这是欲保存一点颜面,在教授,只要大体上能过得去,细节上也就不再深究。虽然说最后教授们是受了政府的欺骗,但是却是因为"没办法了,政府就要倒了!",一个即将倒闭的政府,当然不会再有暇来关注教育。知识分子对于教育界好像是很不满意的,当时蒋梦麟就说过这样的话,他说:北京的教育界像一个好女子;那些反对我们的,是要强奸我们;那些帮助我们的,是要和奸我们。胡适紧接下来说北京的教育界是一个妓女,有钱就好说话。两位先贤角度不同,观点也各异,但是不知他们看到今天的教育会说出什么话来。

当时的报刊也让人感到吃惊,他们好像不知道舆论是应该为政府服务的,而是倾向于与政府对立的一面。这从《八校教职员通电》中可以看得出来。真不明白当时的报刊怎么这样大胆。说实话有的时候是很不好玩的,但是当时似乎还可以有一点实话。

还有一点也让我感到钦佩,这涉及胡适对图书馆的看法。我对于图书馆一向情有独钟,觉得研究文化史,不能不注意以前的图书馆,所以读书时总是注意先贤和时贤们谁比较重视图书馆。

但是时贤的著作中关于图书馆，少有涉及者。或许是因为时贤们以为这是个小话题，不值得重视。但是读胡适日记，却发现这位开一代风气的大师对于图书馆却异常重视，在他的日记中屡有提及。当时的许多人都是很重视图书馆的，所以在胡适提出捐俸建馆时大家都没有意见。现在的学者们已经不像前辈们那样重视图书馆了，所以学问也不如前人做得扎实了。

胡适不宽容的一面

知道胡适的人大都知道胡博士有"宽容比自由更重要"的名言,但是宽容的胡博士也有不宽容的一面。在民国十年(1921)五月十九日的日记中,胡适记载了"一件略动感情的事",反映了他不讲情面的一面。

胡在中国公学的老同学谢楚桢出版了一本《白话诗研究集》,想请胡适在报纸上介绍一下。胡适老同学出书,想请当时已得大名的胡适为之推广,按说是不好拒绝的,但是胡适认为"里面的诗都是极不堪的诗",便不顾老同学的情面,"完全拒绝了他"。

谢楚桢在遭到拒绝之后,又拉了一帮当时的名士为之介绍,胡适在日记中对此颇有微词,但是不知是否碍于老同学的情面,并没有公开批评。后来女师高有位叫苏梅的女学生在《女子周刊》上对谢的诗集发表了严厉的批评,并引发了一场笔战。看得出胡适对于这场笔战中站在谢一边的人是很不满的,但也没有过多的叙述,仅用"不详叙了"便一笔带过了。

后来《京报》又登出一篇题为《鸣呼苏梅》的文章,"用极丑的话骂苏梅"。"外间人都猜这篇文章是易家钺君（为谢做广告中的名士之一）做的"，因此，"易君颇受人攻击"。《晨报》围绕着这件事登出了许多启事，其中最令胡博士感到不满的是如下的一条"重要启事"：

近来外间有人认为《呜呼苏梅》一文系易家钺君所作，想因易君曾作同情与批评一文辗转误会所致，同人对于易君相知有素，恐社会不明真相，特郑重声明。

这则启事是以彭一湖、李石曾、杨树达、戴修瓒、熊崇煦、蒋方震、黎锦熙、孙几伊八人的名义发表的，这八人在当时都可以说是卓有声望。但是胡适认为"社会即肯信任我们的话，我们应该因此更尊重社会的信任，绝不应该滥用我们的名字替滑头医生上匾，替烂污书籍作序题签，替无赖少年辩护"。为此，胡适和高一涵联名作了一则启事，计划发表，启事如下：

胡适高一涵启事
一湖、石曾、遇夫、君亮、知白、百里、劲西、几伊诸位先生：今天在《晨报》上看见诸位先生的紧要启事，替易家钺君证明《呜呼苏梅》一文非易君所作。我们对于诸位先生郑重署名负责的启事，自然应该信任。但诸位先生的启事并不曾郑重举出证据，也不曾郑重说明你们何以能知道这篇文章不是易君所作的理由。我们觉得诸位先生既肯郑重作此种仗义之举,应该进一步把你们所根据的证据一一列举出来,并应该郑重声明那篇《呜呼苏梅》的文章究竟是何人所作。诸位先生若没有切实证据,就应该否认这种启事;熊先生是女师高的校长,他若没有切实的证据,尤不该登这种启事。我们为尊重诸位先生以后的署名启事起见,为公道起见,要求诸位先生亲笔署名的郑重答复。

十,五,十九

启事写完后,朱谦之、邵飘萍、蒲伯英(《晨报》主笔)都打电话劝胡适不要刊登这则启事。但是胡适最终还是"不讲情面"甚至有点"不近人情"地把这则启事发表了。

与如今诸多"讲情面"的名家相比,"不讲情面"的胡适,让我们后人感到惭愧。

梅贻琦的选择

在清华的校史上,有一位校长与北大校史上"大名鼎鼎"的胡适之校长卒于同年,这就是梅贻琦。梅贻琦自1914年由美国吴士脱大学学成归国,即到清华担任教学和教务长等多种职务。1931年,梅贻琦出任清华校长,自此后一直到他在台湾去世,一直服务于清华,因此被誉为清华的"终身校长"。不过,不要因此就以为清华的校长是好当的,情形恰恰相反,梅出任校长的时候,国内情势风雨飘摇,学潮起荡,尤以北大清华为甚。以清华来说,驱逐校长的运动可以说是此起彼伏,但是无论什么时候,清华的学生们的口号都是"反对×××,拥护梅校长"。

梅贻琦为人重实干,时人称之为"寡言君子",有一句话可以作为佐证,他说:为政不在多言,顾力行何如耳。在他的领导下,清华才得以在十年之间从一所颇有名气但无学术地位的学校一跃而跻身于国内名牌大学之列。

与胡适之相比,梅贻琦显然没有"暴得大名"的胡博士那么风光,他的一生仅仅做成了一件事,那就是成功出掌清华并奠定了清华的校格。据陈岱孙的说法，这主要集中体现在两个方面：一是师资人才的严格遴选和延聘，这是"所谓大学者，非谓有大楼之谓也，有大师之谓也"的具体表现，这句话近年来也常为时贤所征引；二是推行一种集体领导的民主制度，具体的体现就是成功地建立了由教授会、评议会和校务会议组成的行政体制。不过，历史自有其可玩味之处，"诸君子名满天下，谤亦随之"，独有梅贻琦在身后赢得"翕然称之"、"胥无异词"。清华校史专家黄延复先生在"比较广泛地材料收集和研究的过程中，一直抱着'苛求'的心理"，搜寻人们对梅的"异词"或"谤语"，但却迄无所获。这也证明了"翕然称之"、"胥无异词"所言不虚。

1948年底，傅作义将军息兵，共产党军政人员开始驻入北京。梅贻琦和当时许多大知识分子一样，面临着走还是留的选择。关于这一点，许多人的记忆并不相同。据梅的学生袁随善回忆，大概是在1955年，梅贻琦和夫人韩咏华路过香港，主动地跟他说起当时离开的情形："1948年底国民党给我一个极短的通知，什么都来不及就被架上飞机，飞到南京。当时我舍不得也不想离开清华，我想就是共产党来，对我也不会有什么，不料这一晃就是几年，心中总是念念不忘清华。"（袁随善：《怀念梅贻琦老校长》）不过，在别人的笔下，同一情形却有另一番描述，梅贻琦离校那天，当时也在清华任教的吴泽霖教授在学校门口碰见梅，吴问梅是不是要走，梅说："我一定走，我的走是为了保护清华的基金。假使我不走，这个基金我就没有办法保护起来。"（吴泽霖：《在回忆梅贻琦先生座谈会上的讲话》）袁和吴的回忆到底谁的更加可靠，我们可以梅的另一位同事叶公超对于梅的评价上做一个判断，1965年，也就是梅贻琦去世三周年，叶在回忆起梅贻琦的时候评价到："梅先生是个外圆内方的人，不得罪人，避免和人摩擦；但是他不愿意做的事，骂他打他他还是不做的。"（叶公超：《忆梅校长》）叶公超是清华当时知名的教授，和梅的接触比较多，他对于梅贻琦的评价，大致是可信的。从梅贻琦的为人来推测，他是不大可能"什么也来不及就被架上飞机"的。

梅贻琦的选择，是基于他对共产党的一种判断，梅虽然没有做过不利于共产党的事情，甚至可以说，他当时对于学生运动中的共产党学生还曾经保护过，但是他那样做是为了保护学校，从而使学校正常的教学不致受到影响。他不相信马列主义，也不大赞同当时的共产党。与诸多当时离开大陆的知识分子相比，梅贻琦的选择更具有代表性，因为他不存在所谓的人身安全的问题，周恩来和吴晗都曾经表示希望梅贻琦留下来，这也代表了当时共产党的态度。但是梅贻琦还是遵从了自己的判断，我们可以说梅的判断和选择代表了当时相当一部分自由主义知识分子对于时局的看法。

到了1952年，院系调整开始了，昔日的西南联大中的南开由私立改为国立，并且大力扩充，北大所有的院系不但得到了保留，而且还接收了当时颇负盛名的燕京大学，独独清华在这次院系调整中元气大伤，仅仅保留了工科院系。梅贻琦在清华建立起来的"教授治校"的民主制度也荡然无存。此后的第三年,也就是1955年,梅贻琦由美飞台,开始用清华基金会利息筹办"清华原子科学研究所",这就是台湾新竹清华大学的前身。

生死皆寂寞的教育思想家

在近代史上,有一位生前死后都大大有名的人物,其生前,以发明"厚黑学"得其大名;其死后,因"厚黑学"的流传而使其名久远。这个人便是李宗吾。殊不知,这位厚黑教主生前曾经说过这样一句话:所谓厚黑学,特思想之过程耳,理论甚为粗浅,而一般人乃注意及之,或称许,或抵斥,啧啧众口,其他作品,则不甚注意。他还借用白居易的话来抒发自己的感慨:"时之所重,仆之所轻。"究其本意,也许他是认为其"所著《中国学术之趋势》、《考试制之商榷》及《制宪与抗日》等书","计包括经济、政治、外交、教育、学术等五项,各书皆以《心理与力学》一书为基础",这些"属乎建设"的著作才是应该引起人们注意的。可惜的是,在其生前,只有一位名叫张默生的人为其摇旗呐喊并在他死后写了一本数十万字的《厚黑教主传》,对其思想作了较为系统的阐述,再就是几年前笑蜀先生就其《考试制之商榷》在《方法》杂志上发表了一篇题为《读书如何能自由》的文章,对其作了一番褒扬。除此之外,对这位厚黑教主的研究还是微乎其微。

李宗吾（1879—1943），在他的自述中，李宗吾说他自己"生在偏僻地方，幼年受的教育极不完全，为学不得门径"。或许是因为这种环境的缘故，李宗吾与同一时期的学者少有来往，有记载的只有他和大学者吴稚晖有过几次达成共识的来往之外，还和当时在重庆的一些学者有过来往，不过颇有隔阂之处。这也使得他的思想在知识界难以流播，影响甚微。同时也是我说他生死皆寂寞的一个重要原因。

民国五年（1916），李宗吾出任四川省视学，大概相当于现在的教育调研员。民国十年（1921）又重任此职。在他第二次任职期间，游历各省考察教育。考察之后，深感当时的学制限制了人们读书的自由，"把人拘束紧了"，"冥冥中不知损失若干人才"，于是主张"把现行学制打破，设一个考试制"，使"各人之能力，可尽量发展，国家文化，可日益进步"。

在他所写的《考试制之商榷》一书中，李宗吾系统地阐发了他的教育主张。李宗吾认为，旧学制的弊端，集中论之可称之为"铁床主义"的教育，这种"整齐划一"的教育极端戕贼个性，钟点一到，先生即来授课，也不管学生对其所讲的内容是否感兴趣；铃声一响，即收书走人，也不管学生对其所授的内容是否业已了解。程度差的学生，听完之后茫然不解，下次便无法接上先生的思路；优秀的学生，事先已于所授课有所理解，则听之索然无味。如此牺牲学生的精力与时间，去换取形式上的整齐划一，实与"监狱"无异。

李宗吾还谈及古代的科举，他认为科举弊病虽多，但"那个时代却有一个极好的精神"，只要立志读书，就有书可读。而且在科举时代，穷人可以一面谋生活，一面自己用功，国家行使考试时，对此等人，与书院肄业的人同样待遇，并没有歧视之心。而当时的学制则把那些虽有天赋却家境贫寒的子弟拒之门外了。

李宗吾的补救办法，也即《考试制之商榷》，实际上就是发端于科举，而立足于当时。他的教育主张，概括地说就是"求学自由"，即让天才优越的学生不受学年的限制，使其创造的天分得以充分的发展，同时把学校开放，使校外的学生也能参加考试。这样一来，私塾便可以与公立学校并行发展，教育也就不容易为少数人垄断。李宗吾认为国家不仅不应该限制私立学校的发展，而且应该为其提供有利的发展条件。私立学校的存在是对公立学校的一种有力的促进。这种思想在当时没有得到应有的重视，在以后的共和国的岁月中更是成了绝响。

李宗吾主张实行考试制，其着眼点是想借着这种制度，以求教育的平等与普及，造就真实的人才，所以并不单单地注重学生的成绩，而且还要对学生平时的德行进行必要的考察。

在其任四川省视学期间，李宗吾除了积极倡导和力行考试制之外，还积极倡导平民教育，他曾经写过一篇《推广平民教育之计划》的文章，对在《考试制之商榷》中没有涉及的问题作了阐述。他认为平民教育应该扩大办理，教育一般民众，不仅仅是教不识字的人。他根据民间读书水平参差不齐的情况，主张征集一些"或白话的","或浅近文言的","总以富有趣味为主"的著作,其间加入一些外国压迫我国的情形以及弱小民族被侵略的事实,交给在各街宣讲格言的和在茶馆说评书的人拿去传播。因为"这等人的语言态度,与街市上的人是一致的,他们说的话,众人都肯听;若是上流社会的人去讲,反觉得异言异服了,所说的话,必不能深入人心"。

李宗吾提出和发表这些教育思想的时候,正值蔡元培出掌北大,胡适回国之初,"全盘西化"的思潮弥漫全国思想界和教育界,李的思想不能得到重视也就可想而知了。就连在李出任省视学的四川,这些思想的实施也只是昙花一现,到了民国二十五年(1936),四川各县也一律奉令停止小学会考,也未另办私塾学生的考试,李宗吾在四川教育界遗留的痕迹,就算是"完全肃清了"。那个时候,李宗吾已经在军阀刘文辉的刘湘部任职达九年之久了。那时的李宗吾,已经不愿意交朋友,经常是独自一个人,坐坐茶馆,游游公园,偶尔碰到熟人,便"好似不经意的掩藏起来",过起游魂一般的生活了。

及至民国三十二年(1943)李宗吾去世,"李宗吾"这个名字更多的是和厚黑学联系起来。世界留给这位教育思想家的,似乎只是无边的寂寞……

"性"博士的文化气魄

胡适日记中有不少剪报是既无日期也无报名的。1928年的胡适日记中就附有一封张竞生的公开信,想必是已经发表过的,但是胡适在日记中并没有注明出处。长于"考据"的胡博士大概没有想到他这样做会给后世的治学者带来麻烦。但是懒惰者自有偷懒的办法,那就是放弃不必要的考证而注意事件背后的精神。

在这封公开信中,张竞生说:"据竞生个人实地在书店及编辑部经验所得,断定如有十万元资本,以之请编辑七八十位,按时译书,则数年内可将世界名著二三千本,译成中文,其关系于我国文化至深且大。兼以经营世界各种名画与雕刻品,使美育及于社会,于艺术与情感的影响也非浅显。就赢利来说,单就书籍一项论,头一年假定出五百本书,每本五万字低廉售价算,又姑定年本的售数为每年卖出三千部计,则五百本书,一年可卖至总数九十万元。如此除去印刷费十五万元(每部照稍高价算为一角),编辑费十二万元,与发行费数万元后,净利几达六十万元,获利之大,可为惊人!而况兼卖美术品,与外国原书及各种教育品等,总之合起来，获利当然甚巨。推而至于第二年，第三四五年之后，则每年再出新书五百本，新得之利与旧籍的赢余，累积起来，则第二年之后获利之大更难预算了。论其资本不过数万元至十万元而已，比较市上无论经营何种商业断不能得利如此之多也。"

张竞生因研究"性"问题在当时颇受非议，但是胡适在日记中说"此意颇值得研究，不可以人废言"。看来，研究近代文化史，这封信还是颇有价值的。并且，胡适日记中说这是一个"大规模的译书计划"。仅仅是一个"计划"便敢言及一年"出五百本书"，当时文化人的气魄也可以想见了。

让我感兴趣的，不仅是张竞生的气魄，而且涉及一笔经济账。这样一个"大规模的译书计划"，在张的信中说大约需要十万元。十万元在当时是一个什么样的概念呢？我们可以根据当时的社会经济状况推算一下。据陈明远先生在《文化人与钱》一书中的分析，1926年至1930年大米的价格是每斤6.2分钱，猪肉是每斤2角，白糖每斤1角，食盐每斤2.5分，植物油每斤1角5分。按照物价，当时的1元钱大约能折合现在的人民币35元左右。以今天的眼光，350万元就能搞一个这样庞大的出版计划，简直有点像天方夜谭。以现在的出版行情计算，这样的计划起码要上千万元吧。值得一提的是当时的稿酬，按现在的标准来看，当时的稿酬是非常高的。柔石在1928年12月6日致兄长的信中说："近日生活亦好，每天可写二千字。"以当时比较普通的稿费标准计算，柔石每天的稿费就是4元，每个月就是120元。120元，折合成现在的人民币就是4200元。4200元可以算得上是白领了吧。但这仅仅是一般的稿酬，像胡适、鲁迅、郭沫若等文化名人的稿费则更高。商务印书馆当时给胡适的稿费是千字5元，鲁迅的也是千字5元，郭沫若的要低一些，也还达到千字4元呢。译书的条件也是非常优厚的，林纾的稿费是千字6元，高得有点让今天的人们不敢相信。当时的版税也比较高，一般在10%、15%—20%之间。就是这样，当时的文化人好像还不满足。当时严复应张元济之邀为商务译书，就提出待遇不优则无法专心翻译。好在商务财大气粗，张元济也是明白人，对严复的要求一一给予满足，并且还给他高达40%的版税。真的难以想象要不是商务为严复提供了如此良好的译书环境，我们还能否读到影响中国思想风潮甚大的"严译八著"。不过当时的文化生态比较好，你不给别人给，好东西不怕没人要。难怪严复管商务要钱的时候那么理直气壮。

这封公开信让我注意的还有一点，那就是张博士在这封信中似乎没有考虑如此庞大的一个计划是否要经过哪级部门的审批，好像有了钱就可以办事似的。当时的情况也确实是这样。办个出版社就像开家商店一样简单，不用经过什么复杂的审批程序。几个人只要志趣相投，一合计，出版社就搞起来了。根本不像今天这样麻烦，甚至排字工人，只要有志向，也可以办成出版社，并且还挺成功。如今最老牌的出版社商务印书馆，就是由《字林西报》的排字工人夏瑞芳和鲍氏兄弟（咸恩、咸昌）于1897年创建的。文化人涉足出版在当时是再寻常不过的事情。周氏兄弟、郭沫若、老舍、郑振铎、沈雁冰、叶圣陶等一大批在近代文学史上闪耀着光芒的名字当时都或多或少地和出版发生过联系。至于出版界更是人才辈出，高梦旦、张元济、王云五、胡愈之等诸位先贤，既具文化眼光，又具人文关怀。在他们的努力下，出版界和文化界的合作真可谓是水乳交融，相得益彰。

刚才谈到张博士的文化气魄，其实不独张博士，当时人们的文化气魄都是非常大的，以创办《新潮》暴得大名的傅斯年、在年轻时代就立志从事新闻的成舍我均有不凡成就。这种文化气魄以及时贤颇爱论及的知识分子的独立性，其实与当时的文化生态有莫大关系。当时的文化生态为知识分子提供了优裕的生活环境，所以当时的知识分子们不仅仅有抱负，而且敢说话。否则，很难想象一个连每天生计都要考虑的人还能考虑承担什么文化的使命。

蒋梦麟：联合中的现实考虑

据叶公超回忆，当年教授们到了长沙，南开的张伯苓和清华的梅贻琦还没有到，有人怕三所大学在一起会产生"同床异梦"的矛盾，有人甚至说："假使张、梅两位校长不来，我们就拆伙好了。"当时蒋梦麟听了这话，声色俱厉地说："你们这种主张要不得，政府决定要办一个临时大学，是要把平津几个重要的学府在后方继续下去。我们既然来了，不管有什么困难，一定要办起来，不能够因为张伯苓先生不来，我们就不办了。这样一点决心没有，还谈什么长期抗战。"蒋梦麟在之后的西南联大发展，并没有太多的具体表现，西南联大时期关于蒋梦麟的记载，我只是在《梅贻琦日记》中零散看到，其中蒋梦麟对于西南联大的态度与这个传说颇有不同，参照阅读也许别有意趣。

梅贻琦的日记如其人，多数寥寥数言，极为简约，不过我们还是可以从中看出一些蛛丝马迹。1941年3月24日，梅贻琦日记记载：清华"决定让售北大美金三千元"。这一信息，透露出北大财政吃紧。过了两天，蒋和梅之间就有了如下谈话："蒋谈及研究问题,谓宜由三校分头推进。余表示赞同。余并言最好请教部不再以联大勉强拉在一起;分开之后可请政府多予北大、南开以研究补助,清华可自行筹措,如此则分办合作更易进展矣。"在这里看来,两位校长对于联合办学也并不"执著"。在蒋梦麟自己撰写的下半生自传《新潮》中都看不到蒋校长对于以上两个事件的记载。那么,如何看待这两段颇有出入的记载?我觉得,第二条是出自梅贻琦日记,属实当无疑问,那么是否第一段记载就不真实,我看也未必。以蒋梦麟的政治身份来看,说出那样的话来,合情合理。但是何以又会出现梅贻琦日记那种"分头推进"的记载,我觉得,这是蒋梦麟出自现实利益考虑的"欲擒故纵"之法,北大经费短缺,唯有如此,才能由清华拿出钱来,作为联大的研究费。蒋校长为何对于钱看得如此重要,这还要从头说起。

说起北大,一般人第一个想起来的一定是蔡元培以及"思想自由、兼容并包"的教育理念。其实,在北大的校史上,蔡元培真正在校治事的时间并不长,"不过五年有半",其在职不在校期间,行政事务大多是蒋梦麟代理的。在蒋梦麟代理校长期间,正好赶上政府拖欠教育经费,"没有经费怎么办?"常常是蒋代理校长的感叹。这也许就是蒋梦麟日后在合组联大时比较在意经费的原因所在。

与当时众多的大学校长不同,蒋梦麟是正宗科班出身的教育家,在1908年自费赴美留学后,1909年2月先是在加州大学学习农学,但是一个朋友的建议改变了他的人生轨迹,让他觉得与其研究如何培养植物，不如研究怎样培养人才，于是放弃农学，改学教育。1912年毕业之后，又到纽约哥伦比亚大学研究院，师从杜威，攻读哲学和教育学。1917年获得哲学及教育学博士学位后回国。蒋梦麟在美国留学期间，第一次拜访孙中山，给孙留下的印象就是"他日当为中国教育泰斗"，后来的五四运动时期，孙又有"率领三千弟子，助我革命"之语，评价之高，实为罕见。正是有受过西方严格科学训练的教育背景，在其正式出任北大校长之后，按照美国的大学教育制度，对旧的教学和科学研究制度进行了改革，实行教授专任，推行学分制，要求毕业生撰写论文并授予学位，并且提出"教授治学，学生求学，职员治事，校长治校"的口号。可以说，北大走上制度化、正规化的现代大学之路，就是在蒋梦麟手中完成的。对于西南联大时期的教授评议制，蒋梦麟内心未必就真的首肯，不过那时的校长毕竟胸襟宽广，在经过了一番磨合之后，清华、北大、南开终于合作无间，成就了现代教育史的伟大奇迹。

关于蒋梦麟对于北大的贡献，傅斯年曾经有过这样的评价：蒋梦麟的人格魅力不如蔡元培，学问不如胡适，但是办事却比他们高明。《胡适全集》中曾经记载了一件事，正好可以验证蒋梦麟的高明："话说民国二十一年一月，蒋梦麟先生受了政府的新任命，回到北大来做校长。他有中兴北大的决心，又得到了中华教育文化基金董事会的研究合作费用国币100万的援助，所以他能放手做去，向全国去挑选教授与研究人才。他是一个理想的校长，有魄力、有担当,他对我们三个院长说:辞去旧人,我去做;选聘新人,你们去做。"辞退旧人是得罪人的事,这样的做法,放到今天,大概要被人说成迂或者傻,但在过去那个时代却是公认的高明。时代风气的转变在这样的小事中就可见一斑。

说到做事,蒋梦麟说自己是"以孔子做人,以老子处世,以鬼子办事"。所谓鬼子者,洋鬼子也,无贬意,指以科学精神办事。蒋复璁也说蒋梦麟是"以儒立身,以道处世,以墨治学,以西办事"。说辞文雅了一些,却是同一个意思。

梅贻琦：西南联大的真正掌舵人

说起西南联大，现在人们多会把目光聚焦在当年的三个常务委员梅贻琦、蒋梦麟和张伯苓身上。不过，细究起来，当年蒋梦麟和张伯苓多在重庆参加政府要事，对于偏居一隅的西南联大，没有表现出多少具体的作为。他们对于西南联大的影响，毋宁说是过去在北大、南开时期教育理念的延续。关于这一点，有诸多事例可以举证：在西南联大组创初期，张伯苓就对曾经当过自己学生的梅贻琦说："我的表你带着。"当时社会声望和政治地位均高于梅贻琦的蒋梦麟校长，则秉着"对于联大事务不管即是管"的超然姿态。不过，在两位前辈这样的姿态背后，其实也隐藏着极为现实的考虑，当时，"论设备、论经费、论师生的人数，都是清华最多，依世俗的眼光来看，这一合，清华是划不来的，反面看来也可以说，清华在联大占了压倒的优势。"如此看来，由三校长组成的常委会，大部分时间由梅贻琦担任主席，主持日常校务，并非出自君子之间的谦让或者是年轻者应该多负担责任。而对于梅贻琦来说，虽然之前已经出任清华大学的校长，但西南联大却是其一生中最为关键的时期之一，代表着其教育思想之大成的《大学一解》，就是在西南联大时期完成的。

众所周知，清华的前身是游美学务处，因为是接受庚子赔款的返还款而建立，所以被老清华人称为"国耻纪念碑"。梅贻琦就是游美学务处1909年8月第一批派往美国留学的47名学生之一，所以在之后的岁月里，梅贻琦经常说："生斯长斯，吾爱吾庐"，这句话，也代表了这位清华人心中"永远的校长"对于清华园的感情。纵观中国教育史，伟大的教育家不难列举，但是一生服务于一所大学并且成功地奠定其校格者，则不多见，梅贻琦就是其中之一。

1915年，梅贻琦接受清华校长周诒春的聘请回归母校任教，自此，梅贻琦于清华大学的联系，就再也没有断过。1928年，清华学校正式改制为国立清华大学，梅贻琦在教授会的选举中以47张有效票中获得33票，成为清华第一任教务长，梅贻琦的夫人韩咏华后来说："那时清华教授中，有博士学位的大有人在，为什么选中了他，我认为这是出于大家对他的人品的信任。"之后在清华学生三拒校长的风潮中，沉默寡言的梅贻琦被推到了清华校长这个风口浪尖的位置。曾在清华任教的蒋复璁在后来评价梅贻琦出任校长："初以为办公事他不大内行，孰知竟是行政老手。"长期担任清华文学院院长的冯友兰认为，梅先生自有一套当校长的本领。

梅贻琦当校长的本领其实没有什么特别，用他自己的话来说就是"为政不在多言，顾力行如何耳"，梅贻琦"寡言君子"的美名，大概就源于此，梅贻琦治校还有另外一条法宝，那就是"吾从众"，这就是至今仍为人们称道的教授评议会，梅贻琦虽然担任校长，但是并不大权独揽，只要教授们提出有利于清华发展的建议，梅校长就会颔首微笑："吾从众"。正是在他的努力下，"清华才从颇有名气而无学术地位的留美预备学校，成为蒸蒸日上、跻于名牌之列的大学"。1941年，清华在昆明庆祝建校30周年，许多欧美著名大学都发来贺电，其中一篇电文中有"中邦三十载，西土一千年"之语，这是对清华30年历程的赞颂，更是对梅贻琦掌校10年的肯定。

1937年，抗日战争爆发，为使弦歌不断，清华、北大、南开合组为长沙临时大学，后来长沙吃紧，三校又奉命迁到昆明，是为"国立西南联合大学"，三常委的关系，本文开头已有叙述，在此不赘。不过，这一时期的梅贻琦却在处事方法上与之前在清华有了变化，过去的梅贻琦谨慎、遇事总是多方考虑、不轻率表态，但此时一反惯例，变得异常果断，在这一时期，一贯低调的梅贻琦说过这样一段"高调"的话："在这风雨飘摇之秋，清华正好像一条船，漂流在惊涛骇浪之中，有人正赶上负驾驶它的责任。此人必不应退却，必不应畏缩，只有鼓起勇气，坚忍前进。虽然此时使人有长夜漫漫之感，但吾们相信，不久就要天明风定。到那时我们把这条船好好开回清华园，到那时他才能向清华的同人校友敢说一句'幸告无罪'。"

联大之难,不仅在于国难,还在于"联",清华、南开本来有"通家之好",关系一直融洽,但是要让一直以"最高学府"自诩的北大没有意见,则是一件不容易的事情。而梅贻琦却能在8年的时间内,使西南联大能够"同不妨异,异不害同;五色交辉,相得益彰;八音合奏,终和且平",傅任敢总结梅贻琦之所以能够如此的"关键与奥妙"是在于"梅校长的'大',他心中只有联大,没有清华了",这话说来容易,做起来却实非易事。

70年过去,我们回首西南联大,回忆梅贻琦,历史留给我们的不应该只是回忆,想想梅贻琦所说过的话吧,"孩子没有坏的,坏的孩子都是社会和学校教出来的","所谓大学者,非谓有大楼之谓也,有大师之谓也"……这是多么闪光的遗产!

(最后,要感谢清华的黄延复先生,要不是他多年来整理关于梅贻琦的资料,我们对于梅贻琦的了解也许到现在还少得可怜。)

司徒雷登：燕京大学的灵魂

一

1918年，出生在中国杭州的美国人司徒雷登在南京踌躇满志地度过了他人生中的第42个春秋。他有理由踌躇满志，因为从他1905年开始在中国传教以来的活动以及收到的效果，不仅让他所隶属的美国南北长老会对他刮目相看，而且也在中国获得了广泛的声誉。同是在这一年，位于北京的两所教会大学（汇文大学和协和大学）筹划酝酿已久的合并初步达成了一致。司徒雷登从来没有想到，他之后的命运会与这所合并而成的燕京大学紧密相连，甚至可以说是合二为一，彼此之间或可以成为代名词。然而在当时别的人看来，出任这所还是将来时的燕京大学的最合适人选，则已是非司徒雷登莫属了。

当年"学生志愿参加海外传教运动"的领袖罗拨·史庇尔（Robert E.Speer）认为"司徒雷登深切了解中国，于在华传教人士中对中国青年最具影响力，而且才华与学养出众，思想开朗，中外人士都心仪其人。"因此他"判断"："司徒雷登是'北京大学'

（后改名燕京大学）校长的最佳人选"。基督教青年会国际协会副总干事布鲁克曼（F.S.Brockman）则推荐说："司徒雷登的才具足以出掌任何教会机构。他出身中国，此为其他同行所望尘莫及。他中文与英文都运用自如，而且深谙中国文学，可称一时无两。他的心灵也属难得的品质。我相信他举世无仇敌。在未来的'北京大学'里能调和中外，折中新旧思想的，我不作第二人想。"[1]

1918年的下半年，美国南北长老会正式向司徒雷登下达了命令，让他去筹办"一所新的综合性大学"。但是司徒雷登本人对于这项任命却并非心甘情愿，在他后来的回忆录中，他说："……我实在不愿意去。我对金陵神学院的工作十分满意，在教学和研究工作方面已经得心应手，而且正在从事几项写作计划。"[2]他的许多朋友，也认为那几乎是个"无法收拾的烂摊子"，并且劝他不要去。但是他的一位老朋友哈利·卢斯博士（即美国著名的《时代》周刊创办人亨利·卢斯的父亲）却对他表示了支持，但是他同时提醒司徒雷登，在他应聘之前，应当仔细审查经费方面的问题。

我们可以从一位燕京老教师的回忆中体会哈利·卢斯博士的提醒的深意。包贵思女士（她是冰心先生的老师）在她写于1936年的《司徒雷登传略》中回忆："那时的燕大是一无可取。我们很局促的住在城内，没有教员也没有设备……学生不到百人，教员

---

[1] 韩迪厚:《司徒雷登传》，原载于香港《南北极》月刊1976年6、7、8月号。
[2] 司徒雷登:《燕京大学——实现了的梦想》。转引自燕京大学校友校史编写委员会所编《燕京大学校长司徒雷登》。

中只有两位中国人（陈在新博士与李荣芳博士）。许多西方教员，不合于大学教授的条件。"更要命的是"常年经费有一半时（是）落空的"。①

而美国方面属意司徒雷登，也并非只是看中他的声望以及基督徒的身份。"1920年，他（司徒雷登，笔者注）从神学院毕业后，就和两位同学，在南方教堂中旅行了两年，为教会募捐。"包贵思女士在同一篇文章中回忆道：结果是"金钱潮涌到教会来"。②

虽然司徒雷登对于这突如其来的任命并不情愿，但是他并不是个畏惧困难的人，同时，作为一个出生在中国并对中国有深厚感情的美国人，他认为创建一所新大学，可以更好地服务于中国，而且这个任务跟他服务于自己的祖国美国也没有什么冲突。司徒雷登接受了聘请，但是同时约定：他不管经费的事情。

二

1919年春天，司徒雷登正式走马上任，出任燕京大学的校长。6月份他到达北京，遭遇了他上任之后的第一次尴尬。那时候，五四运动结束不久，但学生运动依然此起彼伏。在6月2日、3日、4日，学生游行示威的活动达到了前所未有的高潮，前后有

---

① 包贵思：《司徒雷登博士传略》（冰心译），原载《燕大友声》二卷九期，1936年6月24日。
② 同上。

一千多名学生遭当局逮捕。按照计划，司徒雷登应于6月8日跟学生们正式见面，算是新校长的就职典礼。不巧的是那一天政府释放了被捕的学生。本来就少得可怜的没有被捕的燕大学生，都满怀热情地跑到大街上去欢迎英雄们的光荣出狱，谁还顾得上这位上任之初的司徒校长？

不过，让司徒雷登头疼的不是这突如其来的尴尬，这种局面对于熟悉中国形势的他来说，也许是意料之中。

虽然一开始曾经约定他不负责经费的问题，但是他一旦坐上校长的位置，这个问题就会来困扰他。在后来他的回忆录里，他回忆到："当时学校一点现款都没有"。而学校当前的情况却需要更换一个更适合发展的校址。不然燕京则没有办法发展。根据司徒雷登的学生韩迪厚回忆，1919年的秋天，司徒雷登接手的燕京大学是这样的景象：那里有五间课室。一间可容一百学生的饭厅，有时用这间大屋子开会，也有时用来讲道。还有三排宿舍，一间厨房，一间浴室，一间图书室，一间教员办公室。另有网球场和篮球场。此外刚弄到手一座两层的厂房，原是德国人建的，可以改作课堂和实验室。[1] 怪不得司徒雷登头疼！也怪不得司徒雷登抱怨："我接受的是一所不仅分文不名，而且似乎是没有人关心的学校。"[2]

没有办法，只有自己来。那个不负责经费的约定对于他来说，

---

[1] 韩迪厚：《司徒雷登传》，原载于香港《南北极》月刊1976年6、7、8月号。
[2] 司徒雷登：《燕京大学——实现了的梦想》。转引自燕京大学校友校史编写委员会所编《燕京大学校长司徒雷登》。

不过是一纸空文。他开始在老朋友哈利·卢斯博士的帮助下募集资金。这难免遭逢尴尬和白眼,但是司徒雷登觉得,即使募捐不成,那么也要和对方交为朋友,以便之后燕京大学的道路能够更加顺利。不过,他内心深处的感受,则是如鱼饮水,冷暖自知。他曾经感叹:"我每次见到乞丐就感到我属于他们一类。"如今美丽的燕园还在,只不过已经更名为北京大学。司徒雷登是怎样找到了这个地方?又是如何把它变为燕京大学的新校址呢?在他的回忆录中,司徒雷登记载了他寻找校址的过程:

"我们靠步行,或骑毛驴,或骑自行车转遍了北京四郊也未能找到一块适宜的地产。一天我应一些朋友之约到了清华大学堂,其中一位朋友问道:'你们怎么不买我们对面的那块地呢?'我看了看,那块地坐落在通往颐和园的公路干线上,离城五公里,由于那里公路好走,实际上比我们察看过的其他地方离城更近,因而十分吸引人。这里靠近那在山坡上到处集簇着中国旧时代一些最美丽的庙宇和殿堂,并因此而著名的西山。"①

司徒雷登看上了这个地方,他找到了这块地当时的主人——山西督军陈树藩。在和陈树藩交涉的过程中,司徒雷登显示出一如平常的那种非凡交际能力,结果,这位督军仅以六万大洋的价格把这块地让了出来,不仅如此,他还把其中三分之一的款项作

---

① 司徒雷登:《燕京大学——实现了的梦想》。转引自燕京大学校友校史编写委员会所编《燕京大学校长司徒雷登》。

为奖学金。但是司徒雷登的本领当然不仅仅表现在募捐上和寻找校址上，否则，他仅仅称得上是燕京大学的一位精明的管家，而不会成为它的灵魂人物。

三

过去的大学校长，往往把学校内知名教授的数量看得比什么都要重要。清华大学的校长梅贻琦先生曾经说过一句非常有名的话：所谓大学者，非谓有大楼之谓，有大师之谓也。与之相比，司徒雷登没有说出过这样的名言警句，但是在他心里对于这一点却深以为然。在燕京大学初创时期，他延请到了刘廷芳和洪业两位名师，在他们的协助以及影响之下，一大批学术大师纷纷奔赴燕京，到20世纪20年代，燕园之内已经是名师云集，国文系有顾随、容庚、郭绍虞、俞平伯、周作人、郑振铎等人，历史系则有陈垣、邓文如、顾颉刚等人，哲学系则有张东荪等名宿……名师出高徒，雷洁琼、冰心、费孝通、侯仁之、王钟翰等等，都是那一时期的学生。

而真正让燕京大学跻身世界一流大学地位的，则是哈佛燕京学社的建立。20世纪初期，司徒雷登了解到美国铝业大王霍尔（1863—1914）有一笔巨额遗产捐作教育基金，并声明遗产中一部分用于研究中国文化，由一所美国大学和一所中国大学联合组成一个机构，来执行这项计划。起初遗嘱执行机构选了美国的哈佛大学和中国的北京大学，但司徒雷登设法成功地说服哈佛大学与燕京大学合作，于1928年春成立哈佛燕京学社，并设立燕京学社北平办事处。司徒雷登回忆这段往事的时候，说"那是一次可怕的经历，弄得我十分紧张，心里为自己事业的前途担忧，连吃的东西也顾不上看一眼。一席话下来，出了一身冷汗。"① 司徒雷登所说的这段情形，是他的老朋友哈利·卢斯博士经过不懈努力使他获得和霍尔遗嘱执行人克里夫兰律师见面交谈之后。但是司徒雷登的冷汗没有白流，那位律师终于答应给燕京大学50万，不过却要在一年之后，因为他要确认燕京大学是"一所值得支持的大学"。一年之后，司徒雷登再次见到这位律师，他还没有说话，律师就提出要实现诺言，不过，律师"变卦"了，因为他觉得给燕京的不是50万，而是增加了一倍，100万。司徒雷登当然不会错过这样的好机会，他趁机提出燕京发展的困难，并把款项要求提高到150万，不过这次律师答应的比第一次就爽快多了。以当时燕京大学的实力，能够和哈佛这样当时在世界处于一流位置的学校联合，司徒雷登也不免有些自得。他说："承蒙哈佛当局欣然允诺，将他们那所大学的美好名字同中国一所小小的教会学校联在一起，实在令人感激。"②

---

① 司徒雷登:《燕京大学——实现了的梦想》。转引自燕京大学校友校史编写委员会所编《燕京大学校长司徒雷登》。
② 同上。

四

我们可以注意司徒雷登在哈佛燕京学社成立之后所说的那句话,在说那句话的时候,他完全是以一个中国人自居并为此感到欣喜。事实上也正是如此,他不仅把燕京大学看作自己毕生的事业,更是把它看成是中国事业的一部分,认同这所大学是"中国人的大学"。也正因为如此,司徒雷登在当时的燕大师生当中受到极高的推崇。而由于燕京大学的成功以及它的影响,司徒雷登在中美两国的声誉也在上个世纪中叶达到了巅峰。

有一件事特别能够体现燕京大学以及司徒雷登在当时中国的影响。1935年,那时候的燕京大学已经享誉国际,但对于当时政府的一些部门来说,它并没有受到足够的重视。有一次司徒雷登发出了这样的抱怨,蒋介石知晓之后,立即为司徒雷登在南京励志社安排了一次讲演。那次演讲,蒋介石临时有事,未能参加,但是在当时的行政院长汪精卫的率领下,包括宋子文、孔祥熙、张群、何应钦、陈诚在内的各院、部和三军负责人近200人出席了这次集会。在这次演讲中,司徒雷登把燕京的种种状况介绍给当时的官员,以至于此后的燕京毕业生在应聘政府职员的时候,政府部门都不得不对他们青眼有加。[①]

司徒雷登对于学生更是像一个慈祥的长辈,在燕京学生人数

[①] 林孟熹:《司徒雷登与中国政局》,新华出版社2002年版。

较少的时期,他能够准确地说出每个学生的名字。后来学生逐渐增多,但他依然努力做到这一点。当时燕京有个规定,未名湖里禁止钓鱼,但是有个学生忽略这个规定,正当他手持鱼竿在未名湖畔悠然自得的时候,一个慈祥的声音从他身后传来:"这湖里面的鱼不错吧?"[①]他回头一看,正是他们的校长司徒雷登。对于当时此起彼伏的学生运动,司徒雷登表现出了比中国其他大学校长更大的宽容。1934年,北平学生反对蒋介石对日的不抵抗政策,纷纷南下请愿示威,燕大的学生在爱国方面一向不甘人后,也参与其中。学校无法解决,只好连电催促正在美国募捐的司徒雷登返华解决问题。司徒雷登返校当日,正是南下请愿的学生们北上返校之日,学生们正不知道如何面对他们的校长,担心校长责备他们荒废学业。但是,在当天召开的大会上,校长的话让他们感动得热泪盈眶。在那次大会上,司徒雷登先是沉默了两三分钟,然后说:"我在上海下船,一登岸首先问来接我的人:燕京的学生可来南京请愿了么?他们回答我说,燕京学生大部分都来了!我听了之后才放下心!如果燕京学生没有来请愿,那说明我办教育几十年完全失败了。"[②]近代史上著名的"一二·九"运动也是在燕京大学这所美丽的校园内最先发出振聋发聩的声响。

司徒雷登与燕京大学,仿佛就是一体。那所由他们的朋友捐

[①] 陈礼颂:《新任美国大使司徒雷登》,该文1946年7月24日晚写于美国哈特佛德。转引自燕京大学校友校史编写委员会所编《燕京大学校长司徒雷登》。
[②] 马绍强:《回忆司徒雷登二三事》。载于《燕大文史资料》(第十辑)。

赠给他作为居所的庭院，位临未名湖，冰心先生给它起了个诗意的名字：临湖轩。但是司徒雷登并没有一个人独享它，而是作为学校的办公地点，所以，很快地，这座庭院成为了燕京大学的标志。每年的6月24日，燕大的学生必定来到这里，给这位让他们尊重的校长祝贺生日。1926年6月5日，司徒雷登的夫人在这所庭院离开人世，她的墓地成为了燕大校园中的第一座坟墓。也许，从那个时候起，司徒雷登就跟燕京大学融为了一体。

五

1937年抗日战争爆发，司徒雷登也在考虑着是否把他经营了许多年的燕京迁往后方，但是经过一番深思熟虑，他决定让这所大学留在北京。他迅速地在燕园升起美国的星条旗，以表示此处属于美国财产，又特别在大门上贴上公告，不准日军进入。司徒雷登本人并不认同共产党，但是就是在这样的时期，抗日刊物以及各种宣传马克思主义的刊物依然在燕京大学里正常地得以出版。燕京大学的校友、旅加拿大学者林孟熹在多年之后发出这样的感叹："星条旗啊！多少年来你曾在这块土地上留下令《独立宣言》蒙羞得可耻记录，可这一次却使你顿增光彩。"由于司徒雷登这种兼容并包的胸怀，在那段风雨如晦的岁月中，抗日救亡的呼喊得以在这个由美国人创办的教会大学中发出了时代的最强音。1945年抗日战争胜利后，毛泽东在重庆第一次见到司徒雷登，就满脸笑容地对司徒雷登说："……久仰！久仰！你们燕大同学在我们那边工作得很好……"①

日本人对于燕京大学并非没有觊觎之心，他们一直寻找种种借口要求燕京大学聘请日籍教师和接受日本学生，对此司徒雷登只是阳奉阴违。为了堵住日本人的口舌，他聘请了一位日籍教师——考古大师鸟居龙藏，那是一个反对日本侵华的纯正学者。在后来燕京大学被日寇关闭、燕京师生被赶出燕园的时候，鸟居龙藏不顾自己可能受到的迫害一边站在学校门口，一边向燕大师生鞠躬致歉，并因此得到了燕京人的尊重和日本人对他一年的软禁。司徒雷登也曾经答应招收日本学生，但是要求他们必须经过燕京大学的入学考试。不过，在北京沦陷时期，从来没有一个日本学生能够在燕京大学的入学考试中获得及格而被允许进入燕京大学。

1941年12月太平洋战争爆发，日本不再顾忌美国方面的反应。在战争爆发的当天早晨，早已经对司徒雷登和燕京大学心怀不满的日本宪兵队闯进燕园，对学校实行包围和封锁，并逮捕了燕大师生18人。对此，侯仁之先生在多年之后曾经撰文回忆。

司徒雷登当时正在天津为学校募捐，借住在英商汤生公司。据当时在汤生公司工作的燕京校友杨文泉回忆：司徒雷登之所以

---

① 林孟熹：《司徒雷登与中国政局》，新华出版社2002年版。

不住饭店的原因之一就是饭店当时住客复杂,特务很多。[1]一向关注国际变化的司徒雷登虽然曾经预料美日之间会爆发战争,但是他显然无法预料日本宪兵队会到他的下榻之处去逮捕他。就这样,司徒雷登被日本人押到北京,成为日本人的阶下囚。司徒雷登被捕之后,美国国务院一再态度强硬地要求日本释放司徒雷登,这恰恰让日本认为司徒雷登是个举足轻重的人物,并决定在需要他发挥作用的那一天再释放他。因此,在其他燕大师生被营救出来之后,司徒雷登又独自在日本人的监狱里多待了4年,一直到1945年中国抗日战争胜利。

一进监狱的时候,司徒雷登受到审问,但是日本人一无所获。在之后的日子里,他被允许看两份报纸,一份是北京出的英文报纸,一份是英文版的《大阪每日新闻》。北京出版的报纸由于受到日本军方的严格检查和控制,内容极其有限,但是司徒雷登却逐渐可以通过《大阪每日新闻》所刊登的消息来判断实际情况。"到1945年春天,《大阪每日新闻》开始时有时无,最后终于完全停版了。这证明美军对日本的轰炸发挥了威力,但同时我们也失去了消息的来源……"[2]在4年的监狱生涯中,司徒雷登也并非一无所获,他利用这段相对空闲的时间完成了他的大部分自传。在司

---

[1] 杨文泉:《司徒雷登在天津被捕经过》。转引自燕京大学校友校史编写委员会所编《燕京大学校长司徒雷登》。

[2] 司徒雷登:《在华五十年》。转引自《无奈的结局——司徒雷登与中国》,郝平著,北京大学出版社2002年版。

徒雷登后来根据他在狱中所写的自传完成的《在华五十年》里，在谈到这段经历的时候还提起一贯支持他的助手傅泾波："当我被日本人囚禁的时候……他认为他可以安排我逃跑。"①

六

1946年，司徒雷登做出了出任美国驻华大使的选择。在某个中美联谊会为他举行的欢送会上，即将离开北平的他突然发现了已经认识了多年的北京大学校长胡适。在他的即席发言中，他把自己与胡适作了一番比较，他说："他幸运地辞去了出使国外的使命（指胡适辞去了驻美大使的职务），返回了北平当大学校长，而我却要离开这最可爱的城市和那令人满意的事业，去从事一项前途未卜的使命，而这正是胡博士所避开的。"不过，燕京大学校友林孟熹对此则有不同回忆：

林孟熹曾就司徒雷登出任大使请教当时燕大政治系主任兼校务委员会成员陈芳芝，陈芳芝回忆说：在离开燕园赴南京就任前夕，司徒雷登曾经对他说："出任大使是为了谋求和平，而只有在和平环境下，燕京大学才能生存和发展。"②

但是长于治校的司徒雷登对于政治显然没有对于教育那样了

---

① 司徒雷登：《在华五十年》。转引自《司徒雷登与中国政局》，林孟熹著，新华出版社2002年版。

② 林孟熹：《司徒雷登与中国政局》，新华出版社2002年版。

如指掌，这段大使生涯让他感到心力交瘁。他想一碗水端平，因此得罪了他过去的老朋友蒋介石，以至于1950年司徒雷登的75岁寿辰，当时国民政府驻美大使顾维钧请示蒋是否以蒋的名义赠送鲜花，蒋冷漠地回答：不必了。甚至他昔日的学生们，也不能完全了解他的一片苦心。据林孟熹回忆，1948年5、6月的一个下午，燕京的学生代表在临湖轩就中美关系和美国对华政策交换意见，气氛剑拔弩张，因为燕大过去给他的教育是："吾爱吾师，吾更爱真理。"

随着南京的解放以及美国对华政策的彻底失败，1949年8月2日，司徒雷登不得不踏上回美国的飞机，离开这片他曾经生活了50年并曾经深深热爱过的土地。在飞机上，他看到美国国务院发表的《白皮书》，在那里面，司徒雷登完全成了一个美国对华政策失误的替罪羊。而在大洋彼岸的这一侧，毛泽东则发表了那篇著名的文章：《别了，司徒雷登》。这位老人再也支撑不住，一下子中风卧床不起。在他身边的，只有过去一直支持他的秘书傅泾波。这个富有传奇色彩的中国王公的后人，在司徒雷登卧床不起的日子里，体现出他一如既往的君子之风，像一个儿子一般服侍在司徒雷登的身边。恐怕也只有他，能够体会司徒雷登此刻心情的荒凉。

过去的知识分子，在其后半生走过的都是荆棘路。既不盲目赞美，也不一味渴求，对于这些前辈，若能有一种设身处地的体察，方不负先贤之初心。

负伤的知识人

黄炎培：以教育始，以政治终

1901年，23岁的黄炎培考入上海南洋公学特班，当时，蔡元培恰在南洋公学任教。南洋公学的规模并不大，所以师生之间接触也就比较多。黄炎培受老师蔡元培的影响，从此埋下了投身教育的种子。时隔不久，南洋公学爆发学潮，黄炎培在蔡老师的启发下，回到老家川沙，创办了川沙县第一所新式学堂——川沙小学堂。之后又先后创办了广明小学、广明师范讲习所、上海城东女校、浦东中学等学校。在教育实践中，黄炎培感到旧教育的最大弊端就是学用脱节。1931年，他发表著名论文《学校教育采用实用主义之商榷》，批判当时旧教育脱离实际，脱离生产的弊病，首倡教育与学生生活、学校与社会实际相联系的实用主义，并具体提出小学各科的教学应与儿童的日常生活紧密联系；不强调学科本身的系统性，重在具体运用；要因科制宜地采用不同的教学方法；重视实物教学等等。此文可以视为黄炎培职业教育思想的发端，文章发表之后，在教育界引起了很大的反响，一时间竟成思潮。黄炎培也由此奠定了自己在教育界的地位。

1917年5月6日,黄炎培联合教育界、实业界知名人士蔡元培、梁启超、张謇、宋汉章等48人在上海发起创立了中华职业教育社。创办之初,黄炎培提出职业教育的目的有三:"为个人谋生之准备,一也;为个人服务社会之准备,二也;为世界、国家增进生产力之准备,三也。"1934年经中华职业教育社公订:"职业教育的目的:一为谋个性之发展;二为个人谋生之准备;三为个人服务社会之准备;四为国家及世界增进生产力之准备。"基于上述认识,黄炎培把职业教育的终极目标确定为:"使无业者有业,使有业者乐业。"中华职业教育社是中国近代教育史上的第一个以研究、提倡、试验、推广职业教育为宗旨的全国性教育团体。随着中华职业教育社的壮大,黄炎培的社会声誉日隆。

1945年,抗日战争胜利,举国上下无不盼望当时的两大政党——共产党和国民党进行和谈,避免再起征战。在此背景下,黄炎培、傅斯年、左舜生等七人以参政员的名义致电中共,期盼中共领袖毛泽东能赴重庆进行商谈。然后才有了黄炎培等人的延安之行。延安之行无疑对黄炎培产生了影响,当时的六位参观者(王云五因病没有成行)除了黄之外在1949年之后都去了台湾,而黄却留了下来,并且出任新中国的国务院副总理兼轻工部副部长等职务。不过,能够给后人留下印象的,恐怕还是黄在延安时和毛的对话。那段对话被黄记载在他的小册子《延安归来》里:

"有一回,毛泽东问我感想怎样?我答:我生六十多年,耳闻的不说,所亲眼看到的,真所谓'其兴也勃焉','其亡也忽焉',

一人，一家，一团体，一地方，乃至一国，不少单位都没有能跳出这周期率的支配力。大凡初时聚精会神，没有一事不用心，没有一人不卖力，也许那时艰难困苦，只有从万死中觅取一生。既而环境渐渐好转了，精神也就渐渐放下了，有的因为历时长久，自然地惰性发作，由少数演为多数，到风气养成，虽有大力，无法扭转，并且无法补救。也有为了区域一步步扩大了，它的扩大，有的出于自然发展，有的为功业欲所驱使，强求发展，到干部人才渐见竭蹶，艰于应付的时候，环境倒越加复杂起来了，控制力不免趋于薄弱了，一部历史，'政怠宦成'的也有，'人亡政息'的也有，'求荣取辱'的也有。总之没有能跳出这周期率。中共诸君从过去到现在，我略略了解了的，就是希望找出一条新路，来跳出这周期率的支配。

毛泽东答：我们已经找到新路，我们能跳出这周期率。这条新路，就是民主。只有让人民来监督政府，政府才不敢松懈，只有人人起来负责，才不会人亡政息。

我想：这话是对的。只有大政方针决之于公众，个人功业欲才不会发生。只有把每一地方的事，公之于每一地方的人，才能使地地得人，人人得事。用民主来打破这周期率，怕是有效的。"

这段话，可以说是新局势的开局之谈。黄的发问不可说不尖锐，不过，这个发问也许正中毛的下怀。即使黄不发问，毛也许还会用别的方式表达出来。可以说，两人之间的一问一答，就勾画出了以后社会布局的蓝图。

不过，个人的愿望可以无限美好，但是在实施的时候如果没有制度的保障则几近空谈。随着新政权的建立，共和国领袖的威望也达到顶峰，在一个"一句顶一万句"的年代，"周期率"也开始频频作祟。不像其他从旧社会走过来的知识分子，黄炎培在各种运动中基本没有受到冲击。建国之后周恩来曾经说过："职教社是一个知识分子的团体，从职教社所走的道路，也可以看出中国知识分子的历史道路。"这无疑也代表了当时中共对于职教社以及其缔造者黄炎培的首肯。这个首肯有没有标准我们不得而知，不过发生的一件事可以为这个首肯做一个注脚。

1957年春季，中共中央决定实行开门整风，欢迎社会各界人士对共产党展开批评。4月30日，毛泽东以此为主题召开了第12次最高国务会议。出乎与会者的意料，临近会议结束时，毛泽东话锋一转，谈起他不准备担任下一届国家主席的问题，并委托在座的诸位在各自的范围内透露这个消息，刮点小风。散会后，参加会议的民主人士陈叔通和黄炎培连夜给刘少奇和周恩来写了一封信：昨毛主席于会议上最后提到下届选举主席不提毛泽东的名，并嘱我们透露消息。我们两个人意见：最高领导人还是不更动为好。诚然要强调集体领导，但在短期过程中全国人民还认识不清楚，集体领导中突出个人威信，仍是维系全国人民的重要一环……1957年5月1日，陈叔通、黄炎培的来信经刘少奇、周恩来阅后，转到毛泽东手中。按照惯例，毛泽东对陈、黄信的批语应该直接交给陈、黄本人，但是这次却一反常规，在写下批语的当天，毛泽东将写了批语的陈、黄来信转给刘少奇、周恩来、朱德、陈云、邓小平、彭真等人传阅。毛泽东的心情我们现在无从推测，不过，可以说黄炎培的信再一次打动了他的过去的老友和现在的领导的心。

1964年，黄炎培写成的回忆录《八十年来》。在自序里他写道：要"在党和毛主席领导下，一分精神全为国，一寸光阴全为民，以'天天向上'自勉，这样学习到老，改造到老"。经过"改造"后的他，要以自己的回忆录，"秉着是是非非的直笔，将使大家看看今天，想想昨天，知所努力"。在这"直笔"中，黄炎培对于他早年从事的教育事业只是如蜻蜓点水般地掠过，而他给现代史和国人留下的最重要的一笔——对"周期率"的质询和反省——更是只字不提。看来，黄炎培是深深地体会了"今是而昨非"了。

此般师生此般情
——金岳霖与殷海光

1935年,经过一番与家人的据理力争,做了一段学徒的殷海光又重新回到了学校。爱与人辩论的性格,让他对逻辑学情有独钟。因为在他看来,逻辑可以使他在辩论时立于不败之地。也是在这一年,年仅16岁的殷海光在一套清华大学出版部出版的逻辑学教材上知道了金岳霖的名字。当时,两个人的地位可以说是天壤之别:金岳霖是名满天下的大教授,殷海光是籍籍无名的中学生。然而在1935年之后,这两个名字就产生了联系。

联系是这样产生的:殷海光在读了金岳霖的书之后,产生了和这位教授"讨论"逻辑的想法。他直截了当地给金岳霖写了一封信,在信中说了自己对于逻辑的一些看法,并向这位教授请教。作为名教授,金岳霖对于这个叫"殷海光"的中学生非但没有不屑一顾,反而非常欣赏并很快回了信,在信中,金岳霖"告诉他,有哪些书,可以寄来借给他读"。[①] 这种做法对于还处于中学阶段

---

① 陈平景:《殷海光传记》,载陈鼓应编《春蚕吐丝——殷海光最后的话语》。

的殷海光起了多大的激励作用？我们不得而知。不过，在这之后不久，年仅16岁的殷海光以一己之力翻译了一本厚达四百多页的《逻辑基本》[查普曼（Champsman）、亨利（Henle）合著，商务印书馆出版]，可以说与金岳霖的鼓励关系匪浅。

1936年，殷海光的高中生涯结束，打算到当时的学术中心北平求学。对于殷海光的这一决定，他的家人并不热心：殷海光随心所欲的学习方式使他的家人对他的学业不抱希望，同时，家境的困难也难以负担他的生活及学习费用。这时候，殷海光又一次想到了曾经给过他鼓励的金岳霖，他又一次给金岳霖写信。这一次，不是"讨论"，而是求助，请求金岳霖帮助他到北平学习。金岳霖为此找到张东荪，希望张能为殷海光安排一份工作，以便让殷海光能够一边挣钱，一边读书。在获得张东荪的允诺之后，金岳霖写信告诉殷海光：可以到北平来。对于一个与自己素未谋面的青年，金岳霖是热心的。而他的理由，却只是"一个青年要学问总是好事"。[①]

殷海光到达北平之后，张东荪的允诺却落了空。为此，金岳霖还和张东荪伤了和气，因为金认为答应了别人的事情就应该做到，否则就不应该答应。没有办法，金岳霖只好负责殷海光的生活费用。在那个时代，教授待遇优厚，负担起一两个人的普通生活费用，并不显得吃力。"教授与他约好，每周他们见面一次，一

[①] 刘培育主编：《金岳霖的回忆与回忆金岳霖》，四川教育出版社1995年版。

边吃饭，一边谈学问。"①

此时的殷海光，从与金岳霖"讨论"的小朋友变成了他的弟子。不过，这位弟子与乃师的性情却大为不同：金岳霖性情温和敦厚，与人谈话总是"如果这样，那会怎样"，又或者是"或者……"、"可能……"诸如此类等等，而殷海光却是盛气凌人，说话喜欢用"我认为一定如何"之类的语气。然而这并不影响他们之间的师生情谊，跟随着金岳霖，殷海光在那一段时期里结识了众多北平学术界的名流。1937年"七七事变"爆发，清华大学对在校学生进行疏散，又是金岳霖自掏腰包，拿出50元作为殷海光回家的路费。

1938年，金岳霖与殷海光这对情谊深厚的师生再一次相逢在西南联大。"在一个静寂的黄昏"，殷海光同老师金岳霖一起散步，"那时种种宣传正闹得响"。殷海光问老师：究竟哪一派才是真理？金岳霖答："凡属所谓'时代精神'，掀起一个时代的人的兴奋的，都未必可靠，也未必能持久。"殷海光又问："什么才是比较持久而可靠的思想呢？"金岳霖又说："经过自己长久努力思考出来的东西……比如说，休谟、康德、罗素等人的思想。"这番对话，对殷海光产生了深远的影响。在之后的生涯里，殷海光"一直以做这一类型（休谟、康德、罗素）的思想工作者自勉"。②在说到金岳

---

① 王中江：《炼狱——殷海光评传》，群言出版社2003年版。
② 殷海光：《致卢鸿材》，载《殷海光全集》，桂冠图书出版有限公司1990年版。

霖对自己的影响时,殷海光说:"我突然碰到业师金岳霖先生。真像浓雾里看见太阳!……昆明七年的教诲,严峻的论断,以及道德意识的呼吸,现在回想起来实在铸造了我的性格和思想生命。"①

在西南联大,还有一件事情让殷海光感念不已。在选读金岳霖课程的学生当中,殷海光喜欢金老师的逻辑,另外一个同学喜欢的则是黑格尔。期末,两人各就自己喜欢的领域写了读书报告,结果殷海光的分数却低于写黑格尔的那个同学。他气冲冲地跑去找金先生,问他这分数是怎么打的。金岳霖告诉他:"你的思路虽和我相同,但你的功夫没有他深。"殷海光认为,这种客观和公平"在中国文化分子中是少有的"。②

然而,作为弟子的殷海光,并没有在学问上继承金岳霖的衣钵,而是走了与其完全不同的道路。1949年之后,殷海光在台湾成了传奇般的启蒙人物,而其师却在大陆此岸接受思想改造。1952年,金岳霖迫于政治上的压力,全面检讨自己的学术思想,写下了《批判我的唯心论的资产阶级教学思想》一文。在这篇文章中,金岳霖顺便批判了没有继承他衣钵的殷海光以及继承了他衣钵的王浩。在彼岸的殷海光读到这篇文章之后,"思绪起伏不已",黯然神伤。但是,当别人撰文批评其师行为的时候,殷海光却立即撰文提出反批评,认为他们是在说风凉话,没有设身处地

---

① 殷海光:《致林毓生》,载《殷海光全集》。
② 韦政通:《我所知道的殷海光先生(1965—1969)》,载《殷海光全集》。

看待大陆学人的境况。而他的业师金岳霖，在其晚年依然无法摆脱意识形态的束缚。对于他早年的得意弟子殷海光，在口头上依然持批评的态度。他说："殷福生（殷海光原名）这个人，我非常不赞同他，他为什么要反对中国共产党，逃到台湾？"[①]但是在他听说殷海光在台湾去世的消息之后，金岳霖感到惊愕、悲伤。看来，两岸的阻隔和政治上的不同选择并没有消减他们之间的师生情谊，只不过，残酷的现实让他们把这份情谊埋在了心底。

我们过去曾经有句老话，师徒如父子。这句话并不是随便说说，像金岳霖与殷海光这样的师生，在过去的时代中并不鲜见，杨振声与沈从文、胡适与吴晗和罗尔纲都是这种情形的生动写照。师生之间的这种亲密关系，对于学术传承的意义不言而喻，蒙文通先生常常说"学问可以不做，却要做一个堂堂正正的人"，姑不论这是蒙先生的谦虚，从某种意义上，人品正，学品才会正。有了这样的老师，对学问没有敬畏之心，也难。现在不讲这一套了，这样的老师和这样的学生也就不多见了。拿金岳霖和殷海光这对师生来说，殷海光到了台湾之后，还培养出了像李敖、陈鼓应这样的学生，但是他的老师金岳霖，除了批判自己的学术思想之外，已经没有人敢与他讨论学问了。

[①] 陈平景：《致李敖》，载《李敖书信集》，时代文艺出版社1992年版。

在学术与气节的跷跷板上

一

国人喜欢盖棺定论,但是这样的一种做法放在大哲学家冯友兰身上,便显得难度重重。冯友兰在生前就是大受争议的人物,其身后是非也一直延绵不绝。这种争议主要体现在两个方面:其一是因为冯先生一生苦难而传奇的历程,以及其在各种事件中所做出的反应,在一些学人尤其是港台以及海外学人看来缺少气节,甚至因此影响到对于冯先生的学术评价,举个最近的例子,便是何兆武先生在《上学记》关于冯友兰的评价:"冯友兰对当权者的政治一向紧跟高举,像他《新世训》的最后一篇《应帝王》等等,都是给蒋介石捧场的。在我们看来,一个学者这样做不但没有必要,而且有失身份……";另一个层面,因为冯先生的哲学贡献以及其无人能出其右的学术影响,被认为是中国哲学界的旗帜性人物,由此衍生出来对于冯先生的崇拜情结,认为冯先生完美。其实,关于冯友兰的评论,还是他的女婿蔡仲德先生的看法最为持中，蔡仲德把冯友兰的一生分为三个阶段：第一个时期是"建立自我"，第二个时期是"失落自我"，而第三个时期是"回归自我"，认为冯友兰的思想历程是中国知识分子的苦难缩影，这不是个人问题，而有典型意义。

而对于作为哲学家的冯友兰来说，或许这一切都不重要，他用两副对联对自己的一生做了总结：其一是"三史释今古，六书纪贞元"；另外一副则是："阐旧邦以辅新命，极高明而道中庸。"前一联说的是自己的学术著作，三史分别是《中国哲学史》上、下卷（1933年）、《中国哲学简史》（1948年）、《中国哲学史新编》一至七册（1980—1990）。其中两卷本的《中国哲学史》既是冯友兰个人的成名之作，也是我国近代意义上的中国哲学史学科奠基之作；六书则是《新理学》、《新事论》、《新世训》、《新原人》、《新原道》、《新知言》。这些著述形成了冯友兰的哲学体系，给他带来了美好的声誉，奠定了他在中国乃至世界哲学界不可动摇的地位。冯友兰在20世纪40年代，运用新实在论哲学重新诠释、阐发儒家思想，以作为复兴中华民族的理论基础。以这一时期出版的《新理学》为核心的"贞元六书"，构成了一套完整的新儒家哲学思想体系，它既是冯友兰哲学思想成熟的标志，也被认为是他一生治学的最高成就。后一联与前一联紧密相关，说的是在冯友兰先生看来自己一生一以贯之的学术思想。

最近三联书店一口气出版了冯友兰先生的"六书"以及《南渡集》，是其"冯友兰作品精选"出版计划中的一部分，其中"六书"曾被收入河南人民出版社2000年出版的《三松堂全集》，此次出版也是以此为底本，不过以单行本形式刊行。而《南渡集》结集于1946年，当时拟由商务印书馆出版未果，1959年曾被收入《资产阶级学术思想批判资料》第三集，像是历史的反讽，《批判资料》也是由商务印书馆出版。这一次则是首次以单行本刊行。

说起来，这套书的出版，和我还有一点小小关联。事出有因，原因就是我在文章开头提到的《上学记》。我读过《上学记》之后，给宗璞先生打了一个电话，告诉她书中有关于冯先生的评价。宗璞先生接到我的电话后，对《上学记》做了一些了解，认为其中对于冯先生的评价不确切，并且做出了回应。事后，宗璞先生告诉我，她与三联书店的领导做了沟通，三联书店正计划把冯先生的著作重新出版，读者看了冯先生的著作，自然就会了解冯先生其人，也会判断《上学记》关于冯先生的评价确切不确切。

二

从学术来评价冯先生这几本书，非我所愿。我想借这套书出版之际，老调重弹，但是要发新声。话题还是从本文开头说起。

何兆武在《上学记》中对于冯先生的指责，代表了相当一部分知识分子对于冯先生的看法，而更多对于冯先生的指责则是针对冯先生在"文革"尤其是"批林批孔"中的表现。是啊，冯先生，你是大知识分子、大哲学家，那么多眼睛在看着你啊，冯先生,你怎么能表现得那么"识时务",那么"没气节"啊?你看看人家梁漱溟先生,"三军可夺帅,匹夫不可夺志",那才是知识分子的铮铮傲骨啊!事实当然是这样,并且我也曾经一度这样认为。但是,事实背后呢?当众多的知识分子如此评价冯友兰的时候,我们是否做到了"同情的了解"?恐怕没有。对于当时的情境多一些了解,评价或许就会大相径庭。拿梁漱溟先生来做对比,则更富有意味:

梁漱溟先生在1949年之前就是著名的民主人士,曾任中国共产党的重要政治盟友民主促进同盟的秘书长。而且曾两赴延安与毛泽东有过长时间的交谈,这些都使得梁先生在1950年从重庆到北京之后的政治环境中有特殊的优势。首先是1950年之后毛泽东数度请梁先生去中南海交谈并力邀参与政府工作。但梁先生却愿意"留在政府外面"。但冯先生就不一样了,冯先生曾是参加过国民党代表大会的代表,而且一直与国民党政权有着不错的关系,所以,在解放后首先就因为"政治上的理由"被迫辞去清华大学校务委员会委员和文学院院长的职务;所以,1949年10月就又给毛泽东写信,"大意思说:我在过去讲封建哲学,帮了国民党的忙,现在我决心改正错误,学习马克思主义,准备于五年之内用马克思主义的立场、观点、方法,重新写一部中国哲学史。"毛很快就回了信,"友兰先生,十月五日来函已悉,我们是欢迎人们进步的。像你这样的人,过去犯过错误,现在准备改正错误,如果能实践,那是好的。也不必急于求效,可以慢慢地改,总之采取老实的态度为宜，此覆。毛泽东，十月十三日。"从起点上来说，冯先生与梁先生就不在一条起跑线上，也就是说，当时像梁先生和冯先生这样重量级的知识分子，梁先生还有保持沉默的自由，而冯先生，连保持沉默的自由也不存在。当然还有一些没有表态的知识分子，恕我说句不恭的话，当时还有很多知识分子在那场运动中还没有发言的资格，如果我们对于那段历史还有些了解的话，就会知道当时有不少青年才俊是积极想表现的。用气节来评价人，是多么残酷的一件事啊。岁月流逝，"批林批孔"作为已经过去的历史事件，留给梁先生和冯先生的，是两份不同的遗产。现在，我们再来看这些事情，至少应该懂得道德评价的必要性和限度了吧。

从另外一方面来看，冯友兰先生至少有一件事情做得要比很多知识分子清白许多，那就是据我所掌握的有限资料来看，冯先生并未在"文革"中主动批判过谁、揭发过谁、陷害过谁，反倒是那些讥讽冯先生的人，在这方面却积极得很。那些以气节指责冯先生的人，可曾想过政治的冯友兰和学术的冯友兰分别坐在气节和学术的跷跷板上这一境遇背后的历史情境？历史是一面镜子，照别人的时候，首先要照一下自己，道德，也是如此。每个人的性格都有弱点，冯友兰也是，考虑到这种弱点，结合具体的历史情境，评价冯友兰的反映，至少应该抱以同情的了解。对此冯先生的女婿蔡仲德剖析得颇好：一方面，"'阐旧邦以辅新命'的'平生志事'表明冯友兰一代知识分子具有强烈的爱国热情"；另一方面，"他们对于群体与个体、国家与个人的关系，往往重视前者而轻视后者，甚至不区分祖国与政权，不考虑政权的性质，而总是强调国家的主权，忽视个人的人权。……这种国家至上的观念决定他们往往把国家的独立、统一看得高于一切，以致在国家的强权面前放弃知识分子应有的独立思考与独立人格。忍受来自国家的侵害而不反抗，也对国家侵害他人的现象保持沉默。"

三

关于"六书"，学界众多时贤多有论述，原本无需我多言。但是通读冯先生这几本书，却发现冯先生的行文与当下学界的行文颇有不同，我只想原文抄录几段，至于书中精义，还是读者去自行体会。

第一段：

"本书名为新理学。何以为新理学？其理由有二点可说。

就第一点说，照我们的看法，宋明以后底道学，有理学心学二派。我们现在所讲之系统，大体上承接宋明道学之理学一派。我们说'大体上'，因为在许多点，我们亦有与宋明以来底理学，大不相同之处。我们说'承接'，因为我们是'接着'宋明以来底理学讲底，而不是'照著'宋明以来底理学讲底。因此我们自号我们的系统为新理学。

就第二点说,我们以为理学即讲理之学。普通人常说某某人'讲理',或者某某人'不讲理'。我们此所说之讲理,与普通人所说之讲理,虽不必有种类上底不同,而却有深浅上底大分别。我们所说之理,究竟是什么?现在我们不论。我们现在只说:理学即是讲我们所说之理之学。"这是《新理学》绪论中的开端。

我敢说,现在要是谁敢这样写学术著作,肯定让时贤笑掉大牙,可是冯先生不怕,那个时代的人们好像都不怕,把学术著作写得跟聊天话家常一样,怪不得那个时期的学术那么昌盛繁荣。

再抄一段:

"朱 那等将来我们另有机会再说。现在让我先回答你方才提出的问题。有两件事情甲乙,假如有了甲不一定就有乙而没有甲却一定没有乙,如此我们就说甲是乙的必要原因。譬如人只有饭吃,他不一定就能生存,因为他可以病死。但若是他没有饭吃,他一定不能生存。因此我们说吃饭是人生存的必要原因。

戴(哈哈大笑)不客气地说,毕竟你们宋儒读古书的能力,不及我们汉学家。照你说起来,所谓必要原因,就是《墨子》上所说的'小故'。《墨子·经上》说:'故,所得而后成也。'《经说》说：'故，小故有之不必然，无之必不然。'这不恰好就是你所讲的必要原因吗？"这是《南渡集》冯友兰先生虚拟的朱熹与戴震的《新对话》中的一段。

再多抄引，就成抄书了，就此打住罢。

被辜负的爱国心

关于冯友兰先生，我曾经写过一篇《在学术与气节的跷跷板上》，自以为不算是为冯先生辩诬，只不过回到了冯先生当时所处的历史情景去理解冯先生。前不久，收到宗璞老师寄来的《实说冯友兰》一书，感觉关于冯先生，其实还有一些话可以说。

冯先生那一代的知识分子，经历了太多的外忧内患，身上大多都有很重的民族情结和爱国情结，不理解这个前提，就很难理解冯先生后来的选择。1949年的时候，冯先生其实是可以有多种选择的，以他过去对国民党的态度以及和蒋介石的关系，他是可以去台湾的。事实上，国民党也确实动员过他去台湾，但是他没有去，而是选择了留下来。早在1948年，在动荡时局中很多人选择去美国，那时候，冯先生正好就在美国，以他的条件，是可以选择在美国定居的，他同样没有，而是急急忙忙地赶了回来，还生怕晚了就回不来了。支持冯先生做出这样选择的，不是基于对于哪个政党的看法，而是基于他爱国的理念，这样的理念，让冯先生无法割舍这一片疆土。对于冯先生那一代的知识分子来说，爱国的理念虽然没有和哪个政党执政联系起来,但是也还没有像后来余英时认为"文化即国度"那样的观念(比如余英时先生就说:"我到哪里,哪里就是中国。为什么非要到某一块土地才叫中国?那土地上反而没有中国。"龙应台女士也说过"中国文化是我的祖国")。对于冯先生那一代人来说,爱国是和土地紧密联系在一起的,他们觉得他们的根在这片土地上,离开了这片土地,他们深深信仰的文化也就失去了根本。

后来时局有了变化,冯先生的遭遇真是让人感慨,不过,仔细想来,冯先生错在哪里了呢?张岱年先生评价冯友兰先生是"大节不亏",可是在我看来,冯先生在那样的时局中,从来没有主动整过人、害过人,不仅是"大节不亏",小节也是不亏的。冯先生的遭遇,只能说是一颗知识分子的爱国心被辜负了。他选择留下来,是因为他觉得这片土地的文化不能中断,在当时的时局中,过去的一切都遭到了批判,身处其中的冯先生是很矛盾的,他很委婉地提出的"抽象继承法",也无情地遭到了批判,冯先生那时的悲凉,大概是我们后辈无法理解的。

环境有所好转之后,冯先生的身体已经大不如从前,但是他还是写出了《哲学史新编》,提出了很多与传统观点不同的看法,这不是偶然的,没有生命中一以贯之的信念支撑,冯先生是无法写出那样的著作的。

《实说冯友兰》一书采访了20多位冯友兰的门生故旧,书的封底有一段话,让我感慨不已:"他们讲述了自己的亲身体会和真实看法，有见识而客观，有感情而公正，没有道听途说，不是人云亦云。"如果我猜测的没错的话，这段话应该出自宗璞老师的手笔。书中的讲述客观不客观，公正不公正，我们可以评价，但是"没有道听途说，不是人云亦云"倒是千真万确。冯先生那一代的知识分子对于冯先生的表现多有看法，宗璞先生这些年一直致力于改变这些看法带来的影响，比如《三松堂》不收冯先生在"文革"中的检讨和某些文章，甚至遭到了一些人的不理解。其实我们应当理解冯先生那一代知识分子对冯先生的看法，更应该理解宗璞先生的表现。中国有句老话叫作"子为父隐"，何况，冯先生没有什么过错可以隐的，我觉得，我们不能非得要求宗璞先生也认同冯先生那代知识分子对冯先生的看法。即使宗璞先生有为冯先生"隐"的地方，也值得理解，子女对于父母是有感情的，相对于那种在"文革"中揭发自己父母的人，我觉得宗璞先生的做法，不仅是"直在其中"，而且值得尊重。

附

宗璞：关于陈远先生文章的两点回应

按：前不久我写了一篇关于冯友兰先生的文章，因为写的时候过于相信自己的记忆力，没有查证相关的资料，以至于文章中出现了两处错漏，宗璞先生看到拙文之后，给我写信称赞拙文，同时指出了文章中不确切之处。后来宗璞先生又撰文说明，文章发于《南方都市报》，现转载在此，并感谢宗璞先生的教正。

《南方都市报》2月15日刊载了陈远的文章《被辜负的爱国心》，读后甚感欣慰。文中对冯友兰先生的行动做了剖析，指出冯先生具有真挚的爱国心，这也是上一代知识分子的特点。他们爱祖国的文化，爱自己的同胞，也爱生我养我的这一片土地，那里的山山水水、一草一木。因为亲历了自己的国家在多年积贫积弱中备受欺凌，他们要建设自己的祖国，使之独立、使之强大。他们所想的不只是个人，而是整个国家、民族。陈文还指出，冯先生那一代的知识分子，爱国的理念并不和哪个政党执政联系起来。

一个年轻人能够这样理解前辈学者是可喜的。

所谓"我在哪里,哪里就是中国。"可以说是诗的语言,而不是现实的语言。谁能把整个中国带走?除非在梦中。

可能由于作者的疏忽,陈文中有两处不确切的地方。

季羡林先生曾为冯先生写过一篇文章,题目是《大节不亏,晚节善终》。陈文将前四个字误为张岱年先生语。特此更正。季文后收入《冯友兰先生纪念文集》。题目已改为《生命不息睿思不止》。

陈文后半部有关于"子为父隐,直在其中"的议论。我完全领会作者的好意,但是作者的前提是不存在的,需要更正。《三松堂全集》(河南人民出版社出版)已收入能找到的冯友兰先生的检讨文字。绝对不存在"为尊者讳"、"子为父隐"的情况。

在编辑《三松堂全集》的过程中,对于收不收检讨文字,有两种意见。一是收,一是不收,最后冯先生自己做出决定,采纳了蔡仲德先生的意见,收入检讨类文字,作为闰编。他的行为光明磊落,如日月经天,无可隐讳,也无须隐讳。蔡仲德一直认为无论编纂《全集》或者编写《年谱》,都要"信"字第一。他认为冯先生的遭遇是中国知识分子的苦难缩影。他是从历史的高度、社会的高度来看，不为尊者讳。

这种态度受到学界的高度评价。

主张不收的学者认为检讨大多出于被迫，可以不算作者自己的文字，也毫无"隐"或"讳"的意思。

近年有人造谣，说我们"为尊者讳"。书是摆在那里的，出版社有，各级图书馆有，书店也有，可以查阅。但此说依然有影响，可见说明真相的重要。

我写文章只有一个目的，就是要把事实真相写出来，留下来。以后我还要这样做，这是我的责任。如果我不这样做，我就对不起前人，对不起历史。

虽然"子为父隐"与我无关，我还是认为孔老夫子的见解是合乎常情常理的。而认同这一见解的人，必定有一颗善良的心。

梁漱溟的骨气和底气

一

梁漱溟是20世纪最具传奇色彩和声誉的人物之一。从他的一生来看,有几个横断面让人惊羡:其一是1916年,梁23岁,当年9月在《东方杂志》发表《究元决疑论》。被蔡元培发现,聘请其到北京大学任教。且当时有传闻,之前梁欲考北大而不得;其二是1946年国共和谈期间,10月10日,梁漱溟由南京到上海去见周恩来,促其回南京继续和谈。11日夜车,梁由上海回南京,次日清晨到南京,下车一见报,看到国军已攻下张家口的消息,不禁惊叹地对记者说:"一觉醒来,和平已经死了!"这句话被当时的各报纸作为头条标题,一时间成为民国期间最为著名的话语;其三是在1952年9月11日,梁漱溟在全国政协委员会常委会发言中说:"今建设重点在工业,……工人九天,农民九地",过去农民"与共产党亲如一家人,今日已不存在此形势",等等。这番话触怒了当时的最高领袖,梁漱溟要"雅量"而不得,于是"三军可夺帅,匹夫不可夺志",梁漱溟因为这一事件,被誉为"一代直声"。

对于梁漱溟,一直想系统地阅读其著作和一些相关的资料,却迟迟没有付诸行动。最近读《1949年后的梁漱溟》,正好可以作为全面阅读梁漱溟的一个起点。纵观梁漱溟一生,无时无刻不是丰富多彩,之所以在文章开头选取三个横断面,是因为这三个横断面分别代表了梁漱溟一生中最为重要的三个阶段:第一段为31岁(1924年)之前,除去梁漱溟的成长期,自1917年始,梁漱溟在北京大学教授印度哲学,是当时北大著名的教授,这一段生涯,梁漱溟可以说是一个单纯的知识分子;第二段从32岁(1925年)到60岁(1953年),在这一时期,梁漱溟辞去北大教职,辗转全国各地,开始开展乡村建设,一直到组建民主同盟,再到被毛泽东邀请加入新政府却拒绝之,最后则是因为"九天九地"说开始"靠边站"的生涯。此间,梁漱溟的角色是一个社会活动家兼政治活动家。第三段则是"靠边站"之后,开始写作《人生与人心》以及其他一系列著作,复归为知识分子的生涯。

《1949年之后的梁漱溟》一书,就是以梁漱溟因"九天九地"说与毛泽东发生冲突为时间基点,向梁漱溟此前和此后的生涯延宕,集中叙述梁漱溟先生人生的第二个阶段。作者汪东林从上个世纪60年代在全国政协工作,有机会亲炙梁先生身前,因此了解了许多内情,因为还没有来得及系统阅读梁漱溟先生的全集,不便说这本书的资料有多少是新的,多少是旧的。本文也不打算讨论这个问题，只想就笔者对梁漱溟先生的思考，结合阅读的过程和盘托出，以就教于方家。

二

过去说到梁漱溟先生，一方面的说法是"反面教员"、"顽固的反动分子"，历史已经证明了这种说法的谬误，在此不说；另一方面，则是把梁先生说成知识分子的标杆，知识分子的骨气仿佛凝于梁先生一身，士林对梁先生"一代直声"的赞誉，当证明我的看法大致不差。我对梁先生的敬仰之心，不比时贤差到哪里，但是对于后者，却有一点自己的认识。

梁先生有没有骨气？答案当然毫无疑问。梁先生是不是知识分子？在一般人看来，这当然也是毫无疑问的。不过，以我一颗愚钝的心想来，这个问题其实可以商榷。民国以前，中国基本上不存在一个独立的知识分子阶层，笼统的说法叫"读书人"，学界称之为"士大夫"，当时的读书其实是个手段，并非出自对于追求知识的渴望，其终极目的是入仕做官，摆脱"读书人"的地位。晚清以降，在西方的影响下，才催生出近代中国第一批具有现代意义的知识分子。但是对于这一概念，争论从来就没有断过。我则倾向于把知识分子定义为追求知识、传播知识并且建构知识的人。这样的定义虽然狭窄，但是界定起来却比较清晰，讨论起来比较简易。从这个定义出发，梁先生人生中的第二段生涯，可以说不是个知识分子，至少不是单纯的知识分子。对此，梁先生自己其实早有体认，《1949年之后的梁漱溟》一书曾经提到，在梁先生的最后岁月里，"梁漱溟始终对'否定文革第一人'、'中国的脊梁'、'最后的儒家'这些称呼敬而远之，他说，知识分子有学术中人，有问题中人，他自己恰恰是一个问题中人。自己一生所做，独立思考，表里如一而已。"按理说，梁先生没有否认自己是知识分子，后来者不该强作解人，其实不然，仔细体味梁先生的话，说自己是"知识分子"是一种"不自觉"，而"问题中人"的自我定位，才是一种"自觉"的选择。更何况，这是在梁先生晚年复归知识分子状态之后的自我体认，若是再早些年，梁先生奔走于国共两党之间指点江山之时，又或者是梁先生冒犯"龙颜"，发出"九天九地"之狮子吼之时，梁先生心中，可曾想过自我定位？如果想过，我想单纯的一个知识分子，是无法囊括梁先生的，否则的话，梁先生也就不必辞去北京大学的教职。

再说一点题外话，历来被士林推重的藐视权贵或者有骨气的民国"知识分子"，比如说王闿运、比如说章太炎，都是敢骂袁世凯的主儿，在我看来，都不能算是单纯的"知识分子"，王闿运见了袁世凯是可以叫"慰亭世侄"的主儿，这样的政治资历，谁比得？章太炎是大学问家不假，可是他还有个名字叫章炳麟，那是老牌的革命党，袁世凯见了，也要忌惮三分的，所以"邹容吾小弟"死于狱中，章太炎平安无事，这样的政治资历，谁又能比得？学者谢泳提出过一个意味深长的问题，就是现代教育的根基，确实在一帮传统士子的手中完成的，比如说蔡元培，再比如说唐文治，蔡元培大家都比较熟悉：晚清翰林，老牌革命党，资历深厚，在教育这个领域内，简直是牛刀小试，当时的政界大佬们，谁不给个面子？唐文治大家比较陌生，其资历与蔡相仿，1892年的进士，在晚清政府历任要职。要说这些人是知识分子，不是不可以，但是要说这些人的骨气和成就是知识分子的荣光，在我，是不敢分享的。对于梁先生，我也做如是想。

三

知识分子之所以把击赏的目光投在梁先生身上，其实说来也比较简单，梁先生冒犯的，是毛泽东。毛泽东与梁漱溟，既是朋友，也是冤家。

两个人的第一次会面是在1918年。具体时间和地点则难以考证，想来不是在北大图书馆，就是在杨怀中的家里。当时的毛泽东是北大图书馆管理员，而梁漱溟则是著名的教授，杨怀中家中的常客。当时的会面，严格来说不叫会面，因为梁漱溟并没有注意这个看起来跟别人没有什么不同的图书管理员。但是作为当时的著名教授，梁漱溟给毛泽东以深刻印象。所以1938年梁漱溟只身赴延安与毛泽东会面时，毛泽东的第一句话就是："梁先生，我们早就见过面了，您还记不记得？民国七年（1918年），在北京大学，那时您是大学讲师，我是小小图书管理员。您常来豆腐池胡同杨怀中先生家串门。总是我开门……"当天晚上,梁漱溟和毛泽东从下午六时一直谈到次日凌晨,第二天,两个人又聊了一个通宵。两个通宵,两个人都在反复申述自己关于当时中国社会的观点,相争不下。毛泽东此时再也不是当年的"小小图书管理员",面对当年的著名教授,毛底气十足。另一方面,毛泽东"作为政治家的风貌和风度"也给梁漱溟留下深刻印象,使梁"终生难忘":"他不动气,不强辩,说话幽默,常有出人意外的妙语;明明是个不相让的争论,却使你心情舒坦,如老友交谈。"

之后,梁漱溟参与创建民盟。1946年,作为民盟的组建者之一,梁漱溟为国是奔走在国共两党中间,可以说与毛泽东建立了深厚的友谊。1950年1月12日,梁漱溟应邀到中南海颐年堂毛泽东家中做客,林伯渠作陪。就是在这次谈话中,梁漱溟谢绝了毛泽东对其加入政府的邀请。梁漱溟的答复显然出乎毛泽东的意外,汪东林在《1949年之后的梁漱溟》中交代:"他(指毛)的脸上显露出不悦之色,但彼此并未形成僵局。"当天的晚宴,还有江青参加,席间,毛泽东又邀请梁漱溟到河南、山东等地去考察,梁漱溟接受了这一邀请。当年9月中旬,梁漱溟考察归来,和毛又有会面。梁谈了在各地考察的情况之后,毛又提出请梁到广东考察的建议,这一次,梁漱溟因为当年在外奔波过多,推辞了。毛不但不以为忤,而且为梁安排了一座小巧而精致的四合院。

据汪东林在书中交代:1953年之前,毛泽东与梁漱溟的交往大体每一两个月即有一次,一年有若干次。据此,汪东林做出如下断语：正由于梁漱溟与毛主席有着这样久远（几十年）而频繁的交往，就梁漱溟这一方面而论，才在1953年9月遇到毛主席的批评之后，忘乎所以，如对待老朋友争论般讨论而起，做出犯颜抗论之举。这样的断语，大致不差，这样的背景下这样的表现，既是梁先生的底气，也是梁先生的性格。

四

前不久，冯友兰先生的《贞元六书》在三联书店再版，我写了一篇关于冯先生的文章，把冯先生与梁先生作了一个比较，比较之下，才发现历史如此意味深长。在此，也想就梁先生"九天九地"之形状再做几个比较。

梁先生在因"九天九地"的发言而"靠边站"这一历史事件中的表现和遭遇，让我最容易想到的是张申府先生。人们常常说性格即命运，若是拿这话来对应梁漱溟和张申府这对老朋友，则不是那么准确。张申府的性格与梁漱溟有若干相似之处，至少就倔强这一点来说没有问题，用张申府自己的话来说，他是"宁折不弯"的。两个人的经历也有几分相似，都是在毛泽东担任北大图书管理员时期认识的毛泽东，张申府当时正好是毛泽东的顶头上司。1948年，张申府在《观察》上写了一篇《呼吁和平》，在时局已经明朗的局势下呼吁和平。许多研究者认为张申府之后的遭遇与这篇文章关系甚大。不过，就是在这之后的1949年初，梁漱溟还在《大公报》上发表过《敬告共产党》和《敬告国民党》两篇文章，似乎，梁漱溟没有因为这两篇文章遭受什么"特殊待遇"。反过头再看张申府，张申府的女儿张燕妮老师曾经跟我说起过："新中国建立之后，父亲曾经一度没有工作。后来章士钊对主席说，申府也算我们党的老人了，他的工作应该安排一下。主席说：他是我的顶头上司，我怎么敢安排他呢。后来父亲的工作还是由周总理给安排到北京图书馆。在图书馆，父亲只是埋首自己的研究工作，政治上的活动没有了，文章也很少发表。"从毛泽东对章士钊的答复上，可以推断，当时在北大图书馆，毛泽东与张申府相处得并不是很融洽。卑之无甚高论，至少我觉得，这样的比较，是看到梁漱溟和张申府相同性格不同遭遇的一个角度。

历史的好玩之处在于，在同一时期，与梁漱溟不同性格相同表现却不同遭遇的事情还有一件可资比较。1957年春季，中共中央决定实行开门整风，欢迎社会各界人士对共产党展开批评。4月30日，毛泽东以此为主题召开了第十二次最高国务会议。出乎与会者的意料，临近会议结束时，毛泽东话锋一转，谈起他不准备担任下一届国家主席的问题，并委托在座的诸位在各自的范围内透露这个消息，刮点小风。散会后，参加会议的民主人士陈叔通和黄炎培连夜给刘少奇和周恩来写了一封信：

> 昨毛主席于会议上最后提到下届选举主席不提毛泽东的名，并嘱我们透露消息。我们两个人意见：最高

领导人还是不更动为好。诚然要强调集体领导，但在短期过程中全国人民还认识不清楚，集体领导中突出个人威信，仍是维系全国人民的重要一环……陈叔通黄炎培1957年5月1日。

陈叔通、黄炎培的来信经刘少奇、周恩来阅后，转到毛泽东手中。按照惯例，毛泽东对陈、黄信的批语应该直接交给陈、黄本人，但是这次却一反常规，在写下批语的当天，毛泽东将写了批语的陈、黄来信转给刘少奇、周恩来、朱德、陈云、邓小平、彭真等人传阅。毛泽东的心情我们现在无从推测，不过，可以说黄炎培的信再一次打动了他过去的老友和现在领导的心。

过去有位朋友跟我说：你写文章不要总是罗列史实，你要说出你的观点。我说，历史如此摇曳多姿，一不小心就会掉入观点的泥淖。看看历来被士林传颂的梁漱溟先生的"骨气"，参照一下当时同等地位的黄炎培，你当然不能说梁先生没有；但是如果参照一下当时相同性格不同境遇的张申府，你得承认，梁先生这样的骨气，背后是需要底气的。

历史的吊诡
——从张季鸾之死到胡政之之死

1926年初,张季鸾刚刚辞去陇海铁路会办的职务,闲居天津的息游别墅,间或给上海报社写点评论,采点新闻。也是在这一年,胡政之来到天津,住在熙来饭店,主要经营北京"国闻通讯社"。此时,吴鼎昌恰以在野之身,独居天津,除了盐业银行经理一事外,无事可干。三位报人的因缘际会,成就了日后报业史令人瞩目的《大公报》。

这一年的夏天,由吴鼎昌出资,胡政之出面接洽,吴、胡、张从安福系财阀王郅隆的儿子手中盘接下《大公报》,成立了新记大公报公司。之后吴鼎昌虽名为社长,但实际上报社的主要事务皆由胡张二人主持。张负责编辑,并由此确立著名的"四不"方针,而胡则负责人事和经营。及至9月1日,新记《大公报》续刊出版了。从筹备到出版,仅用了三五个月的时间,全不像现在办一份报纸,有如"登天"一般地困难。

张季鸾编辑有道,胡政之经营有方,新记《大公报》发满一万号,各方人士纷纷致函行文祝贺。蒋介石在专为《大公报》所作的《收获与耕耘》中说:《大公报》"改组以来,赖今社中诸君之不断努力,声光蔚起,大改其观,曾不五年,一跃而为中国第一流之新闻纸"。此时的大公报,已隐然成为当时中国影响力最为强大的民间报纸。1941年5月15日,《大公报》被美国密苏里大学新闻学院评选为"最佳外国报纸",赠予荣誉奖章,可谓是实至名归。

此后不久,张季鸾卧病不起,于9月6日与世长辞。张的一生可谓生荣死哀。由于和胡政之共同创办新记《大公报》,1928年结识蒋介石,颇得蒋的赏识,此后出入蒋门无需通报,虽不做官却可以参与国家机密。但是张并不以自骄,而是始终保持了文人本色,也正是由于这一点,张的为人在朋辈中亦是有口皆碑。其死后,各界要人纷纷发出唁电,其中有国共双方的领袖蒋介石、毛泽东,其他要人包括周恩来、宋子文、阎锡山、张治中、傅作义、黄炎培、胡适、王造时、成舍我、张奚若等等。同时,国民政府还下褒奖令,中共机关报也发表了题为《季鸾先生对报业的贡献》的短评,都对张极尽褒扬之词。

国共双方何以都对张有如此高的评价,不能否认其中有张的人格魅力以及其业绩等原因,但更重要的是要从当时的时局中来寻找答案。学者丁东对此有如下分析:两党对峙的时候,自然都希望居于中间的《大公报》发出于己有利的声音。张季鸾的幸运,在于其死正"逢时"。这样说一位先贤或许显得刻薄，但之后胡政之的死恰恰印证了这种刻薄不无道理。

1948年，胡政之选择去港，并着手《大公报》港版的复刊工作。在《大公报港版复刊词》中，胡政之写道："民国二十七年的《大公报》香港版，只是为了应付抗战的临时组织，这次复刊却是希望在香港长期努力。"不过，此时胡政之的身体与心境都已经大不如前。1948年3月，他在《大公报》港版的编辑会上说："我已经是60岁的人了，这次香港复刊，恐怕是我对事业的最后开创。"此话在一年后竟成谶语。1949年4月14日，胡政之逝世于上海。此时离上海解放只有一个多月，国民党忙于撤离，共产党忙于进城，《大公报》上海馆在新旧交替中穷于应付，总编辑王芸生不在上海，代理总编辑曹谷冰忙得不可开交。因此，胡政之逝世之时，没有政府的"褒扬令"，没有各界要人的挽联、挽诗和挽词，也没有来自四面八方的唁电、唁函，更没有盛大的追悼活动。在其生前卧榻的一段时间里，胡的后妻顾俊琦与其前妻之女胡燕为了《大公报》的股权日夜争吵，闹得胡政之不得安生，只好恳求其妻让出1000股给女儿胡燕。这就是现在我们可以在《大公报股份有限公司股东姓名暨股权清册》上看到的：胡政之：100股；顾俊琦：6400股；胡燕：1000股。而八年之前张季鸾则在他的"遗嘱"中写道：至关于余子教养，及家人生计，相信余之契友必能为余谋之，余殊无所萦怀……

张季鸾生前曾说:"十多年来,同业友人,或死或散,或改业为官吏,独政之与吾钟情于报纸而不渝耳!"对比报业史上两位大报人的命运,不能不让人感到历史的吊诡。

费孝通的两个世界

国人历来有将"道德"与"文章"相提并论的传统,"铁肩担道义,妙手著文章"更是为这一传统下了绝好的注脚,以黑格尔氏"存在即合理"的名言观之,这种存在单以在中国的源远流长,便注定了它的并不合理的合理性。

如果舍弃"文章"层面而单谈"道德",费孝通至少有两件事会被历史记住。第一件事发生于1945年11月25日晚,费孝通、钱端升、伍启元和潘大逵四位教授在西南联大的民主草坪参加六千余人与会的"反内战讲演",当演讲轮到费孝通的时候,枪声响了。面对着专制者的残暴,费孝通没有退缩,而是发出了比枪声更为响亮的呼声:"不但在黑暗中我们要呼吁和平,在枪声中我们还要呼吁和平!""我们要用正义的呼声压倒枪声!"第二件事发生在次年7月,李(公仆)闻(一多)被暗杀后,费孝通面临的形势十分危险,在美国领事馆的帮助下,费孝通及其家人避到了美国领事馆。但是费孝通并没有因此就放弃了对专制的批判,他在《这是什么世界》一文中写道:"一个国家怎能使人人都觉得自己随时可以被杀!人类全部历史里从来就没有过这种事。我们现在活在什么样的世界里!"(张冠生:《青山踏遍》)这两段叙述让世人感觉到了费孝通作为民主斗士坚定激进的一面,翻看同一时期费孝通的文章,我说的是费孝通专业以外的随笔,诸如《悼锡德兰·韦伯先生》、《与时代俱逝的鲍尔温》、《雄圣甘地》以及《读张菊生先生的〈刍荛之言〉》等等,会发现与其说费孝通是一个民主斗士,倒不如说他是一个温和的自由主义者。但是这两点在费孝通的身上是十分统一的,当时的许多知识分子都有很激进的一面,那就是在对专制不遗余力的抵制上。在《悼锡德兰·韦伯先生》一文中,费孝通描述韦伯的生平活动,"他教育和组织人民,领导他们争取应得的政治和经济权利",并且"尽力说服对方,辩论,著作,用事实证明他的看法,要求大家以理智和远见来求公众的幸福"。可以说,在这种有点"费边"的叙述中是暗含了中年费孝通的政治理想的。但是费孝通的理想没有来得及实现,环境就发生了变化,使费孝通的政治理想再也无从实现了。

话题回到费孝通的学术上来。费孝通学术地位的奠定以其《江村经济》的出版为标识,其时是1935年,当时的费孝通年仅25岁。在之后的1947年和1948年又出版了《生育制度》和《乡土中国》以及《乡土建设》。按说有这样的学术起点,以后的岁月中费孝通是应该可以取得更高的学术成就的。但是费的转变却让人感到费解，他的学术水平不是提高了，而是停留在他的原有水平一直没有变化。关于费孝通，谢泳曾经有过如下一段评价："他（指费孝通）的晚年，或者说他的后半生，一直生活在两个世界里，一个是政治家（想不出其他更好的称呼）的世界，这一面为人所知，另一个则是社会学家的世界，前者是公众的，而后者是个人的，理解晚年费孝通，非走入费孝通的个人世界不可。"（谢泳：《晚年费孝通》）这为我们理解费孝通的两个世界提供了一把钥匙。我在读张冠生先生所著的《青山踏遍》时发现，费孝通两个世界的形成，恰恰是在其生命力最为旺盛的39岁。附在《青山踏遍》后面的《〈费孝通〉生平著述年表简编》中有这样一段叙述："（1949年）5月，任清华大学校务委员会委员，副教务长。9月，参加北京各界人民代表会议。12月，写《大学的改造》和《我这一年》两书。是年文章明显减少，多刊于《新建设》。"《大学的改造》于1950年5月出版，其中观点自然不乏时代烙印，值得注意的是，费孝通在后记中的一段话："我们经历了这一重要的转变，对于大学的改造抱着信心，但是改造一个旧大学困难是有的。首先是政策把握不住，而且自己的立场，观点和方法也都不稳。"这时费孝通的学术信心已经在强大的体制之下慢慢被打碎了。在学术研究的出发点上，问题的解决已经不再是首先要考虑的因素，而是先要"把握政策"。可以说在这以后，费孝通便开始把自己真实的世界隐藏在他隐秘的内心了。我读费孝通前后两个时期的文章，简直不相信是出于一个人的手笔，因为其间的差距实在是太大了，前者不但文采好，而且内容特别丰富，令人读后回味无穷。至于后者，不是说不好，但是跟以前的文章是没法比了。

是什么样的力量使得一个连死都不畏惧的自由主义知识分子做出了这样无奈的选择？我们在今天可以看得更清楚一些，我们在以"同情的理解"和"温情的敬意"评价前辈的时候，同时应该想想以前的对当下的借鉴意义，以便中国未来的道路可以走得更好。

刀割到自己方觉痛
——读《往事回首录》

我的两位朋友，结婚多年，双方都视我为亲密朋友，一有矛盾，便找我诉苦。要说有什么大的矛盾，也没有，只是日常生活的柴米油盐。根据我的了解，这两个人从恋爱到结婚，一直到现在，大吵三六九，小吵天天有，乐此不疲。他们向我诉说对方的过错，不知情的人听了会觉得他们所说的另一方简直十恶不赦。但是我可以保证，那两个人都是心地善良之人，并且都不善撒谎。但是他们在叙述对方的时候，有意无意地把不利于自己的部分事件过滤掉了。从他们那里，我觉得，要看透一个事件，应该有多方的举证，才能得到真相，否则，只能是片面之词。

曾出任文化部副部长、对外友协副会长、对外文委副主任的已故作家周而复，在长达一百万言的《往事回首录》中，将自己长达70年的人生经历，自觉地融合在中国共产党发展的历程里，这样的视角，不算独特，但是对研究现当代史来说，却是有价值的。在过去将近一年的时间里，我曾经集中采访了30多位现当代文化名人的后裔，通过他们的叙述，展现那一代知识分子在共产党由革命党向执政党转变的这个历史转捩时期的命运。根据我的体会,只有将那一代知识分子的命运放在中国共产党发展史这个大背景之下,才更好解释他们的命运何以会那样。

周而复出生于1914年,一生经历了两个时代,"左联"作家的背景,加上后来从政的经历,让他在共产党由革命党向执政党转变的这个历史转捩时期的不同阶段参与许多重要事件,他的回忆录,无疑可以为对那段历史感兴趣的人们提供很多线索。不过,周而复并非对于他曾经经历过的事件全盘收录,而是有所取舍。从作者的字里行间,我们不难看出他的取舍标准,这也是多数在1949年从过政的人们撰写回忆录所共同遵守的标准。这个标准,跟我的那两位朋友诉说双方错误的情况可以有个比照:可能一点虚假都没有,但却不是完全真实。所以读这本回忆录,应该和其他一些文献或者当事人的回忆录一起参照阅读。

作为延安整风运动的经历者,周而复也认为是"制造了许许多多的冤假错案",不过,他认为应当为这场运动承担责任的,是康生。作为后来人,我们可以推断,以康生当时的地位,恐怕很难掀起那样一场暴风骤雨般的运动。倒是在稍后的叙述中,作者引述毛泽东的话道出了真相:

"这个党校犯了很多错误,谁人负责?我负责,我是校长嘛!"

"这次大家都洗了澡,就是水热了一点。不少同志被搞错了,……帽子戴错了,现在我把它给你们摘下来就是了。"

同样是过来人,故去的原人民文学出版社的社长韦君宜对于这段历史的反思则要透彻得多，她同样经历了毛泽东道歉的这件事情，但是她想："不是一个简单的事情，不是鞠一个躬就可以原谅的事情，它有很深的背景。"（参见笔者所撰《韦君宜：〈思痛录〉的人生底色》）这个背景是什么？韦君宜没有很明白地说出来，恐怕也不好说，但是这段话可以让人们去进一步的思考。

新中国成立之后，周而复出任上海市委统战部第一副部长职位，具体负责私营工商业的改造问题，对于当时那些私营工商业者在那段历史中的表现，我们到现在了解的相对来说比较少，他们当时的处境如何？他们在思想上产生过怎样的波动？没有具体的资料，这些问题都不好找到答案。作为改造私营工商业的具体执行者，周而复曾经接触过大量的民营工商业者，对于这些情况可以说是比较熟悉，但是关于这段历史的描述，对于这些情况他说得并不详细，这不能不说是一个遗憾。不过，在周而复的叙述中，多少透漏了一些当时上层对于改造私营工商业的一些态度和论争，可以让我们从侧面了解一些当时的情况。

在这之前的叙述里，周而复一直试图与官方修撰的党史保持一致，所透漏的情绪，也只是对于当时政策的认同以及从这种认同感中获得的欢欣。这种认同和欢欣，应该说是真实的，但是同时也是有保留的，因为这种认同和欢欣不是单纯的个人感受和个人情绪。在叙述到单纯的个人经历时，周而复的个人感受和情绪才逐渐流露出来。

在《山雨欲来风满楼》这个章节里面，周而复叙述了自己在

1954年被免去上海市委统战部第一副部长的经历，其中涉及周而复和潘汉年以及当时华东局统战部党派处副处长刘人寿之间的一些恩怨。文章最初在《新文学史料》发表之时，曾经有当时的当事人发表文章指出周而复的记忆有误。不过，即使是同一事件，不同的人回忆起来当然会有不同，若是事实大体一致，那么其间所流露的，也就是当事人不同的感受吧。在周而复的叙述里这场"统战部的宗派主义倾向'问题'拖延了五年多之久"，不过在后人看来，这不应该是简单的个人恩怨，而是组织方式出现了问题，个人又没有畅通的渠道解决，才会"拖延了五年多之久"。

到了叙述"文革"的时候，周而复的个人情绪更进一步地流露出来。在那一段时间里，周而复失去自由长达七年，《上海的早晨》在一夕之间由"香花"变成了"毒草"。这七年的不满、愤恨，在他的问题获得平反之后彻底地流露出来。不过，这种不满依然是只停留在对于个人之间的情绪上，历尽劫波之后的周而复，并没有反思是什么原因造成了社会的灾难以及个人的"命运多舛"。在"文革"中曾经失去尊严的周而复在回首这段历史的时候，显然没有回到当时的历史情境为当时曾经站在他对立面的人们去考虑，对于处于历史灾难中的一些虽然不算是"无辜"的人们，也缺少必要的"同情和了解"。他对于这段历史的回忆，不过是刀子割到了自己的身上，才感觉到了痛。他在恢复党组生活并成为政协委员之后，在《文汇报》上撰文《"四人帮"扼杀〈上海的早晨〉的阴谋》，气愤地指责上海中级人民法院对曾经在"文革"中支持

《上海的早晨》的桑伟川的"误判",指责上海中级人民法院以及法官"不肯自己主动老老实实坦率承认错误",但是他没有想到,这个错误,其实并不该由具体的法官和法院来承担。我们不应该回避历史,也不能推卸个人在历史中应该承担的责任,但同样不应该把时代的错误推卸到个人的身上。《上海的早晨》和桑伟川被平反之后,周而复建议新华社撰写专门文章陈述真相,之后全国各大报刊转载,这与其说是历史的裁判,倒不如说是权力的裁判更为贴切。

周而复撰写这部长达百万言的回忆录,是打算当作信史来写的。对于历史,他其实看得相当清楚,在书中他曾经写道:"历史上的是是非非,由于地位、权势、立场、观点不同,常常是是非颠倒,故当代人写的当代历史,往往带有主观随意性,不大可靠,只有留待后人去评说……"并且发出感叹:"信史,难矣哉!"然而,周而复笔下的历史,依然没有成为他自己期待的信史,因为他的思维还依然留在过去的时代里,"以论带史"的思维方式,只是让他写出了部分的真实。

贾植芳：负伤的知识人

刚刚过去的 2008 年是个文化灾年。

30 多位文化老人撒手西去：蔡尚思 104 岁，王養冲 101 岁，骆耕漠、谈家桢 100 岁，瞿同祖、周尧 98 岁，陈锡祺、陈振汉、任美锷 96 岁，王永兴 95 岁，王叔岷 94 岁，贾植芳、唐敖庆 93 岁，王名扬 92 岁，滕维藻 91 岁，张芝联、蒋学模 90 岁，孔德成 89 岁，彭燕郊、柏杨、王元化、陈述彭、方平 88 岁，袁可嘉、金堤 87 岁，萧萐父 84 岁……

士林凋落，触目惊心。每一位老人的去世，都会被众多媒体冠以"大家""大师"之名，这固然表达了人们对这些老人的尊重，另一方面也暴露了这个时代患上了严重的"大家（大师）缺乏症"。对老人的尊重可以理解，但是我觉得没有必要一律给他们冠以"大家""大师"之名，私意以为，对这些老人称之为"文化老人"，或许更准确一些。

比如贾植芳。

贾先生以 93 岁高龄辞世，17 岁因参加"一二·九"学生运动被捕关押。21岁出狱后，流亡日本，先后在国民党的监狱三进三出，1955年又因"胡风事件"，在"人民当家做了主人"的新社会里罹难，被关押达12年之久。待平反之时，贾先生已经65岁了。之后虽然历任复旦大学教授、图书馆馆长、中国比较文学学会第一届副会长、上海比较文学研究会第一届会长，但是用于学术研究的最好时光已经过去了。所以我说贾先生名则名矣，要说是"大家"，则只能看作后辈人觉得时代亏负了贾先生，而对先生的一种善意的褒扬了。否则，一个让人费神想上半天也说不出其抗鼎之作的"大家"，岂不是文化的笑话？

囿于专业上的兴趣，我过去对于贾植芳一直没有太多的关注。最近读牛汉的《我仍在苦苦跋涉》，让我对那一代"追求进步"的知识分子产生了兴趣。而读完贾植芳的回忆录《我的人生档案》，最深切的感受是贾植芳身上存在明显的二律背反，对于他们那一代的知识分子来说，这种现象有很大的普遍性。

贾植芳生于1915年，是真正在"救亡与启蒙的双重变奏"的局势下成长的一代人，他们那一代人的一个普遍特点就是政治情结比较重，就像贾植芳自己说的那样："对于我们这些在五四文化精神哺育下成长起来的知识青年来说，第一位的事便是革命活动和积极介入救亡和争取民主的爱国运动，这几乎是当时大部分中国青年的共识。"从我们今天的角度来说，五四的文化精神是多方面的，但是在贾植芳他们生活的那个年代，不可能像我们今天这样可以立体地看到五四文化精神的多方面，那一代人在他们的年轻时代，基本上都是只看到"五四"的一个方面，并在吸取之后走上了各自相同或者不同的人生道路，比如说比贾植芳小一些的何兆武，也是在五四精神的哺乳下成长起来的，其人生道路和贾植芳就迥然不同。这样的成长背景，基本上成了他们那一代人的人生底色，不同的人选择不同的母体文化，从贾植芳的叙述中，我们很容易可以看出来，他所选择的母体文化和何兆武是截然不同的。所以我们看到贾植芳在回顾自己的文学生涯时，从头一篇小说《像片》开始，他就"由原来朦胧地以文学为改造人生和社会的思想，渐次具体而清晰地发展起来的文学为人民革命事业服务的思想"了，并且"日趋坚实地指引了我以后的文学活动"。在多年之后的回忆里，历经磨难的贾植芳依然对1950年的《解放日报》把自己列为"进步人士"津津乐道，就是这种母体文化在起作用。

然而，存在于贾植芳身上的二律背反表现为：虽然选择了自己的母体文化，并且深深认同，但是毕竟是在五四时期成长起来的，"知道独立人格的宝贵"，始终不能放弃"独立人格"。单独看贾植芳前面的选择，没有错，单独看他后面所说的吸收的"五四新文化的营养"，也没有错。但是当这两者纠结在一个人的身上的时候，问题便出来了，因为这两种文化是不相容的。

贾植芳有句话特别爱被时人征引："我觉得既然生而为人，又是个知书达理的知识分子，毕生的责任和追求，就是把'人'这个字写得端正些。"后来贾植芳因为"胡风事件"罹难，其中固然有自我道德要求（把"人"这个字写得端正些）的因素，更多的还是因为他身上的这两种文化的冲突。

贾植芳只看到了自己身上存在着两种文化（"追求进步"和"独立人格"），也察觉到了这两种文化的冲突："五四新文化给他们养成的独立人格又偏偏使他们总是与这个新的环境格格不入"。但是最终也没能摆脱自己的母体文化。正如他自己所说的："这一代知识分子不仅是从理论中，而且是从实践上或感情上认同了革命，就理所当然地视革命为自己的一部分。或者说，视自己为当然的革命分子。革命的胜利也即是我们的胜利。"正是因为以"这个世界的主人"自居，自以为作为"自己人"，其一言一行的出发点都是为了"组织"，贾植芳对于胡风以及自己的人生悲剧才会有格外的不解，倒是因"胡风事件"罹难之后的一个狱友给贾植芳指点了迷津："你们这种小资产阶级，又不是章士钊梁漱溟，你们本来就是跟随革命的人，你们喊万岁，上面才不稀罕呢！"纵观在1949年之后历次运动中受到冲击的"自己人"，贾植芳的那位狱友所言，颇有几分道理。

贾植芳自谓："不是学问中人，而是社会中人"，熟悉近现代史的人大概都清楚，这句话其实是梁漱溟那句"不是学问中人，而是问题中人"的翻版，贾植芳比梁漱溟小将近20岁，受到梁漱溟的影响是很自然的事情。不过历史的现实是，贾植芳没有梁漱溟那样的资历，他所能交往上的最高的人物，不过是1955年因言获罪的胡风，虽然在他看来，胡风是继鲁迅之后的"青年导师"

和"精神领袖",但是这样的一位"青年导师"和"精神领袖",在绝对的权力面前依然是不堪一击。不管主观上的意愿如何,最终,贾植芳还是没有成为梁漱溟那种意义上的"社会中人",而是终老于复旦,成了一名"学问中人",遗憾的是,他过去把过多的精力放在了政治上,那原本并不是很符合他天性的事情,这让他在学术上没有达到和他有相似经历(同样出身于"一二·九"运动)又同在上海的王元化那样的高度。

1936年,因为参加了"一二·九"运动,从国民党的班房里被保释出来的贾植芳到了青岛"避难",在那里他翻译了英国传记作家奥勃伦的《晨曦的儿子——尼采传》,在他译作的序言里,贾植芳借用亚历山大·柯思的话,把尼采称为"典型的负伤的知识人",读完《我的人生档案》,觉得这个称谓,用在贾植芳身上,倒也十分贴切。

赵俪生：一二·九知识分子的歧路

一

作为1949年后中国史学中农民战争史这个领域的"拓荒者"，赵俪生有两个故事意味深长。

其一源自于谢泳先生的发问：杨联陞为什么生气？尽管这段故事几成现代学术史上的一段公案，但是为了叙述的完整性，还是有必要略加叙述：1987年4月，赵俪生在美国哈佛大学访问遇到困难，想到他在清华时期大他一级的同学杨联陞。赵打电话向杨求助，却遭到杨一番劈头盖脸的指责。这段经历，在赵俪生的访美日记中有活灵活现的叙述，有兴趣的读者不妨找来阅读。

谢文发表之后，与杨联陞同时代的史学家周一良撰文为杨辩护，之后又有韩石山撰文重新审视"杨赵案"，认定赵俪生的日记属于事后补记，在细节之处存在出入。相对来说，我倾向认同韩先生的审定，但是，这样的事实认定，不影响我也比较认同谢泳先生关于当年清华学生的分析。这则故事，参照另外一条对比阅读,便显得意味深长。

在"一二·九"后期,蒋南翔有一次找赵俪生谈话:"你人很诚实,在搏斗中表现英勇,这说明你革命热情很充沛,但是革命热情是多变的,它还需要组织的保证。"

那时,蒋南翔已经担任了三年清华大学党支部书记,赵俪生明白,这是同学在启发自己入党。当时经过一番思考之后,赵俪生找到蒋南翔,答复说:

"我读列宁的《传》,读到马尔托夫的事。马尔托夫主张,有些知识分子可以邀请到党内来做党的贵宾,而不需要他们遵守什么组织性、纪律性。列宁狠狠地批判了马尔托夫。马尔托夫是孟什维克,当时肃反,'契卡'已经把马尔托夫列入被肃的黑名单了,列宁却弄来一张车票叫女秘书送去,让马赶快逃往西欧。事后,列宁想起马尔托夫说,多么精致的知识分子呀。我读过后,不知道为什么,我感到我自己有点像马尔托夫。我走不成布尔什维克的道路,我受不了严格的组织性和纪律性。我愿意做一个全心全意的马克思主义的信仰者,同时是一个自由主义者。"

据赵俪生回忆,"从那以后,蒋南翔再不来找我了"。

赵俪生、王瑶、蒋南翔、韦君宜、杨联陞这一批知识分子,大致成长在同一时代，但是彼此的道路却大相径庭：像杨联陞，对当时的政治时局不是太关心，保持专心读书的状态，1949年之后去了美国，一直过着学者的日子，并在专业领域内取得了令人难以企及的成就，这是一类。而赵俪生、王瑶、蒋南翔、韦君宜则对当时的政治时局抱有自己的看法并怀有热情，在"一二·九"运动中，均有不同的表现，可以统称为一二·九知识分子群体，这一概念，最早由何家栋先生提出，并受到学界重视。

二

不过，细究起来，在一二·九知识分子群体中，又可作细致划分。

赵俪生晚年回忆：我和我的许多同学走的道路，并不完全相同。他们是拿革命热情在搏斗中经受考验，从而产生了参加组织的要求；又在组织中经受考验，逐渐成为组织中低层的和高层的头头，后来成为大人物的。

比如前面说过的蒋南翔，便属此类。蒋南翔在1949年后先后担任清华大学校长和教育部长，1949年之后的教育走向，与其关联莫大，不过，那属于另外一个话题，在此不论。

赵俪生则属于另外一种典型。

赵俪生在清华读书时，正值他的青年时期，那一时期也是清华最好的时期，教授治校的制度在梅贻琦的执掌之下得以确立，学术空气自由而又浓郁。一大批现在看来是老辈的自由主义知识分子正当年,在清华园里传播欧风西雨。

按理说,像赵俪生这样的读书种子,应该很容易沿着正常的道路成长为纯正的学者。但是赵俪生后来的道路并不是那样,而是经历一番周折,除了个人气质的原因外,还跟时代有很大关系。

在赵俪生读书时期,正是在那样自由的环境里,共产主义和马克思学说传播到了清华大学,学生运动也开始蓬勃发展。据赵俪生回忆,在当时的同学当中,已经分左中右三派,而且,在当时,清华大学里面已经出现了革命组织。之后他所经历的"一二·九"运动,便是在革命组织的主导下发起。

在清华的校园里,赵俪生受当时那些教授们的影响并不大,这从他在后来撰写的回忆录中对当年教授的臧否中可以看出来,比如说俞平伯和冯友兰,再比如说刘崇鋐和雷海宗。晚年的赵俪生谈论起这些老师来,依然老大不客气,与其他清华同侪对于师长的回忆颇为不同。

我们固然可以说这是因为赵俪生的快言快语,但从另一方面也可以看出赵俪生当时的思想倾向。当时赵俪生比较亲近的老师是闻一多和张申府。闻一多当时的激进和"左倾"众所周知,张申府也是如此。

在赵俪生的回忆录中对张申府有单篇的叙述,可以看出赵俪生的人生轨迹依稀有其内在逻辑。尽管当时不知道张申府是周恩来和朱德的入党介绍人,尽管不知道张申府是"一二·九"运动的清华幕后指导人，但有一点，赵俪生是知道的，那就是张申府喜欢借用逻辑讲坛作为他评论政治、宣传反蒋观点的场所，这些在赵俪生看来，具有"吸引群众的最大魅力"。

转眼间15年过去，这对师生再次见面已经是1949年，"当年那么勇敢斗争过的"张申府，成了靠读《麻衣相书》过日子的图书管理员，而赵俪生对于乃师关于"划江而治"的议论，也只是"隐约听说"，其之后的背景，反倒是后来听作为后辈的研究者舒衡哲（王瑶的研究生）说起的。

这种反差，正好可以说明赵俪生对于政治热衷，但是又有意无意地保持着一定距离，也正因为如此，他的切身介入不像蒋南翔、韦君宜那些同学那么深。

考察赵俪生与张申府两次见面之间15年的时间里，赵俪生过的基本上是一个左翼知识分子的生活，与之接触的，也大多左翼知识分子，比如叶圣陶、郑振铎、范文澜，在回忆起这些人物时，赵俪生的笔触，很温馨。

基本上，赵俪生在回忆从清华求学到1949年这一段时间的文化人时，对左翼人士大多好评，对那些自由主义知识分子的长辈则多有褒贬。

这一情况在1949年之后，在延续的同时也发生了些略微的改变。

三

1949年之后，赵俪生大致过的是知识分子的生活，从中国科学院编译处到东北师范大学和山东大学，再到在兰州大学终老，莫不如此。这一时期与之有来往的知识分子，基本上也都是左派知识分子，比如说艾思奇、华岗，赵俪生对于他们的回忆，也都饱含深情。

不同的是，这一时期内，赵俪生也与两位左派知识分子发生了冲突，一位是郭沫若，一位是成仿吾。没有看到对方对于彼此冲突的记录，所以不好评判。之所以这样说，恰如文章开端所提到的那桩公案，赵俪生在晚年撰写的回忆录，很多属于事后追忆，在细节之处难免有出入的地方。王家范说：解放前，中国高等学府历史课讲得最好的是钱穆；解放后，则首推赵俪生。钱穆讲课如何，不曾得见，不得而知，但据赵俪生的学生金雁的说法：赵先生口才极好，讲课精彩极了。喜欢从史料出发的人，对于口才好的人的说法存在一种天然的警惕性。

扯远了，再回到赵俪生身上，在非正常的年代里，赵俪生这样一位典型的左派学者，也被打成右派，真是见证了"知识越多越反动"这句名言。

其实，在知识分子当中，赵俪生在50年代较早地认同新意识形态，并为新意识形态的建立起了很大作用，他关于中国农民战争和土地制度的研究，都是新意识形态的组成部分。在1949年前后形成的马克思主义新史学体系中,赵俪生也是贡献最大者之一。向达先生曾不无讽刺地称当时的新史学为"五朵金花",即主要讨论古史分期、农民战争、土地制度、民族关系与民族融合、资本主义萌芽这五大问题。而赵对其中三朵"金花"都有很大贡献:对农民战争史他有公认的筚路蓝缕之功,土地制度史他建立了自己的研究体系,第三朵即"古史分期"和社会性质讨论他也是其中"魏晋封建论"一派的重要学者之一。

众所周知,古史分期是几乎所有的马克思主义史学家都曾经卷入的一场大讨论,最后由郭沫若定于一尊。赵俪生与郭沫若的冲突,不知是否存在"同行是冤家"的评论。

最近,赵俪生的回忆录再版,赵俪生再次成为人们谈论的话题,有人把赵俪生说成是自由主义知识分子,这是不太确切的。关于赵俪生,还是他初到延安时的一句话概括得好:

> 我基本上是一个懦弱的人,一个不富于勇敢气质的人。碰见斗争,我不是凑上去,而是躲在一边。虽然我对政治不是一点也不感兴趣的,但最终还应当是一个文化人,而不是什么政治家。我们已经信仰了马克思主义,这一点是不变的,像封建社会的女人嫁了丈夫一样,"妾心古井水"。但我们不一定在这么集中的场合里搞,我们可以到松散一点的场合去搞。并且,我是一个先天地具有自由主义气质的人,平生最不喜欢开会、听报告、服

从组织分配，等等。像我这样的人，在延安呆下去，会有什么好下场呢？

具有自由主义气质不能等同于自由主义知识分子，终其一生，赵俪生身上不曾变的，还是"信仰了马克思主义"。他没有像韦君宜那样在延安待下去，或许，这是"一二·九"那一代知识分子的另一条歧路。

关于季羡林去世的几点思考

2009年7月11日，一天之内，接连两位老人先后辞世：季羡林、任继愈。大儒凋谢，神州叹息。

读过任先生的四卷哲学史，还见过面，但是一时之间，忽然发现自己对任先生的了解竟然非常苍白。和季先生没有任何来往，但是，对于季先生的去世，反倒觉得有话可说。这很正常，近几年，季先生不单单是一个学者，更像个明星，辞"国学大师"、书画门风波、各种关于他的传记，等等等等，不一而足。

对于"明星"，即使不是"粉丝"，大多数人也能津津乐道，比如我，原本与季先生没有什么往来，因为受了编辑之约，也能在这个时候唠叨几句。

按理说，在这时候，说老话说好话说套话，谁也不会怪。但是我一介后生，和季先生没有来往，没有老话可讲；说好话，自然有季先生的亲朋好友、高足弟子，也轮不到我；说套话，我想，大概也不符合编辑的本意。

在此只提几个疑问，即使说错了话，想来宽厚的季先生也不会怪罪。

其一：季先生的学问，我想一定是非常好的，否则不会有这么多人管季先生叫"大师"，但是，说实话，我老觉得季先生学问涉及的领域不像季先生的散文，好像不会有多少人真正懂得。

1980年，季先生出访联邦德国，碰到了懂得他学问的人——业师瓦尔德施米特教授。季老把才出版的一本《罗摩衍那》送给自己的老师。没想到自己的老师"板起脸来"，"很严肃"地说："我们是搞佛教研究的，你怎么弄起这个来了？"

翻阅季先生去世几日以来媒体报道，对季先生的称谓一律是"国学大师"，唯有《人民日报》称季先生为"著名学者"，我觉得，还是这个用词比较准确，也比较尊重季先生本人的意思。季先生"大师"的称谓，是谁封的？或曰：社会造就了季先生这样的"大师"，那这是个怎样的社会？好在季先生明白，生前就有过辞"国宝"、"国学大师"和"学术泰斗"之举。

其二：关于自己在学术上所受到的前辈影响，季先生说得最多的是陈寅恪。陈寅恪教过季羡林，季羡林听过陈寅恪的课，两位先生的治学领域有重合，这都是事实，但治学风格迥然有异，这是很容易看得出来的。

1945年，季羡林即将在哥廷根大学毕业，他给当时正在英国疗治眼疾的陈寅恪写了封长信，报告自己在德国十年的学习情况。人生真是奇妙，季羡林在德国的导师瓦尔德施米特教授，恰恰是陈寅恪当年在柏林大学的同学。陈寅恪很快回了信，并在信中说他想向胡适、傅斯年、汤用彤几位先生推荐季羡林到北大任教。这才有了1946年的北大青年教师季羡林。之后季羡林和陈寅恪还有不少来往，比如1948年陈寅恪当选中央研究院院士，季羡林听说之后就"立即去拜见"，但是学术往来，相对来说，则要少一些。

陈寅恪对季羡林有影响，但是，是什么样的影响，是可以细致讨论的问题。

其三：现在人们常津津乐道季先生是当年"四剑客"之一，并以此说明青年季羡林便不同凡响。季先生是"四剑客"不假，"四剑客"后来都各有成就卓然成家也不假。但是考察历史要回到历史情境。查看当年清华教授们的日记或者传记，提到"四剑客"的很少。看来"四剑客"只是当时意气风发的青年友朋之间的相互砥砺，不才在大学读书的时候，还被称为"第一才子"呢，可是谁也不会当真，更不敢把这个看成自己成为泰斗的迹象，我要真那么想，不让人笑掉大牙才怪呢！

还有其四、其五，暂且学一下季先生，"真话不全讲"，就此打住。并无对季先生不敬的意思，相反，我对季先生充满敬仰，只是觉得还原真实是对逝者最大的尊重。

"纵浪大化中，不喜亦不惧。应尽便须尽，无复独多虑。"是季先生喜欢吟诵的一首诗，先生已至化境，后生小子即使话有不当之处，西去的季先生，当然也不会在意。

广陵散从此绝矣
——悼念唐德刚先生

按：这是一位饱受争议的历史学家，给一生显赫的外交家顾维钧写下悼词时用的题目。历史学家的名字叫唐德刚。2009年10月26日，唐德刚在旧金山家中安静辞世，同时带走的，还有他别具一格的史风。

2009年10月26日，史学家唐德刚先生在位于美国旧金山的家中安详辞世。

他的身后，留下了《胡适杂忆》、《胡适口述自传》、《李宗仁回忆录》、《袁氏当国》、《晚清七十年》等著作。它们所带来的影响，在整个华语文化界不会平静下来。首先是岛内媒体报道了这一讯息，随后内地媒体蜂拥而上。

他曾经在历史中寻找他人的人生，现在，轮到别人在历史中寻找他的人生了。

"胡适最好的好后学"

"胡适最好的好后学",胡适去世之后,他的"小脚太太"江冬秀在一封信中如此称呼唐德刚。唐氏生前,也总以胡适门生自居,这给他带来不少争议。

在学术界看来,学术上代有传承,"衣钵"意味浓厚,唐德刚,不过是听过胡适的课,不过是因缘巧合,曾经和胡适过从甚密,但原则问题不能马虎,唐德刚总以胡适门生自居,这是拉胡适的"虎皮",壮自己声威。

可是纵览唐氏关于胡适的著作和文章,就会发现,我们都被这位聪明的史学家骗过了,唐德刚自称是胡适的学生不假,但却从来没有称过胡适是自己的"业师",充其量,也就是"老师"。在学术界,"业师"和"老师",分量差着一截呢。唐德刚的业师是谁呢?在《胡适杂忆》中一个小小的注脚里,唐德刚是这样说的:"笔者的业师,也是胡先生康奈尔时代的同学和好朋友,"他的名字是"晏文斯"。

看看唐德刚在胡适逝世25周年纪念会上的演讲就知道,唐德刚深得这种区别的其中三昧。演讲开篇,唐德刚先声夺人:我是胡适的学生。

不过且慢,再看唐先生接下来如何说:"胡氏是教育家,授徒半世纪,桃李满天下,生徒数万人……门生遍天下,——我也是个门生和小门生之一。"

况且,"在这个有人数上万的学生大队里,如果说傅斯年、罗家伦、张国焘等北大学生是胡老师的开山门生,什么俞平伯、千家驹、吴健雄、苏梅算是第二代学生……等而下之,则有四五代乃至六七代之多了。我不能不承认我也是胡适之的学生。"

再况且,"胡老师生前一直是这样替我介绍,我也从未否认过。做胡老师的学生,不是什么荣誉学位,不是什么了不起的光荣,但也算不了什么缺陷和负担。……我没有正式拿他的学分,但是我却单独上过'胡适学'大课在一千小时上下,……我不是替胡先生提皮包、延宾客……"

更何况,"我是胡适最失意、最孤独时代的学生"。20世纪50年代的胡适在美国,"贫困交迫,心脏衰弱、胃溃疡……十分可怜,又受洋人嫉妒,他无法'自生',却在等着'自灭',情况是十分凄凉的。"那时正在哥伦比亚大学读书的唐德刚,"带一个西瓜、半只板鸭去看一个贫病交迫的老师和师母",岂不是他们需要的吗?这也是唐德刚唯一一次公开称江冬秀为"师母",但此时的江冬秀,墓木已拱。通读《胡适杂忆》就会发现,在江冬秀生前,唐德刚每次见到这位"小脚太太",总是叫她"伯母"。

"伯母"和"师母"之别世人皆知。

学部委员、社科院研究员杨天石说读唐德刚会笑出声来,我读唐德刚的书,也是禁不住笑出声来。不过,"胡适的学生"这一段公案,却可以就此了结。

史学家眼中的"野狐禅"

唐德刚与胡适相识，真可以说是机缘巧合。上个世纪初期，胡适的母校哥伦比亚大学正忙着庆祝建校 200 周年的纪念活动，胡适是名校友，在校园内集会的场合，常常能看到他的身影。

那时的唐德刚，正在哥伦比亚大学读美国史博士学位，是为数不多的中国文法科的研究生。一个是校方邀请的主客，名满天下；一个是在读的学生，无名小卒，即使在同一座校园这样有限的范围里，相识的几率也不是很大。但是"我的朋友胡适之"，生性喜欢与年轻人打交道。一有机会，他就会走过去和唐德刚那些学生拉拉手，"嘻嘻哈哈聊一阵"，唐德刚最初以为，拉拉手之后也就算了，但是"对这些小地方极为注意"的胡适，三两次之后，便可以和唐德刚称名道姓起来。

唐德刚开始登堂入室，甚至有时候还会被"应召"到胡适东城 81 街简陋的小公寓里，吃一两餐"胡伯母"所烧的安徽菜。

一帮年轻的留美研究生，围绕在胡适周围。胡适一生重视言论，鼓励他们在海外自办报刊，这一群青年人，受了胡适的感召，果然办了一份《海外论坛》。史学家周策纵、文学史家夏志清，都是这群年轻人之一，也都是这个杂志的撰稿人。就连胡适，也纡尊降贵给这份杂志写了一篇关于曹雪芹的文章，并且还引起了《人民日报》的注意。

虎虎有生气的唐德刚，在学生时代就受林语堂之约写下了

《梅兰芳传稿》，唐氏文风已经崭露头角。喜欢平实文风的胡适看了，不好直说，只是笑笑："稍嫌渲染，稍嫌渲染……"

但是后来和唐德刚同时代的史学家们，则没有胡适这么客气，甚至认为，唐文那种兴之所至、意之所归的笔法，根本不符合学术规范。学术界曾经流传这样一个逸闻，当年一家内地出版社曾经想组织一套海外史学论丛，唐德刚名列其中，不想，另外一位史学大家看了，负气地索回自己的书稿："竟然把我的书和唐德刚的书放在一起，荒唐！"

无论多么有名气，在史学正规军眼里，唐德刚始终是"野狐禅"、"杂牌军"，就连"胡适门生"的招牌，在正规军那里也不管用。在这些人的眼里，胡适的学生是吴晗、罗尔纲，怎么也轮不到你唐德刚啊！唐德刚的老友周策纵和夏志清倒是曾经肯定过他，但是一个说他"行文如行云流水，明珠走盘，直欲驱使鬼神"；另一个则说他"散文界有此唐派新腔可听"，"十分可喜"。都是肯定他的文字风格，对于他的治史才能，反倒避而不提。

仔细咂摸唐德刚在胡适逝世 25 周年的演讲，发现他虽然名满天下，但似乎有些底气不足。证据当然还不只这些，翻看唐氏著作，也会发现蛛丝马迹：比如唐德刚回忆自己 1964 年在伦敦与当代一些华裔史学界巨擘"联床夜话"，他使用的一个词是"有幸得与"；引用胡适当年的典故，他还不忘拉上"今日的名史学家余英时先生"：他"也征引了这一段胡适之的口头'禅'"；唐德刚倒是有一次自称"我们历史学家"，可是他面对的是少帅夫人赵四小姐……

唐德刚说胡适晚年在哥伦比亚，确实把哥大看成北大；但哥大并没有把胡适看成胡适啊！这话如今也在唐德刚身上应验了：唐德刚对史学确实一往情深，可是史学界却不认可唐氏的"正史"地位。

如今，斯人已逝，但有关他学术地位的争议却不会到此结束，目前能看到的对他的纪念文字，多出于"史学杂牌军"之手。可是这一点也不影响唐德刚的地位——他有那么多的读者，并且留下了那么多"口述历史"，而"唐德刚口述历史系列"，现在已经成为不折不扣的经典。

得天独厚的口述史宗师

上个世纪50年代，哥伦比亚大学在福特基金会的赞助之下，成立"中国口述史历史学部"，哥伦比亚一下子成了世界级的口述史重镇。

近水楼台先得月，唐德刚参与其中。这对他真是好福气，当时的纽约，中国当年曾经名震一时的党、政、军、学各界要人，在十字街头随处可见。不过，人是当年人，景非当年景，这些要人已经今非昔比，寄居域外，有个小青年来陪着聊天，真是"不亦快哉"。

胡适当然成了唐德刚的第一个口述史对象。顾维钧、李宗仁、张学良……这些重量级的人物，治史者一生能碰到一个竭泽而渔已堪称幸运，唐德刚竟然全都遇到了。

专业的发问和记录整理在外人看来枯燥，但对唐德刚来说却津津有味。更何况，还有意趣横生的逸事：

国民党大佬吴国桢曾经接受哥大的邀请参加口述史计划，因为当时吴国桢是个敏感的"是非人物"，哥大特地把吴孤立起来，还专门请了一位守口如瓶的退休老教授和吴"密谈"。为老教授充当临时"技术助理"的唐德刚，装好录音机后也得退避三舍。但老教授倒腾不了新玩意儿，没有唐德刚在旁，他竟然录不了音。

"这真使我丢尽face！"老教授摆出一副中国通的样子，尴尬地对唐德刚说。

"但是我们仍然充满了faith（信念）！"吴国桢的回答真是恰到好处。

没办法，只好让唐德刚在旁专司"录音"，但要求对他们的"绝密谈话""充耳不闻"。

"唐君！"每当谈话到了高潮，老教授总是不忘半真半假地提醒唐德刚，"你不许听呀！"

"不听！不听！"唐德刚保证。可是，两个人讲到有趣处，唐德刚却忍不住大笑。

"你又犯禁了！你又犯禁了！"老教授无可奈何。

到了唐德刚独挑大梁的时候，就更让人艳羡。给顾维钧做口述历史，顾和唐分头做功课，商定谈话内容。对于治史者，顾维钧是个多么大的宝藏！难得他又那么配合。

不过坚持记日记的顾博士也有犯错的时候。有一次，顾维钧把一段往事张冠李戴，唐德刚整理录音时发现了错误，更正过来，拿去顾维钧审校。顾维钧哪里服气，"事如昨日"，哪能记错。唐德刚不声不响拿出顾维钧当年自己签署的文件，顾维钧不得不服。

"唐博士，"顾维钧说，"这一章是错了。下礼拜，我们俩重新写过。"

两次谈史论学的通信

2006年5月，我曾经与唐德刚就治史问题有过两番通信。当时，唐先生的身体状况非常不好，但依然勉力作答。

第一封回信是唐先生亲自作书，到了第二封，便是由夫人吴昭文代笔了。唐德刚在信中叙述他的身体状况："久病，日常所用的中英文电脑皆失灵，写字手也抖个不停。前天又跌了一跤，弄得卧床不起。迟至今天才恢复一点。"第二封信再次说道："暮年握笔，耳脑争鸣，障眼有纱。初以为勉力作书，或可改善，孰料每况愈下，几至失明。此信只好请老伴代书。"

自那以后，我未曾发现唐德刚谈史论学的文字面世。在那两束通信中，作为晚辈的我步步紧逼，老先生淡然应对。行文至此，遥想当年，我也不禁感慨。从唐德刚的回复中，可以看到一代史家随心所欲而不逾矩的自信，摘其要点如下：

问：您曾提到中国史学有三大主流，第一是从往古的左丘明、司马迁到今日在台湾的钱穆教授，这一脉相承的中国传统史学；第二则是在今日大陆一枝独秀的马克思主义史学派；第三则是由十九世纪的西方汉学逐渐现代化和社会科学化而形成的"现代西方史学"，您把自己划到哪一派呢？

唐德刚答：关于历史学派，原无定论。弟则选择所谓"三派"吧。至于我自己属于何派？老实说，治史数十年，却不敢附骥，乱找师承。为说话方便计，就无中生有，说是第四派，算是综合三家、采长补短的现代派吧。弟在课堂里对学生言明，此派上不见踪影，就姑妄言之吧。

问：说到流派，不由得就想到师承，您是胡适之先生期许颇深的弟子，您自己在著作中也屡屡提到"胡适老师"。在您几十年的治史生涯以及您的著作之中，形成了自己独特的史学方法论，能谈谈您在这方面的心得吗？您觉得您在多大程度上是继承了适之先生？在多大程度上是自己的创新和发展？

唐先生答：禅宗六祖的学生或问半山和尚曰："汝肯先师也否？"和尚答曰："半肯半不肯。"问者再问曰："何不全肯？"和尚答曰："全肯则辜负先师也。"一次在胡家，某台湾访客亦以相同问题问我，我即以相同言语回答。

全堂宾客闻之大笑,说我在老师面前开这样玩笑。我说这故事是老师自己说的,胡老师在一旁也为之点头大笑不已。

胡适先生本人基本上是乾嘉学派的后起之秀。据他自己说,他之成为现代学术的尖兵,是他在康奈尔大学翻大英百科全书谈考据专章,忽然灵感大发,偶然搞起来的,不意竟成终生的兴趣。

胡先生的第一篇考证文章《诗经言字考》颇受蔡元培之赏识。我自己平生所写的第一篇考据文章《中国郡县起源考》就是受他的影响下笔的。东施效颦,言之可笑。我自选的论文导师是顾颉刚先生。顾是胡的学生,后来我又做了胡老师的学生,胡氏开玩笑地叫我"小门生"。我个人所受胡门的影响是很大的,但不是全部,我对胡老师也是"半肯半不肯"的。

对"胡老师""半肯半不肯"的"小门生"唐德刚走了。他没有带走一个时代,但是他带走了属于他自己的一代史风。

并非试图推翻历史的定论,而是希望看到更真实的历史。

换个角度读历史

蔡元培为什么能够做成最成功的教育家新解

写蔡元培很简单,大量的资料摆在这里,只要精心择选材料,写一篇文章不难;写蔡元培很难,千百篇文章摆在这里,如何写出新东西,这是个难题。

至少,在今天的语境之下,谈论蔡元培,可以有两个层面:一方面,在知识分子范围内,蔡元培已经成为一个符号,一种理念,一种象征;另一方面,在更大的范围乃至教育界,蔡元培对于我们又显得如此陌生,如此模糊。两个层面的蔡元培,背向而行。

时贤谈论蔡元培,多把目光聚集在其教育家的身份上。当然有理,世界上和北大水平相当甚至超过北大的学校为数不少,但是没有哪所大学能够像北大一样与一个国家的现代化进程如此息息相关。以一所学校对一个国家产生如此之影响,连耶鲁、哈佛、剑桥等大学都不能相酹。能够成功地塑造这样一所学校,不是教育家,是什么?但是,众人在谈论蔡元培的教育成就之时,很少有人提及蔡元培作为教育家的基础。今年是北大建校110周年,蔡元培诞辰140周年，蔡先生和北大会再次聚集世界各界的目光当属意料中事，我愿意从这一思路出发，追忆蔡先生，纪念蔡先生，也希望能够勾勒一个真实的蔡元培。

蔡元培（1868—1940），浙江绍兴人，光绪十五年（1889）举人，十六年会试贡士，未殿试。十八年补殿试，为进士，授翰林院庶吉士，二十年补翰林院编修。甲午战争后，开始接触西学，同情维新。士——这是晚清危局中的蔡元培，也是蔡元培的底色，之后虽经德国游学而未改变。同情维新——则是蔡元培的政治起点。

蔡元培成为教育家早有夙缘：光绪二十年晋阶翰林，在世俗看来是通往锦绣前程的天梯，而对于蔡元培来讲则是他告别仕途的月台。在北京愈久，蔡元培就愈感觉到大清王朝没有希望，随着往昔热心维新的朋友风流云散，蔡元培对于维新的同情转为失望。1898年9月，蔡元培结束了四年半无味的翰林生涯回到家乡绍兴，绝意官场。回乡后，蔡元培投身的第一个领域便是教育。当时，蔡元培的故交徐树新刚刚创办中西学堂不久，蔡一回乡，便被故交延请为校长。中西学堂在当时是一所颇为新潮的学校，与北大渊源也甚为深厚：后来曾任北大校长的蒋梦麟和北大地质学教授王季烈就是当时中西学堂的学生。不过，徐之所以延请蔡元培，除了故交这一因素之外，蔡元培的翰林身份也相当重要。之所以下这样的判断，是因为中西学堂虽然是一所新潮学校，其中的新旧之争却很强烈。蔡元培就是因为在新旧之争中支持新派而和徐树新发生矛盾愤而辞职。旧翰林却是新风潮的代表人物，徐树新选择蔡元培算是看走了眼，但是对于蔡元培来说，却因为这一段的经历，切切实实地走上了教育之路。之后的1901年，出任南洋公学（上海交通大学前身）的特班总教习；1902年，又和同仁一道筹办中国教育会、创办爱国女校并担任会长和校长之职。之后的日子里，蔡元培并没有太多的精力放在教育领域，当时革命风潮四起，蔡元培也脱下儒衣，摇身一变而成为老牌革命党。我以为，老牌革命党的资历，是蔡元培之后能够对北大产生如此之大的影响的最重要的原因。

早在1900年初，蔡元培辞去中西学堂校长时，革命之志已经显露，他在给徐树新的辞职信中写道："元培而有权力如张之洞焉，则将兴晋阳之甲矣"。看一看蔡元培这一时期的履历，就能明白，民国初年作为教育家的蔡元培在当时政局中的资历：1902年，35岁的蔡元培同蒋智由等在上海创办中国教育会并任会长，中国教育会"表面办理教育，暗中鼓吹革命"，但是当时时局震荡，教育会在教育方面的工作始终没有很好地开展，却成为国内最早鼓吹民主革命思想的社会团体；之后这位前清翰林还参加了暗杀团，并且研制炸药，希望以暗杀的手段推翻清朝统治；1904年，在上海与黄兴、陶成章一起组织建立了光复会，并被推举为会长；1905年，同盟会成立，光复会并入，孙中山委任蔡元培为同盟会上海分会负责人；1912年1月4日，中华民国临时政府在南京成立，蔡元培就任南京临时政府教育总长；1912年2月18日，作为孙中山的特派专使，偕同唐绍仪赴北京迎袁世凯南下就民国总统职位，而当时，汪精卫、宋教仁、王正廷等之后在民国政坛上举足轻重的人物则仅仅是使团成员。

以蔡元培的资历担纲北大，从政治上来讲是适宜的。不过以我看来，投身教育比跻身政界反倒是更加符合蔡先生的才情，而有了政治资历垫底，让蔡先生在北大的一系列措施得以顺利进行（许多研究者都发现，蔡元培在北大所从事的改革，其动作幅度之大，推进速度之快令人惊讶，且大都"一步到位"），而也正因为蔡元培的政治威望，使得北大这所大学与当时中国政局息息相关。谈论教育家蔡元培，不谈及他政治家的身份，其塑造北大、改革教育看起来就像是无源之水般的奇迹。在政治家身份的基础上来谈论蔡元培，便会明白，牛刀杀鸡，比水到渠成还要来得简单。

1917年初的一天，蔡元培以质朴的姿态走进了北京大学，向排列在校门口迎接他的校工们脱帽致礼。也是从那一天起，他给中国大学定了一个恒久的调子："囊括大典，网罗众家，思想自由，兼容并包"。这个资深的革命党要员深深懂得教育独立的重要："教育事业应当完全交给教育家，保有独立的资格。"不过，若没有蔡元培那样的政治资历，大概没有哪个校长敢如此放言。

如蔡元培一般才情的或许不乏其人，如蔡元培一样具有政治资历的也大有人在，但是二者能够如此在一个人身上完美结合，蔡元培一人而已。

当今大学问题重重，时贤总寄希望于当今的大学校长学习蔡元培，在笔者看来难以哉。难就难在蔡元培学不了也不能学。也不能说现在的大学校长都没有为中国现代学术开拓的努力，但有些校长是有心无力的。

今年适逢北大110周年和蔡先生诞辰140周年，我们不能再沾沾自喜地以出过蔡先生为荣，也不必痛心疾首地号召现在的大学校长一致向蔡先生学习。在民国初年那个一切制度正在蹒跚起步的年代，蔡先生以其独特的才情和政治资历改造和奠定了今日的北大，其他的大学校长也并非对蔡先生亦步亦趋，但是他们都知道用心体会蔡先生的教育理念，当时大学风格面貌各异，但校长们的理念则息息相关。现在的情况正好相反，大学面貌千篇一律，校长们各有想法却无教育理念（于光远先生就认为1949年之后的教育不是教育思想出了错，而是没有教育思想）。

蔡先生是教育官，这点与当下教育环境中的大学校长以及教育官员并无不同，不同的是蔡先生还是教育家，具有情怀的教育家。今天纪念蔡先生，不需要赞美，多一分了解和同情便足够了。而北大，则需要扪心自问：对于蔡先生奠定的北大品格，我们现在还存留多少？毕竟，我们不能总是说，蔡先生时期的北大如何如何。总说我祖上如何如何荣光，那是没落户的子弟最喜欢干的事，抱着对北大的热爱之心，我不愿作如是想。

由燕京大学想到的

前不久,巫宁坤先生从美国发来邮件,打开一看,是余英时先生为其即将出版的新作《孤琴》写的序言,题为《燕京末日的前期》。我从几年前就开始搜集关于燕京大学的资料,巫先生觉得我必然会感兴趣,所以发给我看。余先生标题中的"燕京",即是燕京大学。读完文章,想到巫先生一生的遭遇,不免唏嘘;另一方面,看余先生对于当时局势的分析,又不禁为史学家的洞察击节赞赏。不过,我读此文,思维却常常跳到"燕京大学"这个题目之外。

现在的人们对于燕京大学这个名字大多数会感到陌生,甚至许多人知道燕京大学仅仅因为《上海滩》中的许文强于燕京毕业。有一次我在百度的"燕京大学吧"中,还看到这样的留言:不知道燕大招不招收函授学员。留言者还郑重其事地留下电话和电邮,历史造物弄人,让人啼笑皆非。

但是,在上个世纪,燕京大学却非常有名。那时候,燕京这所学校,是常常与北大、清华一起被人提起的。创建于20世纪初的燕京大学，存在时间虽然只有短短33年（1919—1952），却创造了中国教育史上的两个奇迹。奇迹之一是在不到10年的时间内，从一个一无所有的"烂摊子"一跃成为中国乃至国际知名的一流综合性大学；奇迹之二是不长的时间内，为中国各个领域培育了不少顶尖人物：在两院院士当中，燕大学生多达52人；1979年邓小平访美，21人的代表团中包含了7名燕京人。巫宁坤先生，就是于上个世纪50年代从芝加哥大学学成归来，成为燕京大学的教授。余英时先生则是在1949年秋就考入燕京大学历史系，曾经在燕京大学短期就读。

因为是美国教会创办的学校，在1952年的院系调整中，燕京大学被停办。被一起停办的，还有另外17所教会大学和一些私立学校，比如颇负盛名的光华大学。

过去说到燕京，常常会追溯到美国人到中国来办学校的目的，不可否认，美国花费了大量人力物力，来到中国创办大学，确实存在企图影响中国未来的战略考虑。国民党政府之所以同意国外力量来中国办教育，也确实存在国力不济的因素。不过，我们如果摘掉目的伦理和意识形态的眼镜，不能不承认，包括燕京大学在内的一些教会大学的创办，在客观上却起到了促进中国文化发展的效果。

教会大学如此结局，私立大学也是如此。在上个世纪的大学教育格局中，国立大学、私立大学和教会大学本来是三足鼎立，私立大学更是可以与国立大学分庭抗礼。遥想当年，张伯苓先生创办的南开大学，令当时的最高领袖蒋介石说出"有中国就有南开"，影响是何其广泛？而私立大学的存在，则是国立大学的一个良好的补充。道理极为简单，历朝历代，凡是在体制之内的机构，其变革势必缓慢，无他，制度使然，体制之内的机构，牵扯人员既众，"按照制度办事"变成了最佳选择，否则便容易滋生舞弊。而私立大学则天然具有灵活机动的特质，更容易改变自身来符合社会的发展。

这样一个富有弹性的"差序格局"，体现的正是中国传统中"万物并育而不相害，道并行而不相悖"的多元思路，相得益彰。这样一个双赢的格局，在一夕之间遽然打破，只能令人感到惋惜。

改革开放以来，私立大学似乎有恢复的迹象，不过在气象上却一直无法与过去的相提并论，在过去，张伯苓先生创办的南开，陈嘉庚先生创办的厦门大学，马相伯先生创办的复旦大学，哪一个，不是响当当的？造成这种局面的原因在于，我们只是在形式上恢复了私立大学，但是在制度上却没有一个良好的保障。比如教育部，是否可以扪心自问：对于这些大学，真的能做到一视同仁吗？在待遇等各种形式上，真的是认为这些大学的地位是平等的吗？恐怕不能，直到今日，私立大学还没有独立发放文凭的权力。而在另一个层面，在当下公立教育一家独大的格局之下，当今的国立大学是否真的可以保证社会日益多元的需要？是否真能满足一个拥有13亿人口大国的教育需求？恐怕也要打上一个问号。

过去，我们有一种看法，以为一旦教育放开，就会天下大乱，其实未必。一般来说，在社会清平或者动荡的时候，私立大学因为在政治地位上无法与国立大学相比拟，反倒容易与政府合作，以此来争取政府的支持。

目前正在举行的奥运会，中国以开放的姿态，让世界看到了中国的成长与成熟，也让世界看到了中国的实力。在教育上，我们是否能具有同样开放的姿态？毕竟，剔除了历史诸多复杂的原因，我们不是无例可循。

"北大是常为新的"新解

一

轰轰烈烈的北大110周年校庆刚刚过去,作为一个媒体人,又刚好做了一个篇幅长达16个版的北大110周年特刊,对于北大,似乎应该不再有什么话可讲。可偏偏不是这样,北大110年的历程,与中国同一时期的历史息息相关,光要说清楚这个话题,就是一个长篇。不过,这是题外话。但恰恰也是这个原因,让北大格外惹人注意。

不说别的,单就北大的传统这一点,就要颇费周章:和北大历史年头相近的几个学校,清华也好,复旦也好,浙大也好,传统都很好说,不好说的,只有北大。为什么如此,或许和北大特别珍重自己的历史有关。没有哪个学校像北大这样热衷于纪念自己:自蔡元培掌校之后,北大几乎是10年一大庆,5年一小庆,既然有如此多的纪念,关于传统有多种阐释也就不足为怪。

甚至不是整年数的时候,北大也会时不时纪念一下。比如

1925年，北大学生会为纪念校庆27周年，就曾向鲁迅紧急约稿。为此，鲁迅写下了《我观北大》一文。在文章中，鲁迅提出了一句至今仍常常被人征引的话：北大是常为新的，改进的运动的先锋，要使中国向着好的，往上的道路走。"横眉冷对"的鲁迅，对于北大的感情并不强烈：在北大，鲁迅只是"教一两点钟的讲师"，所以被有的教授指责"不配与闻校事"。以鲁迅的性格，会对在北大的经历感到舒服吗？

鲁迅之所以表现出对北大一片温情脉脉，一来约稿者是学生，对于青年，鲁迅一向是爱护的。所以这一片温情，与其说送给北大，不如说送给北大的学生；二来，迅翁心中也明白，纪念刊上的文字，是一种特殊的文体，越是这样的时候，越不能揭人家的伤疤，而越是精彩的好话，则越有可能被后人征引。或谓此为诛心之论，无凭无据，则不妨看看4年之后刘半农在《北京大学三十一周年纪念刊》说的话。刘半农当年为《北京大学三十一周年纪念刊》撰稿，提及纪念文章之难写，称不外"说老话"与"说好话"两种做法。这一点，刘半农清楚，鲁迅也清楚。

如果说证据还不充分，不妨再来看同一个鲁迅，关于同一个话题的不同叙述：1933年，鲁迅给台静农写信时说到北大："北大堕落至此，殊可叹息，若讲标语各增一字，作'五四失精神'，'时代在前进'，则较切矣。"很难说30年代的北大与20年代的北大有如此的"天壤之别"。1933年，北大的校长是蒋梦麟先生，这位北大历史上任期最长的校长和胡适师出同门，且是教育科班出身,对于北大的贡献着实不小。北大在他的治下,也未曾"堕落"。不过,1933年,鲁迅已经离开北大,又是私人通信,且又针对具体的人和事,为求痛快淋漓,则偏颇之处难免。

二

不过,抛开鲁迅说话的具体语境和时代背景,在众多对北大传统的阐释中,还是迅翁的说辞最准确,也最得我心。时贤总结北大传统,一厢情愿,各执一词。比如教育学者总愿意把北大的传统说成"兼容并包",而政治学者则愿意把北大传统总结为"自由主义",官方和北大校方则愿意把北大传统定格于"爱国主义"……

不能说没有道理,但是这样的总结,也总让我想起一个众人皆知的典故:盲人摸象。都以为自己说到了北大传统的核心,其实只是说到了一个方面,只有迅翁的"常为新"一语,没有具体指向,反倒最贴切。

从北大历史来看,北大也确实做到了"常为新":北大的校史从1898年算起,不攀附太学传统,连有直接渊源的同文馆也都排除在外,直接选定戊戌年"大学堂"的创立作为自己历史的开端,其实暗含了北大的自我定位:与其成为历代太学的正宗传人,不如扮演引进西学的开路先锋。北大一开始,就要"为新"。

五四运动、白话文运动、大学招收女生……一直到"一二·九"

运动,再到后来的反饥饿、反内战,无不与北大息息相关,北大确实"常为新"。

北大还有另外"常为新"的一面,不大为人提起。新中国成立之后最常被人们提及的北大校长是马寅初先生。不过,人们说起马先生往往与他因"人口论"冒犯龙颜有关。我对于马先生的骨气也尊崇有加。但人们很少提起的是,在马先生冒犯龙颜前,曾经引发过思想改造运动。担任校长不久,针对解放初期师生员工的实际情况,为倡导师生学习政治、改造思想,马寅初首先在北大教师中发起了一个以改造思想、改革高等教育为目的的学习运动,并邀请周恩来为北大教育学习会作第一次报告。后来,全国范围内兴起的知识分子思想改造运动,就是以此为发端。

1966年,"文革"在北大校园内打响了第一枪。出自聂元梓手笔的《宋硕、陆平、彭珮云在文化革命中究竟干些什么?》,不仅使聂当上北大校"文革"主任,也拉开了中国十年"文革"的序幕。那一段岁月,人们提起来都会用到"不堪回首"。"不堪"是真,"回首"也很必要。北大一直领风气之先,正视历史,更能显现北大的荣光。

北大还有"为新"和不敢"为新"的矛盾:改革开放之初,能有哪个出自民间的口号比得上"小平您好"?这一世界著名的口号,已成为人们对邓小平开创的改革开放时代的情感怀念。其发源地就是北京大学。当北大学生们打出"小平您好"标语的那一刻,时任北京大学副校长的陈佳洱正在天安门的观礼台上。他的第一反应是"北大学生是不是闯祸啦?!"因为"原来规定不能随便带东西的。同学带了这个标语了,学校可要挨批评了"。"吓一跳"的陈佳洱"看看小平同志",结果邓小平没有生气,并且带头鼓掌,陈校长才"高兴"起来。

不是非要揭短,虽然无缘在北大读书,也无缘在北大执教,但是热爱蔡元培时期的北大,热爱蒋梦麟掌校的北大,热爱胡适治下的北大,也热爱当下的北大,才希望北大正视历史。唯如此,才能显示一所世界一流大学的胸襟和坦荡。可是现在,我再跟很多毕业于北大的朋友谈起这些,面对的多是一脸茫然。

就在鲁迅在私人通信中指责北大"堕落"的1933年,刘半农在为《北京大学卅五周年纪念刊》撰写纪念文章时,就是从鲁迅给北大设计的校徽谈起的,刘半农说:

"我以为这愁眉苦脸的校徽,正在指示我们应取的态度,应走的路。我们唯有在愁眉苦脸中生活着,唯有在愁眉苦脸中咬紧了牙齿苦干着,在愁眉苦脸中用沉着刚毅的精神挣扎着,然后才可以找到一条光明的出路。"

而鲁迅在写《我观北大》时,在文章结尾也做了预先声明,称明年若再出纪念刊,则难以从命。之后,鲁迅确实也没有公开评论北大的文章,我想原因大概不仅仅是"说起来大约还是这些话"。

综上所述:在今天,我更愿把迅翁"北大是常为新的"之语,以警语视之。

西南联大：不是最好的学校

1937年因抗战组建起来的国立西南联大，到今年，正好是70周年。70周年，经过时间这朵玫瑰的熏染，香气四溢，几成传奇。有媒体甚至直接把"最好的学校"这一桂冠戴在了这所已经消失的学校头上。

西南联大是不是最好的学校？

我看未必，根据资料显示，当年教育部一开始拨给长沙临时大学（西南联大前身）的经费，不过是区区71749.98元。而在1937年下半年，每市斤猪肉的价格是0.18元，按照今天的物价折合，这些钱，不过是一座说不上豪华的别墅或者是一辆比较奢华的汽车。这一点钱能够办成最好的学校，在今天听起来似乎是天方夜谭。

再有，虽然西南联大在办学时秉着"战时即平时"这一理念，但毕竟是战时，与平时不同。同样据资料显示，为了保证生源，当年有不少西南联大的学生，没有通过入学考试，就进入了这所大学读书。按照今天的观点，这简直就是不合规矩。

不过，在这70周年之际，各种纪念活动此起彼伏，既有官方，也有民间；既有自发，也有自觉。众人不约而同把怀念指向西南联大这所学校，也许是因为，这所在笔者看来也许并非是最好的学校，给我们留下了丰厚的教育遗产，抛开"学术自由"、"教授治校"这样宏观的主题不谈，挑选几个细节来谈论西南联大的遗产，或许对于今天更有意义。

在接受《新京报》专访的时候，北大、清华、南开三位现任的校长都谈到了西南联大当年几乎聚集了最优秀的师资，以现在的眼光看来，这种评价当然公允，可是不要忘了，当年西南联大的师资不是突然冒出来的，而是三位常委之前的办学之中，以卓越高远的眼光培养、聚集起来的。

比如说，以清华当年的门槛，要求教师必须有博士学位或者留学背景行不行？我想大概没有疑问，答案是肯定行。但是偏偏是既无学历又无学位的陈寅恪，出任了清华国学院的四大导师之一。当年的清华并非没有制度规范，其可贵之处就是在刚性的制度之外，当时的校长还富有弹性的学术眼光与人文情怀。今年谢泳先生被厦门大学聘任，在许多老朋友们看来是一件实至名归的事情，但是却成为今年教育上的一个亮点，或许就说明了这种弹性恰恰是我们今天所欠缺的。不过，行使这种弹性需要谨慎，否则就会成为教育腐败的方便之门。

其实，三位校长的访谈中也都谈到了当年的西南联大培养出了诸多优秀的学生，的确不胜枚举，杨振宁、李政道、何炳棣、王浩……其实这也并非奇迹，多少年后我们再来看北大、清华、南开，也都会有一连串闪光的名字。不同的是，这些闪光的名字背后的成就和制度。撇开成就不说，制度才是培养天才的土壤，虽然贫瘠的土地上也能长出鲜花。在何兆武先生的《上学记》中曾经叙述过自己几次转系的经历，这样的事情，在今天看起来似乎是特别困难。想来当年西南联大的学生应该是非常幸福，可以学自己真正感兴趣的东西。能够做出成就，也就不是什么奇怪的事情。教育这件事，说到底还是针对个人的，而在少年时期，只有通过比较之后，才能选择出自己真正感兴趣的方向。如果把教育做成工业化的流水线，培养出来的学生也就可想而知。

其实，西南联大这种弹性的制度也是渊源有自，昔日的吴晗、钱钟书、华罗庚进入大学的时候，都是破格录取。近年来也有不少大学破格录取学生，但是并不受好评，原因很简单，这些被破格录取的学生里面，不是这明星，就是那明星，唯独没有具有学术潜力的读书种子。这种破格录取里面，哪里又能体现教育家的眼光？

在西南联大70周年之际，我不愿意轻率地把"最好的学校"这项桂冠戴在西南联大的头上，而是希望通过梳理，我们能够认识一个真实的西南联大，认识到昔日我们的前辈所进行的，并非难以企及的事业。唯有如此,我们才能更好地继承西南联大的遗产。

　　子规夜半犹啼血,不信春风唤不回。希望西南联大的遗产,在今天不是美丽的海市蜃楼。

郑天挺"奉调"南开探微

他把一生最美好的年华献给了北京大学,他把最成熟的学术带给了南开。前者是自我选择,后者则有些无奈。被誉为"北大舵手"的历史学家郑天挺,如果他还活着,今年整整110岁。

1948年,是当时大知识分子的生命关口,他们需要做出选择:留在大陆,还是离开故土。离开北平的最后一架飞机飞走了,郑天挺选择了留下。1952年,是郑天挺人生更大的关口,不过,这一次没有选择,他必须离开曾经为之服务了28年的北京大学,到南开大学历史系去任教。

北大不仅仅是郑天挺的服务之地,更是他的母校。郑天挺对于北大的感情,一生系之。从北大到南开,对于郑天挺来说,是真正的"人生逆旅"。

"抢才"与"沦才"

郑天挺与北大结缘始于1917年,那一年考入北京大学的时候，他大概没有想到，他之后的人生岁月会如此紧密地同这所大学联系在一起。

其时，蔡元培出掌北大不久，提出了被后人时常征引的八字办校方针：思想自由、兼容并包。在蔡校长的网罗之下，单是文科，就有辜鸿铭、刘师培、黄侃、陈垣、陈独秀、李大钊、蒋梦麟、胡适等人。这一大串熠熠生辉的名字，在当时，涵盖了中国与西洋，兼容了激进与保守。

朝夕相处的是这样的学术群，日夜呼吸的是这样的学术空气，不仅让郑天挺成长，也影响了他的一生。

让郑天挺记忆深刻的还有一件小事，为防止考生中暑，当时的北大考场，每个教室都放有一块天然冰。

1924年任教母校之后，郑天挺不仅对学生关爱细微，在学术上更是体现了"思想自由"的北大校格。

"何先生——"1944年的夏天，还在西南联大读书的历史学家何炳棣，穿过联大新校舍大院时听到背后有人叫他。何炳棣回过头，叫他的是郑天挺。

"清华留美考试的结果一两天内就要公布了，现在讲话已经没有嫌疑。明清史那门题目是我出的。"郑天挺说。

看着何炳棣满脸的疑惑，郑天挺说出了在心中隐藏了很久的一件事。阅卷时，郑天挺发现一份奇特的答卷。对于比较容易的题目，比如同光之际有哪些人主张改革，答得不好；但两个重要的题目（明太祖开国规模和雍正一朝多方面的改革和建树），不但答得好,而且颇有创见。根据对学生的了解,郑天挺觉得,这份考卷应该是何炳棣的。

"你自己打多少分?"郑天挺笑眯眯地问。

五道题目三道答得不好,而且还是史实性的问题,放在今天,肯定分高不了。当时的何炳棣也这么想:"只能打四五十分。"

"你考了74分,最高分。"听到郑天挺的话,何炳棣才千肯万定:今番考取了!

极力保持住表面的镇静,何炳棣和自己的师执开起了玩笑:"那么您一定不是按每题20分客观原则打分的。"

郑天挺提高了声音:"那当然喽!留美考试是国家抡才大典,如果按照客观原则打分,那不就变成了三点水的沦才大典了吗?!"

当然可以说国民时期的学术制度建设"不客观",但是大师独特的学术眼光是客观的。正是这种客观的学术眼光,造就了今天的史学大家何炳棣。怪不得何炳棣的晚年,除了自己的业师之外,念念不忘的,还有自己的"恩师"郑天挺。

北大舵手

对学生,郑天挺不仅仅是一个授业者,在众多受业弟子的眼中,他更像一位慈父。他的弟子们,也是一串熠熠生辉的名字:王永兴、罗荣渠、戴逸……

王永兴生前怀念自己的老师郑天挺,说他"对学生像慈父一般",罗荣渠的感觉则是郑先生"真正是在关心我们"。这位当代中国现代化理论的开创者如此感叹道:"先生之关心学生,在今天买卖式的教学法中似乎是要绝迹了。"

郑天挺在北大发挥重要作用,是在1933年。那一年旧任北大秘书长辞职。11月28日,北大浴室突然倒塌,压死学生一人,重伤二人。北大学生不好管,人命关天,向来是学潮多发地的北大,又一次学潮爆发了。

秘书长不可一日无人。秘书长在今天看来是个"官",但是过去的学者有个"毛病",不愿当"官"。

郑天挺接过了这个"热山芋",一接就是17年。老北大的三大建筑:图书馆、地质馆以及灰楼学生宿舍,都是在郑秘书长走马上任后主持兴建的。七七事变之后保护师生安全转移、西南联大时期出任联大教务总长、抗战胜利之后返平接管北大、北大1946年复校……北大历史上的每一个关键时刻,都闪现着这位秘书长的身影。

西南联大时期,有个口口相传的谚语:正所长是傅所长,副所长是郑所长。原来,当时的文科研究所的所长是傅斯年,但傅斯年另外担任中研院史语所所长,无暇顾及文科研究所事务,真正的实际工作,是由副所长郑天挺负责的。

据前不久辞世的季羡林先生回忆,1946年他到北大任教的时候,北大是真正的精兵简政。只有一个校长,是胡适之先生。校长下面有一个教务长，总管全校的科研和教学，还有一个秘书长，总管学校后勤。

秘书长就是郑天挺。他每天坐镇在一间不过十几平方米的办公室，工作是负责六大学院、上万名学生、几千个教员的"吃、喝、拉、撒、睡"。按理说，这么忙碌的行政工作，脱离教学也情有可原。但是郑天挺不，不管行政任务多重，始终不脱离教学。甚至在80岁高龄之后，还依然坚持。

1948年12月17日，北京大学迎来了50周年校庆纪念，但在紧张时局之下，校长胡适和部分教授已经乘坐飞机赶往南京。50年大庆，参加人数竟然寥寥，完全不像今日北大校庆如此轰轰烈烈，反倒有几分凄凉的味道。出席师生抚今追昔，感慨非常。

但秘书长郑天挺还在学校，让师生心中多少有了几分主心骨。

那一天，北大学生自治会的代表，感念郑天挺对学生的保护和关爱，特地敬献了红绸锦旗一面，上款书"北大五十周年校庆献给郑秘书长"，锦旗中央4个大字："北大舵手"，落款是"全体学生敬献"。

在师生的掌声中，郑天挺接受了锦旗，也成为北大校史上唯一获此殊荣的人物。

人人心中有杆秤，郑天挺获得"北大舵手"的称誉，不单单是对学生慈善和蔼，在历史学家向达以及当时北大一些学术团体写给郑天挺的信中，道出了个中缘由：

"局势骤变以来，全校校务及师生安全端赖钧座筹划保障，辛劳备至。敝会同人兹特谨致慰问之忱。自胡校长南飞后，钧座肩荷益形沉重，敝会同人决尽力支持，俾校务得顺利推进，师生安全能得完全保障也。"

选择

胡适在南京天天盼望自己在北平的朋友们。从北平到南京的最后一班飞机飞来，胡适亲自到机场迎接，没有看到老同事兼老朋友郑天挺的身影，胡适心里有一丝丝失望，也有一丝丝惆怅。自此之后，他与这位老友将天各一方。

在此之前，胡适校长已经做出了选择，那时的大知识分子都已经做出了选择：去台湾，去海外、或者留在大陆。

作为后人，很难推测当时知识分子们内心的境况。但是，郑天挺至少有自己选择走和留的余地。

任继愈提前知道了郑先生的选择，有一次他到办公室去，正遇上郑天挺和别人通电话。电话那边问郑天挺走不走。任继愈记得，郑天挺的口气安详稳定、慢条斯理："不——走。"

可是别人还不知道。东单练兵场新修了小飞机场，是国民党为了"抢救"教授专门修建的。郑秘书长会不会走呢？这是北平解放前两天北大全校师生最关心的问题。

北大民主墙上贴出的一份谈话记录给出了答案。在那份记录中，郑天挺对去访问他的学生说，他平生注重"敦品"，意即遵守诺言,决不会说不走而又走了。抄写的学生特意把"敦品"二字写得特别大。

这大大的"敦品"二字,像一颗定心丸。安抚了北大师生不安的心。

郑天挺为什么不走?除了舍不得离开中国的土地,他更舍不得北大,自1933年出任秘书长以来,至今已经15年了。15年,他为这所大学付出了太多的努力,投入了太多的心血。

郑天挺没有想到,4年之后,他不得不离开这所他倾注了心血的大学,而且,没有选择走还是留的余地。他的人生下半场,与他奉献了一生中最美年华的北京大学无缘。

较劲?

1952年9月上旬,郑天挺来到了南开,任历史系主任兼中国史教研室主任,和他一起到南开的,还有他的老朋友、清华大学历史系主任雷海宗。雷担任了南开世界史教研室主任。此时,北大、清华、南开又有了一次汇合,不过,这一次汇合,无论是声势还是阵势,都无法与15年前那次三校联合相比,但时人还是把南开历史系称为"小西南联大"。郑和雷每人代表了一所学校,想想看,这得是多高的学术地位?

郑天挺的弟子、南开大学历史学院教授冯尔康记得,郑天挺一到南开,就发下宏愿:要把阵容并不强大的南开历史系,办成

"与国内素享厚望的几间大学的历史系并驾齐驱"。"这是他的原话。"冯尔康说。

哪几间大学？郑天挺没有明说。看看他对当时几个大学历史系的点评，不难看出郑天挺的目标，郑天挺认为："从历史上看，北大和清华各有自己的长处，譬如清华注意外文，就应该学习；西南联大录取新生是很严的，总得有个高标准，差一点也不行，南开历史系应该有个好的学风。"

耐人寻味，对于自己最为熟悉的北大历史系的长处，郑天挺没有提及。不堪提，不愿提，抑或是提了伤心，还是在未来，南开历史系会把北大历史系赶过去？

熟悉郑天挺的人都知道，他不是个喜欢争长短的人，这一次，郑天挺在和谁争长短？

现在不会有答案了，有的，是由郑天挺奠定的南开史学的风格和影响。据不完全统计，在50年代，郑天挺在南开历史系开设的课程，竟然有七八门之多。郑天挺讷于言谈，讲课也不生动，还有个很重的口头语："这个……这个……这个"，学生顽皮，有一次特意做了一次统计，一节课下来，郑天挺说了100多个"这个"。

但是没关系，郑天挺的课学生依旧爱听，有料。不像现在的教授，把自己的著作看得比教学重要，郑天挺却把主要的精力用在了教学上，并且提倡年轻的教师也这样做。

60年代初，中华书局提议出版郑天挺的文集，被他婉言谢绝；到了1978年，郑天挺的几个弟子商量出版他的文集，他又谢绝了，弟子们据理力争，郑天挺才终于表了态：由你们决定吧，你们认为出文集有补于世，就由你们编。

弟子满以为老师会保存着自己文章的目录，哪想到去要的时候，郑天挺抱歉地表示，自己从来没有记录过。好一个淡然的郑天挺！

1979年，南开大学历史系从事古代史教学和研究的教师们共同编写了《中国国代史》，在送给郑天挺的书的扉页上写着：敬请郑天挺先生指教。落款：您的学生们。

这不是客套，而是事实。参加编写的人，不是郑天挺的弟子，就是郑天挺的再传弟子。南开历史系已经成了一棵枝繁叶茂的大树，郑天挺就是大树的根。

更让南开大学历史系师生们自豪的是在1980年。那时，改革开放刚起步，学术界乍暖还寒，郑天挺首倡召开大型国际会议。8月，"明清史国际学术讨论会"在南开大学史学系召开，出席的有日本、美国、澳大利亚、瑞士、德国等国家的学者30多人，国内学者90多人。看看当时参会者的名单，就可以想见阵容：何炳棣、傅衣凌、王钟翰、任继愈、戴逸、章开沅、铃木中正……

那次会议，是改革开放之初最盛大的国际学术会议。要不是郑天挺敏锐的政治胆识和崇高的学术威望，这样规模的会是不可想象的。南开史学系不再是吴下阿蒙，一下子变得在国际上赫赫有名起来。那一年，郑天挺82岁，含饴弄孙的年纪都过了。淡然的郑天挺有不淡然的一面啊！

身在南开

在郑天挺后来写的《自传》中,他写道:经过郑重考虑后,我决定不考虑个人的生活及其他方面的变化,愉快地只身来津任教。我知道如果我提出任何要求,会引起许多不同反应的。

《自传》是后来写的,当时的郑天挺,真的"愉快"吗?

郑天挺到南开的时候,如今年近90高龄的来新夏还是个不到30岁的小伙子。当时郑天挺是系主任兼中国史教研室主任,来新夏是中国史教研室秘书。两个人每周总有两三次见面的机会。

来新夏老人告诉我:"郑先生到南开来,南开很重视,因为他从北大来的嘛,又曾经是北大的'当政者'。郑先生这个人,比较深沉,比较含蓄,在我的印象中,他的感情始终没有很明显的变化。"

"他心里怎么想我不清楚,但郑先生不像有的人,到这里不合适,到那里也不合适。郑先生为人谦虚,但是给人的感觉是太谦虚了。我们都很尊重他,郑先生对人也很谦和,但是我们觉得和郑先生并不亲近。"来新夏说。评价郑天挺,来新夏用了四个字:"高深莫测"。

来新夏还记得,那时候,一个人生活的郑天挺,常常会和老朋友雷海宗聊天,但是聊什么并不知道。1957年,从清华来的雷海宗被打成了右派,"但是郑先生没有。"

"'文革'中郑先生当然成了'牛鬼蛇神',历史系有5个人挨批斗是最厉害的,郑先生首当其冲,我排在第3个。批斗的方式是南开的创造,叫做'活体展览',是个连续的节目,大概持续了半个月。但是即使面对工宣队、红卫兵,郑先生表现得也是那么心平气和,对那些人非常恭顺。"来新夏回忆。

关于那段岁月,来新夏不愿多说:"唉——呀——,都是过去的事情了。"

但郑天挺过去北大的一个老学生的回忆文章的一个细节,可以为郑天挺当时的情况提供一个注脚:"'十年动乱'期间,我在劳动中听到郑老师因受迫害辞世的消息,深感悲愤。后来才知道是讹传,才转忧为喜。"

那是一段不正常的岁月,正常的岁月呢?仔细考察,郑天挺也有一些细微的变化,当时南开历史系系助理魏宏运回忆:"在郑老的心目中,范文澜、翦伯赞、吴晗等马列主义史学家占有崇高的地位。他常常去北京向他们请教讨论。"

意味深长,郑天挺在史学界奠定地位时,魏宏运回忆中的几位史学家才崭露头角,郑天挺在北大身居要职时,他们也不过是北大的后进。郑天挺的老师是黄侃、刘师培这些传统的音韵考据大师,从传统学术到新的治学方法,这个弯,郑天挺是怎么转过来的?

但是,"郑先生从来没有抱怨过。"来新夏说,"我和他共事那么多年,从来没有听见过他说一句抱怨的话。""但郑先生不是没有脾气的人,他是隐忍不发。"来新夏又说。

"对于郑先生的委屈,郑家的子女从来不讲。"南开很多的人告诉我说。

一个不大为人所知的信息是,郑天挺与梁漱溟,是表兄弟。郑早年丧父,由表舅梁巨川先生监护,和表兄梁漱溟一起长大。如果说1952年"愉快"接受"奉调"是性格使然,那么,之后的"隐忍不发",难道一点没有受到梁漱溟事件的影响?

学术的力量

郑天挺没有想到,在自己的晚年,竟然又遭遇了学术与政治的对决。

1980年8月12日,史学会重建会议在北京市京西宾馆举行。大会代表有160多人,在酝酿领导集体及史学会理事时,邓广铭等人提出郑天挺是最好的人选。确实,无论是学术威望还是学术地位,郑天挺都是众望所归。

但是,"长身玉立"的史学家、中科院院士刘大年忽然在前排起立,力排众议,说只有张友渔先生可以胜任。

"大概因为这一组织将有国际活动,故党领导要用张友渔挂头牌,刘则受命促成之。"一位当年的会议参加者分析。

时代在进步,最后全会实行民主无记名投票的结果,郑天挺一人获125票,以最高票被选为史学会理事。之后又从15名理事中选出5名主席团成员,郑天挺身列其中,另外4位分别是周谷城、白寿彝、刘大年、邓广铭。

1981年12月，郑天挺走完了他的一生。南开没有忘记他，郑天挺的90冥寿、百年诞辰，南开都举行了隆重的纪念。但是在大众层面，这位明清史大家却一直名声不彰、渐行渐远。今年，如果郑天挺还活着，整整110岁。9月18日，南开大学为他召开了纪念会，国内史学界200多名精英云集天津。

在南开任教的郑天挺的儿子郑克晟继承了父亲的低调，没有参加。"我不愿让别人说我为父亲争什么。"一位和郑克晟熟识的人这样转述他的话。郑的另一个儿子郑克扬参加了会议，发言只有短短的一分钟，向南开大学致谢，向与会人员致谢。

"他们都颇有乃父之风。"有人说。

势利的历史

有个人,在近代史上,大大有名,妇孺皆知。历史老想把他绕过去,可惜的是,他是近代史上绕不过去的人物。

卖个关子,不说他是谁,先来一个排除法。

他不是教育家,但是热心教育,山东大学的前身山东大学堂,就是他一手创办的。创办学堂时,他说:"国势之强弱,视乎人才,人才之盛衰,原于学校。诚以人才者立国之本,而学校者又人才所从出之途也。"这话放在当时那些名盛一时的大学校长的话语中,毫不逊色。即使有人捉刀代笔,也在一定程度上代表了他的见识。

废除科举是近代教育史上大事,也是让他引以为豪的一件事,他女儿回忆说:"我父亲以后经常谈论这件事,他认为这是他一生中最为得意的事情。"可惜后世史家在谈到废除科举时,很少提到他的名字,但是当年他给大清皇帝的奏折还在,证据确凿。

直隶(今河北省)之所以能在近代以来较早地建立起完整的现代教育体系,跟他关系莫大:正是在他的支持下,严修等人才在直隶掀起了一股兴办新式教育的潮流，办起各种层次各种类型的新式学堂。1907年，南开中学的前身天津私立第一中学起建礼堂，礼堂就是以他的名字命名的。而直隶最早的公立女子学堂，也是他下令创办的。也是在1907年，清政府学部对全国教育做了一次详尽的调查统计：直隶教育位居全国第二。

他也不是财政专家，但是1901年12月，他接任直隶总督之后，面对从李鸿章那里继承下来的"一个财政烂摊子"（当时的直隶财库有20万两白银，还是从山东财库借来的），他发展实业，成效显著。

1902年，在他的主持下，保定设立农务局，天津设立工艺总局。1905年，农务局试种美国棉花成功，"绒絮颇长"，外国的棉花确实好，所以随后就开始在直隶等北方省区推广，这在农业发展史上，算是有重要意义的一件事。而直隶省由传统农业向现代农业转变的过程，正是在他主政直隶期间。

工艺总局则是领导全省进行工商业建设的机构。在其发展直隶实业的过程中，提出官为商助的主张。1904年，天津织染缝纫公司创办，资金不足，他指示政府拨款15000元入股相助；1907年，天津机器玻璃厂建厂遭遇了同样的问题，他拨银5000两相助。这种方式在今天看起来与市场经济格格不入，但是在工商业刚刚起步的晚清，对于企业的发展却起到了非常重要的促进作用。天津正是在这样的政策环境下，进入了发展的快车道。

得举些枯燥的数据，才能看清楚当时天津的发展：庚子以前，天津仅有四五家近代工业企业，资本总额为110万两，到了辛亥以前，已经发展到137家，资本总额为2920万两。

数据不会说谎。所以有论者说其主政直隶时期，是天津工商业发展的黄金时代。

他也不是司法专家。但是现代法学先驱沈家本之所以能主持修律馆，正是缘于他与同僚张之洞、刘坤一的保举。清政府在司法改革中取得的重要成就，大都和他的努力有关。比如将司法、行政分离，搞司法独立；再比如设总检察厅，受法部监督，对刑事案件提出公诉。直接的证据就是当时地方司法改革的试点就设在直隶，而他是直隶的主政者。

若照此罗列下去，还可罗列很多，不过，暂且打住，关于他的"好话"，不宜多讲，为什么，听我公布答案。

原因就是他叫袁世凯。

当代史家，凡说到北洋，多以反动军阀视之。究其原委，在1928年民国统一之后，国民党取得政权，北洋旧人大多噤声。保留下来的这一时期的资料，凡是流传较广的，或为传闻，或为臆测，多不真实。

《剑桥中国史》论及这一时期的一段话表明了这种状况："对这一时期的总的看法，在很长一段时间内为根据当时报纸和秘史撰写的著作所左右。中心话题是袁世凯和他的军阀后继者的丑闻。这个传统最有才华的代表可能是陶菊隐，特别是他的《北洋军阀统治时期史话》，6卷（1957年）。这种情况——只靠浅薄研究支持的传统做法——对任何历史学家显然都提供了完全改变评价的机会。近年出现了异议,但没有人认为应当作出完全相反的解释。"

其实,客观地讲,袁世凯在晚清变局之中,联合孙中山等革命者,迫使清帝退位,建立中华民国。江山易色而兵不血刃,令千年帝制一夕之间崩溃瓦解,在中国历史上,实属少见。之后袁世凯就任大总统,不过是孙中山实践之前的政治承诺,于孙中山说不上退让,于袁世凯谈不到窃取。

不过,历史真的就这么势利,袁世凯执政之时,日本虎视眈眈于外,革命党人睨墙于内,手下一帮武人,势力坐大之后野心渐显。袁世凯的黄金时代如昙花一现,再也不是昔日的"袁宫保"。

日本人递来《二十一条》,他抗争不过,屈辱地接受了。长期以来,他成了"卖国贼"。要不是《北洋集团崛起研究》的作者张华腾先生在其研究中谨慎地提出袁世凯也有民族感情,我真是要感叹历史学家也势利了。平心而论,每有外侮当前,绝大多数执政者都是具有民族感情的,可惜在革命史观的关照之下,一切对立面都成了卖国贼。

历史真是微妙,有些人"一俊遮百丑",有些人"一丑遮百俊"。这其中的辩证关系,我怎么也搞不明白。读《北洋集团崛起研究》,总是让我想到北洋的衰落,作者张华腾教授小心谨慎的结论,让我感觉历史有时候不是那么势利。

费正清为什么反对李约瑟

两座高峰的争论

春节在家读岳南先生所著《南渡北归》，其中关于费正清和李约瑟"激烈争吵"的内容引起了我的注意。在西方学术界，费正清和李约瑟是研究中国问题的两座高峰，两座高峰之间的争论，过去学界少有提及，岳南先生的著作中也语焉不详。

给世界留下"李约瑟难题"的汉学家李约瑟，之所以在中年突然转向对中国文化的研究，是受其中国女弟子鲁桂珍的影响。

1937年11月，鲁桂珍和另外两个中国留学生来到剑桥，在李约瑟门下攻读。这位中国女子身上展现出来的古典东方女子风韵吸引了李约瑟，并激发了他对中国文化的热爱，进而立志写"一册过去西洋文献中旷古未见的关于中国文化中的科学、技术和医药的历史专书"。

1942年，李约瑟以皇家学会会员的身份被英国政府选中，赴中国做为期4年的考察访问。翌年，李约瑟在中国见到当时的教育部长陈立夫，李向陈说到自己除了身负中英文化交流的使命外，还有准备写《中国科学技术史》的计划，李的计划受到陈的大力赞赏，并许诺"政府在力所能及的范围内给予全力支持"。

陈立夫和李约瑟之所以能够一拍即合，是各取所需，李约瑟需要中国政府的支持给自己学术研究带来的方便，而当时的国民党政府也正需要一个像李约瑟这样的外国人挖掘中国伟大传统来宣传国家形象。

正是这项计划，遭到了费正清的激烈反对。

费正清为什么会反对李约瑟？目前没有太多资料，但费正清一生的学术研究多与美国国家政策密切相关，其治学观亦符合美国人一贯的实用主义精神，思考问题均是从美国利益的角度出发，除此之外无太多好恶判断。以此推断，费正清的激烈反对，或许与当时美国的对华政策相关。

除此之外，费正清的反对，还与其对于中国形势的判断有关，就在李约瑟到达中国的1943年，费正清已经敏锐地判断出国民党已现颓势，不会久远。对于费正清来说，国共两党谁能够维持中国的有效统治，他就支持谁。因为这样更符合美国利益。费正清甚至曾经有过一句名言："共产主义不适合美国，但却适合中国。"他解释说，"美国和中国的文化不同，社会秩序不同，民主、自由、人权、法制都是西方的独特产品，并不能移植到以农民为主体而又具有长期专制传统的中国。"

这样的说辞，正是基于其一贯立场与对中国形势的判断。了解这一点，才不会对费正清因李约瑟的学术计划与其展开"激烈争吵"感到奇怪。

李约瑟之问

费正清当年在昆明对西南联大知识分子成就的赞叹众所周知，在此说说李约瑟。

李约瑟对中国知识界的评价，在他对李庄（位于四川宜宾）的访问过程中可见一斑。与昆明一样，李庄也是抗战时期大后方的文化中心之一。1939年，国立同济大学、金陵大学、中央研究院、中央博物院、中国营造学社等10多家高等学府和科研院所，均迁驻在那里。梁思成的《中国建筑史》也是在那完成的。

在李庄，李约瑟碰到了多年前的老朋友童第周并访问了童第周的实验室，当李约瑟得知老朋友之前那些在国际上引发瞩目的论文就是依靠在那样简陋条件下的实验中完成的之后，禁不住发出赞叹："在如此艰苦卓绝的条件下，能写出那样高水平的论文，简直是不可思议！"

那是怎样的条件呢？童第周在晚年曾经回忆："同济大学条件很苦，点菜油灯，没有仪器，只能利用下雪天的光线或太阳光在显微镜下做点实验，有什么条件做什么研究工作，可是学校连一架像样的双筒解剖显微镜都没有，工作实在无法开展。有一天，我从学校回家，路过镇上一个旧货商店，无意中发现一架双筒显微镜,心中十分高兴,心想,有了这架镜子就可以开展好多研究工作。当问老板这架德国镜子多少钱,老板开口6万元,这把我震住了……"不唯如此,每到春秋之际,这位中国实验胚胎学的主要创始人还常带领家人和学生去野外捕捉青蛙和收集蛙卵,以作为实验标本。

分手时,李约瑟问老朋友:"在布鲁塞尔有那样好的实验室,你为什么一定要到这样偏僻的山村进行实验呢?"

童第周答道:"因为我是中国人嘛。"

一点也不奇怪,那一代的学人正是在如此质朴的爱国情怀支撑下,取得那样骄人成就的。他们经历了太多的外忧内患,身上先天带有很重的民族情结和爱国情怀,不理解这个前提,便无法理解那一代的知识分子。

百年来,知识分子承载了太多的沉重与悲怆,担负了太多的光荣与梦想,这种质朴的爱国情怀在今天已经成为绝响。如今盛行的是口上说爱国,私底下却把子女送到国外的行径。

回到文章的开头,尽管费正清和李约瑟曾经因为学术问题有过"激烈争吵",但两位国际汉学巨擘对于因1937年抗战爆发而南迁的中国知识分子所取得成就的认识,却惊人的一致。70年时光流转,人们忘记了费正清和李约瑟之间曾经因为意识形态而引发的争论,但西南联大、中研院、中国营造学社的故事却世代相传、生生不息。看来,相对于政治和经济,文化才是更加恒久的事业。

近年来，关于这一时期内中国知识分子的表现，从谢泳先生早年关于西南联大的研究引起注意之后，专题研究层出不穷，但全景式的综合性叙述的著作还比较少见。岳南此书，虽非研究性专著，但对于对那一段历史感兴趣又不做专题研究的读者来说，不失为一本好读物。当然，如果作者能够在叙述时克服一些情绪，会更好，比如，费正清不是"政客学者"，他和李约瑟之间的争论，也不能简单地说成是"无休止的啰嗦与胡言乱语"，这样的行文，显得有些轻佻。

出山与在山,一直是摆在知识分子面前的两难选择。出山不比在山清,但若是知识分子一味爱惜羽毛,这个世界会是什么样子?

出山与在山

出山不比在山清

对于吴晗,何兆武在《上学记》中有一段意味深长的评价:"文革"后,清华给吴晗立了像。讲名望、社会地位或影响,梁启超大概要远远超过吴晗,为什么不给梁启超立像?要论"文革"受迫害,受迫害的人太多了,为什么专给他立像?……为什么单给他立像?或许因为政治的原因吧,不过我觉得这个标准不太适宜。

钱钟书对于吴晗也有个评价,据余英时回忆:1979年春天,中国社会科学院访问美国。抵达当晚吃自助餐,余英时与钱钟书及费孝通同席。客人们的话题自然地集中在他们几十年来亲自经历的沧桑,特别是知识分子之间的倾轧和陷害。余英时向内地的同行们问起历史学家吴晗一家的悲惨遭遇,别人说了一些前因后果之后,钱钟书突然对费孝通说:"你记得吗?吴晗在1957年'反右'时整起别人来不也一样地无情得很吗?"(大意如此)

余英时在文章中说:"回话的神情和口气明明表示出费先生正是当年的受害者之一。费先生则以一丝苦笑默认了他的话。"

后来吴晗因为《海瑞罢官》的原因,命运很是悲惨。但早年作为历史学家的吴晗，与政治并没有如此之深的瓜葛。

早年作为历史学家的吴晗为人熟知，与胡适的赏识有很大关系。多数人说到吴晗的学术生涯都会说到这一点，不能说这种观点是错的。不过，胡适的赏识，其实是吴晗自己争取来的，而且经历了相当漫长的过程。

1928年，19岁的吴晗到中国公学读书，胡适正好在那一年出任中国公学的校长。虽然胡适的办公室经常被一些热心的学生围得水泄不通——很多学生都希望胡适能为他们将来的工作谈点什么或者写推荐信，而胡适也以鼓励学生为极大的乐事——但是那时的吴晗，除了听过胡适的课，与胡适并没有太多的联系。

吴晗在那时已经表现出了对历史的热情，但也不是后来让他借以名世的明史。那时候他对汉代的历史更感兴趣。在和同学之间的讨论中，他关于曹操的观点让人耳目一新，因为在此之前说到曹操，人们多是负面的评价。

1930年，胡适辞去中国公学的校长一职，也是在那一年，选修了胡适文化史课程的吴晗完成了他关于西汉的论文《西汉经济状况》。吴晗在他的文章中对王莽给予了非常高的评价，很明显是受到了胡适的影响：早在五四时期，胡适就曾经在《新青年》上撰文，说王莽是一位"大改革家"，1928年胡适著文热情地称赞王莽，称他对中国的未来改革者具有巨大的重要性，是中国迄今为止最伟大的政治家之一。

当年在中国公学读书的吴晗一定看过胡适的文章，与其说他在《西汉经济状况》中关于王莽的观点别出心裁，倒不如说是延续和发展了胡适的观点。吴晗的这篇论文受到了胡适的赏识，胡适不但把文章推荐给他的同僚们，还推荐给了出版社。吴晗因此得到了80元的稿费。

这是个很好的契机，吴晗开始给胡适写信了。他在信中向胡适请教学问，请教的问题正是当时胡适感兴趣的佛学问题。从1930年3月19日给胡适写的第一封信起，到1932年的5月，吴晗一共给胡适写了12封信，是相当频繁的。从吴晗给胡适写的信来看，吴晗经常研究的问题，都是和胡适当时研究的问题直接有关的。

吴晗的信最初都是石沉大海，直到他开始做关于《胡应麟年谱》的研究。在胡适的帮助下，吴晗从上海到了北京，并且进入清华大学读书。也正是在这一时期，吴晗接受胡适的建议，开始专治明史。

那时的吴晗对于政治并不感兴趣。到清华没几天，就赶上"九一八"事变，刚刚去世不久的伦理学家周辅成，是吴晗当年在清华的室友。据周辅成回忆，吴晗在那时候交往比较多的是胡适、顾颉刚、蒋廷黻这些名教授，还有他少年的伙伴千家驹。千家驹是热衷政治的人，但是后者对吴晗显然没有像那些大学教授们的影响大。千家驹因为参加向政府请愿被捕，直到有人找到吴晗商量如何营救千家驹出狱，吴晗才知道他的挚友被捕的消息。

从那之后，他偶尔开始谈论一些政治话题，但是似乎也不多。

对于时局更多的愤懑是在他给胡适写的信中体现出来的。在后来的"一二·九"运动中，我们同样也看不到吴晗的身影。

1937年，吴晗已经是一位卓有声誉的明史学者。云南大学在那一年邀请他到那里去任教。而在清华属于浅资历的吴晗一直没有提升的机会，他接受了云南大学的邀请，在炮火纷飞中离开了北京。后来他的母校与北大、南开一起迁到昆明组成西南联大，吴晗再回去的时候，已经是一名举足轻重的教授了。这时的吴晗，还是一个对国民党和共产党都不感兴趣的知识分子。

转变发生在1940年，吴晗自己说："1940年以后，政治来过问我了。"在西南联大，他常常受学生的邀请去谈论一些政治问题，而他的思想也发生重大的变化。这和他的爱人袁震有很大的关系。袁震和吴晗一样，同样出身于清华，在清华，袁震不仅以美貌著称，还是一位极有才华的女子。董必武是她早年的老师。

在去西南联大任教之初，有一次在重庆吴晗在妻子的引见下见到了董必武。虽然只是一次私人的会面，但是从后来吴晗的生命轨迹来看，似乎这次私人的会面为其之后经历早就埋好了伏笔。

袁震是共产党员，虽然一度和党组织失去联系，但是她从未放弃过对共产主义的信仰。40年代之后，有几个人对吴晗起了决定性的影响。一个是周新民，一个是华岗。周新民是袁震早年同学李文宜的丈夫，公开的身份是云南大学教授，政治面貌是以国民党员身份加入的民盟，但实际上是地下党。华岗则是由董必武派到昆明开展统战工作的地下党员。

李文宜之前没有见过吴晗。她只是觉得吴晗的生活过得特别艰难,甚至没有钱治病。这种艰难的生活引发了吴晗对现实的不满。在他的课堂上,他越来越多的把历史和现实联系起来。苏双碧、王宏志在《吴晗传》中说过:"从 40 年代开始,吴晗的许多著作是古为今用的。"这种古为今用让吴晗失去了一个历史学家应该保持的价值中立,也是日后吴晗在 1949 年之后的一系列政治运动中走向悲剧命运的原因。

李文宜针对吴晗的牢骚因势利导:"整天发牢骚怎么行?你应该参加一个组织。"后来吴晗加入了民盟,但是接触的多为共产党员。

认识华岗则是周新民介绍的,吴晗还为华岗在好友费孝通那里寻到了一个云南大学社会学系的教职。吴晗则在华岗那里第一次知道"统一战线"。

这一时期的吴晗成了"民主斗士",和他一样生活贫困的闻一多是他"激进的战友"。

正是因为这一时期的经历,在新政权成立之后,吴晗被任命为北京市副市长。对此吴晗有过犹豫,并且向周恩来表明了他的推辞,但是最终没有能辞掉。《时代之子吴晗》的作者 Mary Mazur 认为:"吴晗的被任命有着象征性和实效性两方面的意义。"

之后中国大陆上演了一场场的政治运动,在 1955 年的批胡适运动中,吴晗始终没有对他早年的导师进行批判。谢泳据此评价吴晗"有过失误,有过政治迷失,但良心还在"。但是我觉得,用良心来评价政治人物并不是十分合适。因为在之后的政治运动中，吴晗对于他人的批判调门是比较高的，这只要翻翻当年的《人民日报》就可以看得出来，其中就包括对他当年老朋友费孝通的批判。显然我们也不能据此说吴晗没有良心。但是最后，他自己也落难了。

　　吴晗的后半生，身上的矛盾和冲突远远大于他的前半生。也因为如此，至今出版的为数不多关于吴晗的传记，对于吴晗的后半生都处理得比较简略，他的后半生实在太复杂了。

　　一边是学术，一边是政治，吴晗在其中挣扎摇摆。这也是那个时代的知识分子的共性之一。但是，像吴晗这样身处高位的人，则是非常少的。

　　出山不比在山清。出了山的吴晗，有多大程度上是身不由己？这是个问题。

蒋介石：总统原来是常人

一

前不久在香港与凤凰卫视的梁文道聊天，他说起童年的经历，他说童年在台湾长大，从来不知道"伟人蒋中正原来另有别名蒋介石"，直到中学时代，他到了香港，才知道，蒋介石还被人称为"魔头、军阀及独裁者"。我和文道兄有类似的经历，但是正好相反，在1998年之前，我只知道蒋介石是个对外不抵抗、对内发动内战的独裁者，却从来不知道在抗日战争中，蒋曾是个坚定的主战派，直到1998年，读到黄仁宇的《从大历史角度读〈蒋介石日记〉》。

台北中研院近代史研究所原所长吕芳上在为最近出版的《寻找真实的蒋介石》一书所写的序言中的一句话，或许正好可以解释上述的现象，吕芳上说："近代历史虽有数据宏富之利，但更有问题复杂、事多隐晦、人多在世的困扰，尤难摆脱现实政治的纠缠。"

二

杨天石先生把自己的新书取名为《寻找真实的蒋介石》，对于已经发生过的历史，"真实"殊难找寻。

以蒋介石为例，资料就繁多得令人瞠目结舌，不说别的，但就流传的蒋介石日记，就种类繁多，比如蒋的私塾先生兼秘书毛思诚模仿《曾文正公日记类抄》而编成的《蒋介石日记类抄》、蒋介石令其同乡按照分类原则摘抄而成的《困勉记》等五种，其他还有《事略稿本》、《总统蒋公大事长编初稿》、《蒋总统秘录》等等。之前的学者研究日记中的蒋介石，多是从以上引录或者摘录的文献资料出发的。2004年，蒋家后人决定把蒋介石日记手稿寄存到斯坦福大学胡佛研究院，2006年3月，这批珍贵的资料首度对公众开放。杨天石是接触到这批资料的学者之一。

不用说，杨先生的资料占有令人折服，否则面对繁复的蒋介石日记，便会顿生茫然，不知从何处下手，而《寻找真实的蒋介石》一书，所选取的都是蒋介石生命中至为重要的阶段，同时也是近现代中国历史的至为重要的大事，比如中山舰事件、软禁胡汉民事件、淞沪之战和南京之战、重庆谈判等等。因为有了新的材料，杨天石关于这些事件的论述让人耳目一新。

在蒋介石长达57年的日记中，有相当多的自我警束和自我策励的词句，这与我们通常认识的蒋介石颇有出入。问题接踵而来：日记中的蒋介石是否是历史上真实存在过的蒋介石？杨天石对此其实有相当的警醒，比如他说："研究近现代中国的历史，不看蒋日记会是很大的不足，但是，看了，什么都相信，也会上当。"而我则倾向于认为，日记中的蒋介石关于自我反省和克己修身的记载，不排除有替本身辩白、掩非饰过的趋向，更多是带有一些信仰的成分，这看蒋介石日记中关于王阳明的论述就可以更加明了，从这一点出发，就比较好理解蒋介石日记中为何有如此多的道德训诫。

三

资料表明，1923年，蒋介石曾花了相当的精力研究马克思主义学说，在当年的日记中，关于阅读马克思主义著作的记录屡屡出现。其访问苏联期间，曾有人动员蒋介石加入成立不久的共产党，蒋介石的回答是需要请示孙中山。这是以国民党左派出现的蒋介石的基础，也是蒋介石追随孙中山和共产党合作的基础。1923年，蒋介石时年37岁。

我读书至此，有一大胆猜想：蒋介石是否有加入共产党的可能？在此利用杨天石书中资料，"小心求证"一番。

1923年，国民党虽然没有统一中国，但是经过多年经营，在中国已是颇具势力的政党，而共产党则创立不久，当时的重点还着力于共产主义的传播，从力量上讲，还无法与国民党抗衡。早期的共产主义传播者也以知识分子居多，比如李大钊、陈独秀、张申府等人,当时加入共产党的人员,以年轻人居多,且大多家境较好,这也是理想主义者的基础之一。

而当年已经37岁的蒋介石,虽然也对马克思学说看到"不能悬卷"的程度,但是不得不更多地考虑现实问题。蒋介石出身盐商之家,社会地位不高,早年丧父的经历让他自幼受到土豪劣绅的歧视和压迫。这些经历,让蒋介石在做出选择的时候,不太容易单纯从理想主义的角度出发。另外,在1918年至1923年期间,蒋介石曾奉孙中山之命,与戴季陶、张静江共同参与筹备上海证券物品交易所,杨天石在书中说:"蒋介石和它发生过密切关系,它也曾给予蒋介石的生活、思想以深刻影响。"杨天石在书中分析的交易所对蒋介石的影响,如对上海商人的不满与反感、了解到中国民族资产阶级的困境以及增强了蒋介石的社会改造思想等等,这都是使他对马克思主义学说发生兴趣"左倾"的因素。不过,对于这一问题更为重要而杨书没有涉及的是,蒋介石在这一期间的生活来源,也必是在交易所支取,同时与戴季陶、张静江等人的共事,也势必加强他与国民党之间的联系。

如果在1923年之际,国民党的势力还没有发展到如是程度,或者,蒋介石还没有与国民党发生如是之深的纠葛,蒋介石是否会加入共产党?很难说。

不过,正是有了这些基础,才有了紧随其后的蒋介石苏联之行,正是在苏联,蒋介石"一个党,一个领袖"的思想得以发轫。

四

抗日战争中蒋介石的表现,我最感兴趣的是南京之战,当时围绕着南京是守还是弃,国民党内部颇有争论,就连蒋介石,也在日记中如此写道:"南京城不能守,然不能不守,对上、对下、对国、对民无以为怀矣。"杨天石说,这是蒋内心矛盾的表现。而我的不解也在这里。

南京之战,国民党几乎元气丧尽。对于这个结果,蒋介石是有预料的。早在淞沪之战开战之前,和战之争就已见端倪。议和派在国民党军方以何应钦为代表,在知识界则以知识阶层为代表。但是蒋介石力排众议:"地无分南北,年无分老幼,无论何人,皆有守土抗战之责任。"淞沪战役,国民党军方失利,在"各部死伤大半"的情势下,蒋介石依然决定长期坚守上海,之后,蒋介石曾经对此有过自我检讨,认为自己没有在九国公约会议之前及早撤兵。有了这一经验,蒋介石为何还要在南京之战中重蹈旧辙?

说南京为首都所在、总理陵墓所在,以此政治家与战略家的两难困境来解释蒋介石的选择,总让我觉得非重点所在,就像杨天石先生分析的,"突围与撤退时的严重混乱以及损失仍然是可以避免的"。

五

书中的最后一个章节描写蒋介石的家庭生活,让人觉得,总统亦是常人。这是此书的一大特色。政治人物难写，在于研究者或撰写者常把政治人物视为非同常人，一般都少用笔墨叙述其人性化的一面。

看蒋介石日记中，在宋美龄滞港不归时的"孤寂"乃至"孤苦自怜"，让人可以看到，这位"蒋大总统"的喜怒哀乐，原来与我等凡夫俗子并无不同。而"家事致曲，不宜太直、太急与太认真"、"家事以委曲求全为主，不能与普通交道并论"等，则又让人觉得这位"蒋大总统"原来也是这般人情练达。而宋美龄为蒋纬国身世以及蒋氏原配陈洁如与蒋介石产生矛盾，则让人惊讶于原来"国母"也有这般女儿态。

另外，蒋介石日记中，有不少怨天尤人的句子，对好友如戴季陶，亲属如宋子文、孔祥熙，同僚如胡汉民、孙科、李宗仁等，下属如周至柔，几乎无人没有受过他的埋怨。还真没有见过哪个领袖，一边"天理人欲"，一边怨天尤人。不过，这也是人性的表现，否则，我们大概只能看到一个呆板的蒋介石了。

最后，录一个关于蒋介石的段子，与书中《蒋介石亲自查处孔祥熙等人美金公债舞弊案》相关，虽不入正史，却足以补缺：

> 话说当年蒋介石查处孔祥熙一案，曾派了翁文灏去查。翁动身之前，蒋郑重其事地对翁文灏说："咏霓，请你辛苦一趟，到上海调查，回来时什么时候到南京，就什么时候来见我，愈快愈好。"翁文灏见到蒋介石如此坚

决表示，认为调查后一定要办一下。翁文灏到上海调查了两天，把什么都搞清楚了，回到南京时已近黄昏，打电话给蒋，问他是否接见，蒋回答他"明天再谈"。翁觉得奇怪，第二天一见面，蒋就说："我已经明白了，上海银行界向来是吃财政部的，现在庸之（孔祥熙）不让他们吃，所以他们恨庸之。"翁文灏说："我在上海调查的结果，似乎不是这么一回事……"蒋马上截断他的话："我已完全知道，你不用讲了！"竟不等翁文灏开口，就端茶送客，连"你辛苦了"一类敷衍门面的话也没有说一句。蒋对翁一向比较客气，翁从来没有碰过这样的钉子，回到行政院，气得话都说不出，停了一会，对蒋廷黻（当时的政务处长）说："不好干了，辞职，一定辞职！"蒋廷黻问他为什么事，翁讲了一遍，蒋廷黻想了一会，说："我看辞不得，要辞也要等三个月以后，事情冷下去再辞。如果现在掼纱帽，就种下了裂痕，如有人说起这件事那件事，他们会说是我们泄露出去的，他（指蒋介石）岂是能容人的？说不定会招杀身之祸！"经蒋廷黻这样一说，翁文灏的气愤被吓去了一半，不敢再喊辞职了。原来蒋介石派翁文灏去调查的时候，不知道投机操纵者是谁，所以大打官话，派翁去的同时，又派戴笠去密查，戴笠比翁文灏早回南京一天，已一五一十把内幕对蒋讲了，蒋一听牵涉到宋霭龄，这件事就绝对办不得，所以不让翁文灏开口，免得说出了反而为难。

这样的传闻，也足以证明了蒋介石的"人情练达"，但也是政治腐败的渊薮。

章乃器：在政治和经济的天平上

前不久与章立凡先生聊天，他告诉我，民建建党50周年的时候，曾经整理了一本党史，送到统战部审读时，被统战部打回，统战部的理由是：写民建党史，怎么能少了章乃器？

民建建党，章乃器是重要发起人之一，但是由于历史的原因，竟然对这个名字讳莫如深。对于今天的我们来说，章乃器更是暌违已久。

他是谁？救国会的"七君子"之一，民主建国会的主要创建者之一，1957年的著名"右派"。因为这些，人们常常以政治人物视之。

章乃器是政治人物，但不仅仅是政治人物。

翻开章乃器的人生履历，政治人物这个标签，远远不能概括他的一生。看看1997年出版的《章乃器文集》就会知道，章乃器是中国近代经济学家中少有的货币专家和理财家，也是首倡创建中国现代资金市场和资本市场的学者之一。在海外，他更是被冠以"中国资信业第一人"的称号。更少为人知的是，他还出资拍摄过两部众所周知的电影：《八千里路云和月》和《一江春水向东流》。

章乃器的一生,如何大起?又是如何大落?他是如何从一个银行家转变成政治人物?

一

章乃器一开始学经济,纯粹是误打误撞。

辛亥革命爆发之时,15岁的章乃器从学校跑出来,去当学生兵,在陆军部下属的飞行营。一年之后,南京政府被袁世凯的北洋政府取代,章乃器的军旅生涯随着动荡时局就此结束了。

父亲带他到了杭州,继续求学,他们到了杭州的时候,所有的学校都招满了,只剩下浙江甲种商业学校。

按章乃器当初的理想,是当一个发明家。受过去士大夫观念的影响,在章乃器的内心里,对于谋利的行业比较轻视,觉得商是四民之末。进入商业学校,章乃器很不情愿。

但是别无选择,不但如此,贫寒的家庭后来还无法支付他的学费,章乃器只得靠优异的成绩获取奖学金来维持学业。

4年之后,章乃器从甲种商业学校毕业,在校长周季伦的推荐下,章乃器去了浙江实业银行工作。先是实习生,然后是职员,谁也想不到,日后的章乃器会成为一个大银行家。

章乃器不甘心平淡的生活,他要到北平闯天下。

只身一人,章乃器到了北平,在通州京兆农工银行担任会计。此间,章乃器遭遇了五四运动。立凡先生说:"父亲当时的情况,就像现在农村的孩子,刚到了大城市打工的境遇是一样的。不同的是他正好赶上了国难。大时代让他特别激动,想加入到学生队伍中去,但又觉得没有资格。"

救国有心,报国无门。章乃器过着与普通职员一般的日子。

日后和章乃器成为老朋友的梁漱溟,那时候已经是北京大学的名教授。章乃器甚至没有机会见到梁漱溟。

时局动荡,城头变幻大王旗,皖系被直系取代之后,章乃器丢了在通州京兆农工银行的饭碗,为了生活,去一个美国人的银行工作了一段时间。弱国不仅没有外交,弱国的国民即使在自己的国土上也没有尊严,章乃器受不了洋人的气,干脆辞职。

举目无亲,章乃器过得很苦。

受了这一番刺激,浙江实业银行还愿意接受他,章乃器回到了上海。银行家的生涯,正在慢慢展开。

二

回到了浙江实业银行的章乃器,决心潜下心来,在专业上做些研究。白天上班,晚上自学。几年下来,章乃器对于银行业务越来越熟悉,经常给浙江实业银行提些制度改革上的建议,在银行的职位也逐渐提高。

同一时期,章乃器也开始在学术界崭露头角,经常有关于金融的文章发表在《银行周报》上,在当时,《银行周报》是上海金融界必读的报纸之一。比如章乃器阐述金融的涵义时说:"'金'是一种坚硬而固定的物质,而'融'是融化流通的意思。'金'何以能'融'?这有赖于'信用之火'的燃烧,但有时'信用之火'烧得太猛烈了,融化的金腾沸洋溢,反而要浇灭了'信用之火';跟着,融化的金也冷却而结冻了。这就是信用过度膨胀成了恐慌底现象——就是所谓资产的冻结。所以'金融'底重要意义,是要金钱融化流通,而顶顶要不得的就是呆滞冻结。"这种观点,来自于章乃器在银行的实践,又独出机杼,引得银行界人士纷纷侧目。

而在当时的上海,金融界两种势力双峰并峙,争夺对金融的控制权,一股是以汇丰、花旗等为代表的洋行,一种是以中国银行、交通银行以及浙江实业银行等南北四行为主的华商银行。

当时,在华商银行中,有一帮新锐人物,执意改革当时银行界在信用调查方面各自为政的局面,他们想把这些资源整合起来,互通有无,被认为是上海金融界的少壮派。章乃器身在其中,其他如中国银行的张禹九、祝仰辰,新华银行的孙瑞璜,上海商业储蓄银行的资耀华等等,都是后来在中国近代金融史享有大名的人物。

1932年3月,张禹九、祝仰辰和资耀华邀集章乃器、孙瑞璜、方培寿等八九位银行界精英聚会,筹划一个合作信用调查机关的组织。经过几度磋商,产生了一个学术团体——中国兴信社。中国兴信社的目标,就是研究信用调查的方法,促进信用调查的技术,交换信用调查的资料。资耀华后来回忆说:"章乃器当时勇气很大,说我们银行也要革命,不能老是墨守成规。"

但是,正如资耀华当时所讲:"我们都不是银行的当权者,有此主张,而无此财力,等于纸上谈兵。"

像是天意,一个机会出现在这帮年轻人的面前。

30年代初期,天津有个协和贸易公司,其开办人是段祺瑞的女婿,由于有官方的背景,排场又做得很大,各大银行争相贷款给段的女婿。不料协和贸易公司经营不善,忽然有一天倒闭,竟然拖累几家银行随之倒闭。

经此事件,银行界的大佬们觉得成立一个共同经营的征信机构非常必要,章乃器、资耀华又利用时机大声疾呼,中国征信所应运而生。

1932年6月6日,由12家银行共同出资,在上海香港路4号银行公会会址内,正式成立了全国第一家中国人办的信用调查机构——中国征信所。其创办计划书称:"中国征信所专负调剂工商金融之使命,藉对于报告市场消息,促进工商信用,略有贡献;其主要业务为:报告市场实况;受会员或外界委托,调查工厂商店及个人身家事业之财产信用状况,于最短时间内将调查结果报告给委托者。"

章乃器以浙江实业银行副总经理的身份,出任中国征信所的董事长。

三

中国征信所的调查方式有两种，一种是会员制，成员银行每年交一定的会费，每天会收到征信所的情报，另一种是专项调查，这种是收费的。这些收入，就成了维持征信所发展的资金。

一整套的调查制度被建立起来，征信所还发起创办了一份日报，每天及时地送到成员银行那里。

几个月内，征信所已经蒸蒸日上，会员银行从原来的12家增加到18家，囊括了几乎所有重要的华资民营银行和官办银行。

一年之后，外国银行也纷纷加入。1935年，一家外国纸商代理行在投机活动中失败，但仍隐瞒真情，继续接受商号订货，收取定金，并向银行贷款。后经中国征信所调查，获知已拖欠贷款达40万元，即将此情况向会员通报，代理行的借贷最终没有成功，一场危机，被消弭于无形。

中国征信所的影响越来越大，章乃器的社会影响也越来越大。立凡先生对我说："虽然说父亲是浙江实业银行的副总经理，但是他的社会影响主要是因为做中国征信所。"

在创办中国征信所之前，章乃器办过一份杂志，叫《新评论》，从写稿、编辑到出版、发行，都是一个人。1929年，《新评论》被查禁了。章乃器想通过办杂志的方式，发表自己的意见，与闻国事。

四

创办中国征信所之后,章乃器与闻国事的途径多了起来:1935年与宋庆龄、沈钧儒等组织救国会,主张停止内战,一致抗日,并因此被捕入狱,成为著名的"七君子"之一;在此之前的30年代初期,上海的中共地下党组织在白色恐怖下遭到严重的破坏,章乃器的三弟章秋阳(中共秘密党员)便通过他把与组织失去联系的中共党员安排到中国征信所,骆耕漠就是在那个时期进入中国征信所的。

蒋介石开始注意到章乃器了。他希望能把章乃器拉入到国民党的阵营中去。

蒋介石习惯先礼后兵,救国会成立之前,蒋召见沈钧儒、李公朴和章乃器。吃的是西餐,陈布雷作陪。

道不同不相为谋,"七君子"和蒋介石走不到一条道路上去。

蒋介石开始出手。上海市市长吴铁城找到浙江实业银行总经理李铭,要银行辞退章乃器。李铭告知吴铁城,章乃器在银行工作非常出色,至于职务之外的事,银行不好干涉,找不到什么借口辞退。

吴铁城以辞退相要挟,李铭无奈之下,只好找到章乃器,提出由银行出资送章出国留学,薪水照发。

天上掉下个林妹妹。可章乃器不为所动,他想的不是个人进退,而是国家兴亡。一两个小时之内,章乃器办完了辞职手续,辞去上海浙江实业银行副总经理的职务。

在中国征信所,章乃器是代表浙江实业银行担任董事长的,离开了银行,董事长也就不能再担任。章乃器推荐了中国银行祝仰辰继任。

不料,祝继任之后,随即违背事前向章乃器承诺的"方针、政策不变和重要人事不变"两个条件,宣布解聘骆耕漠。在征信所内部,一场罢工风潮由此引燃。本来每天早晨,征信所都会按时把搜集的每日情报送到银行经理们的办公桌,但是第二天,银行经理们收到的却是工人们的罢工宣言,要求罢撤祝仰辰。

征信所一时无法运转。当时,宋子文刚刚取代张公权出任中国银行董事长。宋找到章乃器,说已决定撤回祝仰辰,让章继续推荐人选并说服工人复工。章推荐了新华银行的孙瑞璜。

孙上任之后,萧规曹随,一场罢工风潮才由此偃旗息鼓。

但章乃器与政治越来越紧密,在他的人生履历上,此时,政治和经济所占的比重开始平分秋色。而在此后他后半生的人生天平上,政治的砝码正在逐渐加重。

1937年,章乃器受李宗仁之邀,出任安徽省财政厅厅长。章乃器出山了。战时的安徽财政完全是个烂摊子:贪污、浪费再加上战争,情况可想而知。同时安徽也是复杂的地方,桂系、CC派、地方实力派,明争暗斗,相互倾轧。章乃器迎难而上,竟然把安徽财政搞得风生水起。

章乃器的成绩让另外两派惴惴不安,就向蒋介石暗自告状,列举章乃器的"若干罪状"。老蒋也觉得,将章乃器这样的人物留在桂系统治下的安徽,并非长久之计。

1938年章乃器到武汉,蒋介石召见他,提出要章留在中央工作。章乃器以"安徽事务恐难摆脱"为由婉拒。

一场针对章乃器的"围攻"开始了:先是陈诚约章乃器吃饭,给他一份厚厚的三青团的印刷品,要章"在团中央帮忙";然后是孔祥熙,请章"在工业合作社负责";接着是陈立夫,到章下榻的旅馆去,邀章"加入国民党"……

章乃器一时无法招架,只好找李宗仁求救。

蒋介石哪里是肯善罢甘休的人物?1939年4月,蒋介石致电章乃器,要章"赴渝述职",到了重庆,蒋介石没有露面,章乃器却接到了"免职另候任用"的命令。

之后蒋介石几次想起用章乃器,但是章乃器却再也没有做过国民党的官。

五

章乃器一生,有四次为坚持自己的政治主张而放弃个人名位事业。第一次,是因参与救国会,辞去中国征信所董事长一职;第二次,是在1941年因反对《日苏中立条约》,退出了救国会。因为退出救国会,章乃器没有参与民盟的筹建。但是民盟的前身"统一建国同志会"的章程,章乃器是起草者之一,这些章程,在日后章乃器参与筹建"民主建国会"时，在其政纲性文件中得到了延续。

而筹建"民主建国会"，则与章乃器在安徽卸任财政厅长之后的实业家生涯息息相关。

1940年6月，章乃器与陈光甫合作，创办了上川实业公司，设有酒精厂、手摇发电机厂、机器厂、畜牧场等，由章任总经理，获利甚多。后因与上海银行在经营方针上发生分歧，章乃器于1944年4月另组上川企业公司，并成为这家公司最大的股东和总经理。上川企业公司也以从事工业投资为宗旨，但由于抗战后期通货膨胀，币值和物价不稳定，有一段时期一直经营土产运销和进出口业务。抗战胜利后，该公司迁往上海，在重庆、兰州、西安、香港、台湾、东北、汉口均设有办事处。

章乃器在自办工商业的同时，更致力于实现其工业化的理想。当时工业界人士为了争取民族工业的生存和发展，先后组织了"迁川工厂联合会"、"全国工业协会"、"国货厂商联合会"、"西南实业协会"、"战时生产促进会"等5个工业团体。章乃器曾任迁川工厂联合会执行委员、常务理事等职，以后又陆续担任国货厂商联合会理事、全国工业协会中外技术合作委员会委员等职，同时，他也是重庆工商界"星五聚餐会"的活跃人物。

"父亲和胡厥文、黄炎培、胡子婴等人的联系，都是在这之后发生的。"立凡先生告诉我说。

据吴羹梅回忆："在迁川联合会里，我们有一个以章乃器为首的朋友小集团，章乃器在当时的工商界威信较高。他思维敏捷，社交能力强，能言善辩，而且对当时的政治经济情况比较了解，主意也多，吸引了一批人。"

他们"几乎每个星期都在冠生园或章乃器的家中聚餐。席间，大家交流一下各厂的情况和有关信息，当时的政治、经济形势，迁川工厂联合会的工作，以及为碰到困难的厂家出主意想办法。大家边吃边谈，气氛又融洽又活跃。……那时，许多有关工商界的新主意、新办法都是在这个小聚会中酝酿的，如设立新兵服务社，成立中国工业经济研究所，倡议增值转资，简化稽征办法等等。"

"味精大王"吴蕴初（全国工业协会理事长）、亚浦尔灯泡厂经理胡西园（全国工业协会理事）、陈蝶仙家庭工业社代理人庄茂如、冠生园冼冠生的助手徐佩熔、申新纱厂副厂长厉无咎、京华印书馆的沈云峰、重庆轮渡公司的张澍霖、中国标准铅笔厂总经理吴羹梅都是这个小集团的主要成员。"双十协定"签订之后，周恩来还曾经应邀到"星五聚餐会"演讲过。

在周恩来到"星五聚餐会"演讲之前，章乃器在西北考察的途中，得知日本无条件投降的消息，迅速返回重庆，与黄炎培、胡厥文等人多次会商，决定发起民建，这也是中国第一个以民族工商业家和知识分子为主体的政治团体。

民建的成立宣言、政纲、组织原则以及章程，由章乃器起草，然后与黄、胡等人反复讨论后定稿。

1945年12月16日,民建在重庆白象街西南实业大厦举行成立大会。章乃器在大会上说:

"兄弟服务社会30年,其中20年谨守岗位,埋头苦干,谨守岗位的结果,其失望是和大家一样的。于是觉悟到守岗位并不是守岗笼,守岗位必须高瞻远瞩,还须是带千里镜听收音机,才能守得住岗位,所以觉到必须组织起来,与闻国家大事。这是一点。第二、要和平统一,必须民主,国共两党,仇恨太深,必须第三者组织起来,团结起来,以公正之态度做和平统一的基础才行。第三、有很多外国友人忧心中国国事,关心中国团结问题,可惜我们没有一个真正代表人民的公意,能给他们得到一测验的标准。第四、现在贪污横行,行政效率低落,假如人民不站起来,即无法肃清贪污,提高效率。要人民有权,才能使政府有能,政治才能上轨道。所以政治清明,就须要我们有一种组织。"

在这次大会上,章乃器当选为民主建国会理事。1946年1月8日,民建假座西南实业大厦举行茶会,到会政协代表、各界人士及新闻记者共110余人。应邀出席的各党派政协代表有:中共的董必武、王若飞、陆定一;国民党的邵力子;民主同盟的罗隆基、章伯钧、张东荪、张申府、梁漱溟;青年党的陈启天、杨永浚、常乃德;无党派代表王云五、胡霖、郭沫若、钱永铭、缪云台、李烛尘等。于右任、马寅初、陶行知、褚辅成、王昆仑、阎宝航、陈铭德、蒋匀田等各界知名人士也出席茶会。

章乃器代表大会向与会人士宣布了民建向政治协商会议提供

的初步意见。章乃器要求代表们"抱必成的决心,死生以之,以求无负于全国人民的期望"。

自这次招待会起,民主建国会正式登上了中国的政治舞台。

一部民建史,怎么能少了章乃器?

六

在筹备民建的过程中,章乃器执掌的企业的资金也在不断积累。

由左翼电影人筹建的联华影艺社找上了章乃器。章乃器与左翼电影人早有渊源:1936 年 5 月,由 176 名文化界人士联名发表的《中国文化界为争取演剧自由宣言》中,章乃器列名其中,与章乃器同列名单的有田汉、欧阳予倩、洪深、阳翰笙等人。

据参与筹划发起联华影艺社的任宗德先生回忆,1945 年 8 月日本投降后,周恩来曾指示阳翰笙"在上海建立一家电影制片厂,作为党在上海、在国统区的文艺阵地"。第二年,各路人马纷纷回到光复后的上海,3、4 月间,在爱棠新村任宗德家中,由阳翰笙主持,袁庶华、史东山、蔡楚生、蔡叔厚、任宗德等一起商议筹组联华影艺社。

袁庶华是章乃器在上川公司时期的老部下,他提议邀请章乃器参加,便马上得到了众人的响应。

1946 年 6 月,联华影艺社成立,章乃器被推为总召集人,准备拍摄故事片《八千里路云和月》和《一江春水向东流》。

第一笔制作经费十万美元，由章乃器、任宗德和夏云瑚三人分担。任宗德回忆说："其中，章先生出资最多，我次之，夏云瑚最少。""凡有重大事务，由章乃器召集有关人员商议决定。实际上，起决定作用的是阳翰笙、袁庶华和蔡叔厚。而在艺术创作方面，则由阳翰笙、史东山、蔡楚生、郑君里、陈鲤庭、徐韬和王为一等人负责。那时，章乃器和我对经营电影业都完全是外行，阳翰笙、孟君谋、夏云瑚等内行权威人物说怎么办我们就怎样办……"

由于资金紧张，两片的制作十分艰苦。拍摄《八千里路云和月》用的是一台老式法国"拜尔豪"单眼摄影机，每换一个镜头，就得拆下来调试一次；而拍摄《一江春水向东流》上集结尾的暴风雨场景时，不得不抽用污水喷洒，搞得演员苦不堪言。

电影是个需要不断投入的事业，耗资的巨大几乎吃光了章乃器所有的流动资金，章乃器不得不去四处调集。据说他解决燃眉之急的方法就是找老朋友吴蕴初帮忙，"味精大王"照例会给他一张产品提货单，倒手就可变出现金来办事。

章乃器虽号称"战时理财专家"，毕竟在电影投资上是新手；而导演为追求艺术效果造成的制作期延宕和成本加大，也不是事先可以预料的。《八千里路云和月》公映后，理论上虽可回收部分投资，但在结算周期上却缓不济急。

《八千里路云和月》和《一江春水向东流》，是中国影坛批判现实主义电影的扛鼎之作，也永远奠定了史东山、蔡楚生在中国电影史上无可争议的大师地位。但对于电影投资人来说，回收投资难才是他们最大困扰。立凡先生告诉我，他曾查到上川公司协理黄玠然等给章乃器的数十封商业信函，多处谈及与昆仑公司往返交涉、仍拖付欠款的经过，上川董事会"对于电影款项，对方历次失信，甚为不快"。

章乃器决定退出。任宗德晚年回忆当时的情形说：

"作为总召集人的章乃器先生日渐感到自己在创作、管理尤其是在经济上都作不了主，也不及时向他通报有关情况，愈来愈对联华影艺社的状况不满意。1947年2月，《八千里路云和月》完成上映，《一江春水向东流》也拍摄了一半，但所投入的十万美元资金已全部用完，联华影艺社面临着拍摄经费的巨大缺口。此时，虽然《八千里路云和月》一炮打响，受到好评，但是章乃器先生还是坚决地表示了退出联华影艺社的态度。章先生退出的理由有二：一是影片的摄制预算、成本、开支控制不住，随意开销，难以经营；二是夏云瑚不好相处，难以共事……"

立凡先生告诉我，在父亲的晚年曾经对他说："我那时对电影制作是外行，完全是凭着一股热情而投入，这里面水有多深是不清楚的。后来不得不中途退出了……"

七

1948年是章乃器的人生巅峰。

那一年,章乃器在香港创办的港九地产公司欣欣向荣。当时的香港,还不似今天这般,据当时经常往返于港沪之间的任宗德回忆:

当时许多从上海甚至从广州到香港去的人,还看不上香港。后来,在香港做房地产生意的章乃器先生劝我在港购置房屋,我也没有答应。我当时在章先生处存有20万港币,他说可以由他出面为我购置几幢六层大楼,我考虑到我在香港人事关系不算深广,不如在上海容易发展事业,更想到民主、光明的新中国即将来临,所以没有接受他的建议。

但章乃器对香港的发展看得比较远,据徐铸成回忆:"他曾经和我谈过,香港的市面必定日趋繁荣,地产的总趋势,必定日益看涨。当时,由于国内局势的急转直下,香港很多人对前途是消极观望的,而今天拥有大量地产的企业家,当时还远未露出头角。"

章乃器同样向往"民主、光明的新中国即将来临",当他在香港接到中共中央的秘密邀请之时,他毫不犹豫地放弃了自己在香港的事业。

新中国成立,章乃器出任粮食部长。但是好景不长,1957年很快就到来了。

章立凡不愿意再提那段岁月,"伤心"。

那一年，章立凡刚满7岁，他生平第一次在大庭广众之下讲话，内容却是：右派分子章乃器虽然是我父亲，但是我还是要反对他，跟他划清界限。

7岁的他从那以后身份上多了一个烙印。上到中学，学英语学到"Capitalist"（资本家）一词，同学中有人发明了一个新词"Capitalist' Son"（资本家之子），不消说，这个称号是属于章立凡的。

章乃器的日子更不好过。毛泽东点了他的名："右派的老祖宗就是章伯钧、罗隆基、章乃器。""现在有些右派死不投降，像罗隆基、章乃器就是死不投降。我看还要说服他，说几次，他硬是不服，你还能天天同他开会呀？一部分死硬派，他永远不肯改，那也就算了。他们人数很少，摆到那里，摆他几十年，听他怎么办。"

在那个年代，最高领袖发了这样的话，那还了得？

章乃器被"摆"在了一边。到了"文革"，光"摆"着已经不行了。章乃器开始遭受批斗。

但章乃器架子不倒。有一次，章诒和见到章乃器，问他：怎么穿得还是一副首长的样子？

章乃器回答：这是人的样子。

章立凡也记得，有一天父亲见到他的衣服破旧了，从箱底里翻出一套浅米色的生毛料中山服说："人要像个人的样子。这套衣服是当年刘鸿生送我的，把它穿上吧。"

行文至此，忽然想起徐铸成说到章乃器时的一段话：我忽发奇想，假使章乃器一直（留在香港）不走，以经济之长才，如炬之目光，孜孜为利，或者还可以取得政治上的方便，那么，他可能已是亿万富翁，车马盈门，安享清福了。而现在……不必谈了。

是呵，不必谈了……

傅泾波：站在司徒雷登身边的人

一

在燕京，傅泾波是个谜一般的人物，司徒雷登在《在华五十年》一书中这样写道"傅泾波之于我，就像我的儿子、同伴、秘书和联络官。"[①] 旅加拿大学者林孟熹则这样说："傅泾波是对司徒一生最具影响力的人，也是对司徒帮助最大的人。不理解傅泾波就无法理解司徒……"[②]

1918年，年仅18岁的傅泾波陪同信仰上帝的父亲傅瑞卿，到天津参加了在那里召开的全国基督教青年大会。也是在那次大会上，尚在南京金陵神学院任教的司徒雷登受邀在大会上做了演讲，在他演讲完毕后，司徒雷登看到了他早就熟识的傅瑞卿。在此之前，对司徒雷登钦佩有加的傅瑞卿曾经请求司徒雷登在有机

---

① 司徒雷登：《在华五十年》。转引自《司徒雷登与中国政局》，林孟熹著，新华出版社2002年版。

② 林孟熹：《司徒雷登与中国政局》，新华出版社2002年版。

会的时候多指教他的儿子。司徒雷登走下台来,注意到了傅瑞卿身边的这个年轻人,并且跟他握手。司徒雷登大概没有想到,他精辟的讲演、高雅的风采,特别是他所散发出的难以形容的人格光辉深深地吸引了这个18岁的青年。傅泾波的长女傅铎若事后在回忆父亲的文章中写道:"这次与司徒之初聚后,竟成了我父的人生里程碑,成了他生活道路的新起点。"① 确实,在那次相遇之后,傅泾波和司徒雷登有了几次会面,然后,在随后的几十年里,两个人的命运紧紧地连在了一起。

在与司徒雷登相遇的那一年,傅泾波正在北京大学读书,任侠好客的傅泾波身上颇有一些五陵少年"交结五都雄"的气质,当时学校里活跃人物大多与他来往频繁,其中就包括近现代史上大大有名的胡适、陈独秀和李大钊,至于校长蔡元培,那更是父亲傅瑞卿的老朋友。由于父亲的关系,傅泾波很早就和基督教有所接触,并且每周都参加北京青年会查经班的聚会。不过当时的傅泾波只是把基督教当作几种主要思潮之一加以比较。有时他参加完查经班,就带着心中的疑问去请教胡适和陈独秀。胡陈两人后来的立场虽然不同,但是在这一点上却是一致的,就是不赞成傅泾波参加宗教活动。胡建议他多读杜威的书,陈则斥宗教为灵魂的鸦片烟。而傅泾波和在当时被视为激进派的李大钊的来往,

---

① 傅铎若:《傅泾波》,载于《燕京大学人物志》(第一辑),燕京研究院编,北京大学出版社2001年版。

则让他的父亲感到担忧,为此还专门拜访了北大校长蔡元培。不过傅泾波的交往远远不只如此,留法派先驱李石曾与他有世交之谊,另一位留法派先驱吴稚晖也是他的朋友,在他的朋友当中,还有当时尚未步入政坛的山西巨富孔祥熙、左翼文学家瞿秋白以及南开中学的周恩来。他甚至还通过溥仪的英籍老师庄士敦,去谒见过当时仍受民国政府优待住在故宫里面的逊位皇帝。

傅泾波当时的思想状况可以说是在唯物主义和基督思想之间摇摆的,因为除了热心参加基督教的活动,他还参加马克思主义信仰者每周一、三、五晚上在北大举行的鼓吹暴力革命和唯物论的聚会。[1] 事后,傅泾波这样回忆他那段时期的经历:"我有很多机会成为共产党人,但是我拒绝像他们那样,因为我深受美国个人主义以及基督教导的影响。我不可能成为一个革命者,因为我信奉非暴力。"[2]

二

不过,这种思想上短暂的摇摆在1920年傅泾波转入燕京大学之后就结束了。在燕京大学,傅泾波并不是一个简单的学生,他一边读书,一边帮助司徒雷登工作。晚饭后的时分,傅泾波经常

---

[1] 林孟熹:《司徒雷登与中国政局》,新华出版社2002年版。
[2] 林孟熹:《傅泾波生平纪年》,引自《纪念傅泾波先生座谈会资料汇编》。

和司徒雷登一起聊天，有时司徒的母亲和妻子也参与其中。无论是关于工作或者是生活琐事，司徒的每一句话、每一个行为和决定都是那样符合基督的教导，就好像专门阐释基督教义一般。这种言传身教无疑给了傅泾波巨大的影响。1922年，傅泾波在司徒雷登的家人面前接受了司徒雷登为他进行的洗礼，成了一个皈依上帝的基督徒。傅泾波曾经这样叙述司徒雷登给他的印象："他给予我的印象仿佛他本人就是基督的化身。他在各方面都吸引了我。他对我十分仁慈。而我对他的爱也超过了对我的亲生父亲。我从未与司徒一家一道去过教堂，但是他的榜样却唤醒了我应该成为一个基督徒，而不要再无目的地在周围游移。"①

傅泾波转入燕京大学到底和司徒雷登有多大关联，现在还不好推测。不过，司徒雷登初到北京上任，人生地疏，无疑需要一个人际关系极为熟络的人作为助手。而因为司徒雷登人格魅力的吸引，傅泾波在这方面显示他非凡的热心和能力，为了帮助司徒雷登迅速地打开教育界的局面，1920年，傅泾波为司徒雷登在崇文门内盔甲厂（燕京大学迁址燕园之前的旧址）的住宅内，安排了12人参加的晚宴，出席者包括蔡元培、蒋梦麟、周贻春……当时最负盛名的学者和一流大学的校长，这令司徒雷登惊喜不已。

---

① 傅泾波与Philip West 1972年的谈话录音，见Philip West所著《燕京大学与中西关系》（英文版）。中文转引自《司徒雷登与中国政局》，林孟熹著，新华出版社2002年版。

司徒雷登觉得傅泾波"好像从他那世代都是高官的祖先那里继承了一种政治上的才智，他生来就有一种通晓官场心理学的本能"。①

这种发现让司徒雷登对傅泾波青眼有加，在那次聚会之后不久，司徒雷登跟傅泾波说起，他最大的心愿就是把燕京大学办成一所中国化的大学，一所生根于中国、为中国服务、有中国人管理和支持的大学，而不是沿袭传统教会大学的模式。司徒雷登进而说，达到这个目标的唯一途径就是要和中国社会沟通，这样他们自然乐于拿出精神和物质来支持，然而，他对于如何办好一所大学以及争取美国方面的支持都有相当的把握，但是他不知道怎么样去和中国社会沟通。但是这个工作又必须进行。司徒雷登说完这一切，问在他面前安静倾听的傅泾波："你是否愿意帮助我从事这项工作？"傅泾波一时间不知道怎么回答。几天后傅泾波决定答应司徒雷登，但是有三个条件：（一）除差旅费外不接受任何薪酬；（二）不参与燕京大学的任何校内事务；（三）只对司徒一个人负责。②

自此，傅泾波的"生活道路的新起点"开始了。

---

① 司徒雷登：《在华五十年》，转引自《司徒雷登与中国政局》，林孟熹著，新华出版社2002年版。
② 林孟熹：《司徒雷登与中国政局》，新华出版社2002年版。

三

就像司徒雷登深深地影响了傅泾波一样,傅泾波也深深地影响了司徒雷登。在傅泾波的影响下,司徒雷登在中国社会中成为了一个中国通。从他出掌燕京到他出任大使的27年间,司徒雷登成功地把燕京大学办成了一所一流的中国化的教会大学。傅泾波在这个过程中究竟起了多大作用?根据现有的资料还不好定论,不过这个过程与傅泾波关联甚深则毫无疑问。但是在这个过程中傅泾波的身份颇为尴尬:他从来不是燕京大学的正式职员,与其说他在为燕京大学工作,倒不如说他在为司徒雷登工作更为贴切。这大概也是关于他资料甚少的原因之一。

这个问题在司徒雷登担任燕京大学教务长的时期还不算大,虽然"司徒雷登就了解燕大有相当一部分教职员对傅抱有成见,不欢迎他介入燕大的事务",[1]但是由于司徒雷登在燕大的位置和威望,傅泾波的工作并没有受到影响。然而到了1946年司徒雷登出任驻华大使的时候,如何安排傅泾波则成了难题:他此时更加需要傅泾波的帮助,但是根据安全守则,傅泾波作为一个普通中国人不能居身使馆之内。不过他们之间这种亦师亦友、情同父子的友谊得到了马歇尔的理解,最后还是马歇尔给傅泾波想出了"司

---

[1] 何迪:《悼傅泾波老人》,载于《燕大文史资料》(第七辑),燕大文史资料委员会编,北京大学出版社1993年版。

徒雷登的私人顾问"的头衔，让傅泾波可以跻身美国大使馆内并住在司徒雷登的邻室。

四

短暂的大使生涯让司徒雷登心力交瘁，随着南京的解放以及美国对华政策的彻底失败，1949年8月2日，司徒雷登不得不踏上回美国的飞机，与他随行的，还有傅泾波一家人。在司徒雷登炙手可热的时候，傅泾波曾经有很多机会得到更好的工作，但是他没有离开司徒雷登，因此还受到一些人的猜疑。现在，所有的猜疑都不攻自破。司徒雷登在美国中风以后，傅泾波，这个中国王公的后代，像个儿子一般服侍在司徒雷登的身边。据傅泾波的女儿傅海澜回忆："我父母对司徒雷登完全像父亲一样看待，我们几个孩子一直用英文叫他'Grandpa（爷爷）……'""司徒雷登最感谢的是他的中国儿媳、我的母亲刘倬汉。"[1]

至于日常生活，大概可以由司徒雷登的学生徐英关于司徒过生日的一个回忆推测出来："过生日时，司徒本人并不紧张。他坐在一张红绒椅子上接见来宾。那时他行动已不方便，要借助于助行机行走，上下楼梯时，全是由傅泾波扶持。他每天食量甚微，

---

[1] 王如君：《司徒雷登的晚年生活》，原载《环球时报》，2002年8月12日，转引自燕京大学校友校史编写委员会所编《燕京大学校长司徒雷登》。

但样数不少,而且用刀用叉也不马虎,傅泾波夫妇像侍奉亲人一样奉养他,事事想得周到,做得也尽心尽力。他的寝室和傅泾波的相连,并有一门相通,二人同起同睡,他可以充分安适的静养。"①

1962年9月在司徒雷登临终之前,他给傅泾波留下了两个遗愿:一是将当年周恩来送他的一只明代彩绘花瓶送还中国;二是将他的骨灰送回中国,安葬在燕京大学的校园内。② 为了在有生之年完成司徒雷登的嘱托,傅泾波曾多次向中国驻美大使馆陈述司徒雷登的遗愿。1986年,他找到中国驻美大使韩叙,托韩将两封信带回国转交有关方面,其中有一封信是直接写给邓小平的,信中再次提到了司徒雷登的遗愿。③ 今年三月份,曾经在中国驻美使馆工作的国仲元(国先生因为花瓶归还一事与傅泾波相识相交,并且与傅家保持联系至今)先生回国,跟我谈起他和傅泾波的交往时说道:"他对于司徒的尊重,完全是中国传统的体现,他表现出来的那种君子之风,在现在不容易看到了。"

---

① 徐英:《司徒雷登返美以后》,引自燕京大学校友校史编写委员会所编《燕京大学校长司徒雷登》。
② 林孟熹:《司徒雷登与中国政局》,新华出版社2002年版。
③ 郝平:《傅泾波与中共的关系》,引自《纪念傅泾波先生座谈会资料汇编》。

五

由于傅泾波和司徒雷登的事业紧密地联系在了一起，他一生的经历极其复杂，各个时期不同营垒的政坛重要人物包括北洋军阀、伪满、民国政府、中共、汪伪政权等等，他都有过来往。这让他成了研究近代史的一个非常重要的人物，1986年3月，中国社科院委托何迪前往华盛顿帮助傅泾波整理他的口述历史。傅泾波再次把司徒雷登推向了台前：他说自己的一生没什么好讲的，它已经和司徒的一生紧紧地连在一起，当叙述完司徒的历史活动后，自己也就隐没其中了。于是，何迪在征得老人的同意后，把他的口述历史题名为《我与司徒雷登》。[①] 不知什么原因，这部口述历史最终并没有完成。由于他身份的特殊性，关于傅泾波的资料保留下来的极少极少，这让他成了一个谜一样的人物。

2004年4月，纪念傅泾波先生座谈会在北大未名湖临湖轩举行，这里曾经是司徒雷登居所。在座谈会上，北大副校长、学者郝平提出了傅泾波与中共具有极其微妙而密切的关系，主要根据大致是：（一）1949年4月，解放军即将发动渡江战役，为了安全起见，美国驻华使馆大部分工作人员和家眷都撤离南京，人们也劝司徒雷登撤到广州，但是傅泾波却极力反对，他和司徒雷登都

---

① 何迪：《悼傅泾波老人》，载于《燕大文史资料》（第七辑），燕大文史资料委员会编，北京大学出版社1993年版。

认为,一旦南京失守,他们就有机会在近距离和共产党接触,讨论中美关系。解放军占领南京之后,傅泾波马上代表司徒雷登拜访了中共派驻南京的外事主任黄华。而黄华又是周恩来点名派到南京并且允许和司徒雷登进行私人接触。(二)中美关系解冻后的1972年,为了解中国的情况,美国政府组织了一批学者和社会活动家到中国访问。傅泾波的小女儿傅海澜也是访华团成员。临行前,傅泾波将他写给周恩来的一封信托女儿带到中国,傅在信中表达了他对中美之间开始重新对话的祝贺和欣喜,并表达了想回国看看的愿望。收到信后,周恩来即向傅泾波发出秘密邀请。1973年,傅泾波在离国24年后回国,在北京住了10个月。当时正是"文革"时期,如果没有与中共的特殊关系,即使作为中共的客人,也不可能在北京一住就是10个月。(三)傅泾波在美国去世后,中国驻美大使韩叙、侨务参赞陈启道和大使馆海陆空三军武官,以及新华社驻美分社社长等人都前往悼念,并且参加了他的追悼会。这是中共在海外给予一位党外人士的最高礼遇。[①]

傅泾波是个谜团,谁知道他的谜有多少?

[①] 郝平:《傅泾波与中共的关系》,引自《纪念傅泾波先生座谈会资料汇编》。

大公报四巨头

在我们这个古老的国度中,是很重视五年、十年、百年这些纪念日的。北大百年的时候,轰轰烈烈的活动自不必说,单是坊间出版的书籍就多不胜数,清华的百年还没有到,关于清华的书籍就开始一窝蜂地出版了,估计到清华百年的时候更会有许多好书付之梨枣。今年(2002年)6月17日是大公报创刊的百年纪念日,但是奇怪的是纪念活动既不热烈,也不轰动,坊间出版的书籍,限于我能看到的,仅有曾任大公报主编的王芸生的哲嗣王芝琛先生编著的两本书,一本是《百年沧桑——王芸生与大公报》,另一本是《1949年以前的大公报》。

说起大公报,有几位先贤不可不提,那就是创始人英敛之、新记公司的创业者吴鼎昌、胡政之、张季鸾以及后继者王芸生。

英敛之(1867—1926),名华,字敛之,又号安蹇,满洲正红旗人,生于北京。20岁左右由习武转为学文,受今古群书影响,愤世嫉俗,尤其痛恨那些"奸贪误国,豪暴虐民"的达官贵人,矢志终身不做官。

1901年4月,英敛之在天津开始与人筹划创办报纸。至1902年6月17日创刊,这便是大公报。在大公报创刊号上,英敛之发表了署名文章《大公报序》,说明办报宗旨。文章说:"报之宗旨,在开风气,牖民智;挹彼欧西学术,启我同胞聪明。"在创刊第二天的《大公报出版弁言》又明确表示:"本报但循泰东西报馆公例,知无不言。以大公之心,发折中之论;献可替否,扬正抑邪,非以挟私挟嫌之事;知我罪我,在所不计。"随后的大公报宣传君主立宪,反对共和革命(但同时反对残害革命党人),倡导社会改革,确立了大公报"敢言"的特色,其论说无论正确与否,但是表明了一家报纸的政治态度和思想观点。可以说,以后以"文人论政"为特色的新记大公报,从这里便露出端倪。辛亥革命以后,袁世凯当上了临时大总统,英敛之办报的兴趣随之减弱。1912年2月23日大公报实行改版,改为以中华民国年号纪年,英敛之便退出了大公报。此后隐居香山。1925年与马相伯成立公教大学(辅仁大学前身)并担任校长。1926年1月10日去世,享年59岁。

吴鼎昌(1884—1950),字达铨,笔名前溪。生于四川华阳(今成都),原籍浙江吴兴。在介入大公报以前,我们可以说吴的兴趣是集中在从政上,即使在1926年9月1日,他出资5万元与胡政之、张季鸾以新记公司续办大公报的时候,吴也没有失去从政的兴趣。但是过去那个时代的人真是有意思,干什么就讲干什么的规则,所以当吴与胡、张二人一起接手大公报以后,就把心思转移到办报上来了。当时吴鼎昌是董事长兼社长,应该说权力是非常大的,但是吴这个社长好像并没有什么权力。在他与胡、张的约定中就有这样一条:"吴任社长,但一切用人行政都由胡政之主持,吴不加干涉。胡的名义是总经理兼副总编辑,张则任总编辑兼副总经理。吴只是帮助写社评,言论方针由张掌握。"那么吴鼎昌做什么呢,吴只管白报纸的订购,这个在今天看起来对于办报无足轻重的活计,吴津津有味地干了9年,直到1935年被蒋介石任命为实业部长。吴上任以前,在大公报上刊登了一条启事,声明辞去大公报的社长职务,过去的人们好像对于做官有一种看法,以为做了官就不能做别的事情了。不是说做官有多么不好,而是怕做官以后再做不好别的事情。现在这种情形恰恰是颠倒过来了,好像一个人一旦做了官,就仿佛什么都能做好似的。其实并不是这个样子的。

至今我没有发现有史料说吴鼎昌在做官以后撤回了最初的5万元的投资,但是吴做官之后便不再过问大公报的社务倒是一个事实。有些人在论及吴鼎昌时说吴鼎昌办大公报是作为从政的资本,但是在这一点上,我们可以说吴或许有那样的初衷,但是同时吴确实想办一份成功的报纸。因为如果不是这样的话,吴完全可以在任实业部长以后把最初的资金收回。从吴接办大公报之前对报纸的认识上,我们也可以得出同样的结论。吴认为一般报馆之所以办不好,主要是因为资金不足,滥拉政治关系。拿人的手短,拿了人家的钱就要为人家说话。所以最初吴拿出5万元办报,不拉政治关系,也不收外股。大公报之所以能够做到不偏不倚,跟吴的这种认识有很大关系。因为经济上独立，说话相对就自由。当然，当时的社会环境也为这种不偏不倚提供了条件，那时的社会还是有一定的弹性的，有了钱，就可以办报馆，办了报馆，说话虽然不是完全自由，但是在一定的限度之内，还是相当自由的。现在的社会环境变了，办报馆在个人已经成了不可能的事情，像吴鼎昌这样的人自然也就没有了。

胡政之（1889—1949），名霖，笔名冷观，生于四川华阳（今成都）。胡最初介入大公报是在1916年，当时的大公报为安福系的大财阀王郅隆所操纵，相当于安福系的机关报。尽管胡当时做了很多努力，但是并没有改变当时的大公报是安福系的机关报这一性质。这一性质导致了后来大公报的萎靡不振，同时，胡也感到大公报与自己的理想有差距，便辞去了大公报，旋而到林白水主持的北京《新社会报》任总编辑。1921年，胡因与林意见不合，离京南下，过去的人们的心态是比较自由的，做工作也比较看重自己的理想和志趣是不是一致，常常是合则聚不合则散，当时的社会也为这种心态的自由提供了条件，只要有本事，就不怕没饭吃；只要想做事并且有相当的才能，就能够做成。同年8月胡在上海创办了国闻通讯社，后来又创办了《国闻周报》。新记大公报创立之初，很多人手就是从国闻通讯社直接调过来的。吴、张也不以为嫌，那个时候的人们做官也好，做事也好，基本上都有一种坦荡的心胸。这多少令我这个后学晚进有些感慨。今天我们说起这些，不是说过去的社会有多好，过去的社会也有不好，但是我们怀念过去的好处，是希望这些过去的好处能够得到继承，使我们的今天和明天可以做得比过去更好。

胡在报社的主要事务是经营，但是胡对新闻也有自己的看法，他反对以前报界那种有闻必录的新闻方式，但是坚持应该把必要的材料摆到读者面前，让他们自由地选择。1943年10月21日，在重庆大公报的编辑会议上，胡有一个讲话，中心思想是办报的人要有政治兴趣而不应该参加实际政治，报纸的最高目标是能代表国民讲话。这话现在看起来一点也不过时，相对于现在与主旋律保持高度一致的、千报一面的报纸，说这话振聋发聩该是不为过的。

在经营方面，胡精心罗致人才，知人善任，任人唯贤而不是任人唯亲。胡是管人事的，但从不把与自己有关系的人引进报社，也从来不搞派系。在用人上，胡尽量起用新人，而不是录用那些已经成名的人，在当代报业史、新闻史上赫赫有名的金庸、徐铸成、萧乾、范长江、杨刚等人，可以说都是由胡发现，由大公报培养起来的。在胡政之的带领下，大公报所有的人都把大公报当成自己的事业，从而奠定了大公报的鼎盛。

胡政之最为人诟病之处是他于1946年11月参加了蒋介石召开的"国民大会"，当时中共和民盟等党派都拒绝参加，胡本来也是不打算参加的，但是迫于蒋的压力还是出席了会议，不过在签到后的第二日就返回了上海大公报。我们回顾历史，应该对当时的社会环境有一个大致的了解，而不应该在今天的角度上对前人做评价，这样评价起来才会做到比较客观。平心而论，胡参加"国民大会"也无可厚非。苏格拉底对当时的雅典政权指责了一辈子，但当时的雅典政权宣布他的死刑的时候，这位年届古稀的老人放弃了各种逃生的机会，对陷于悲痛的朋友们说："告诉人们掩埋的只是我的尸体。"胡虽然对当时的政权不满意，但是按照游戏规则其实并没有理由不参加。何况在当时的情况下，胡若拒不参加，大公报就要受到牵连。胡为了大公报，不得不牺牲自己。与苏格拉底不同的是苏格拉底死后，其开拓西方哲学的知识路线却坚持了下来，正如苏说的那样，掩埋的只是他的尸体。而胡做出的牺牲却没有多少人能够理解，并且还为大公报在1949年以后带来了很多麻烦。这其间的差异，或多或少地体现了两种文化的差异。但是苏的就义是在公元前399年，而胡做出个人牺牲则是在1946年，前后相差近2000年。有时候，读读历史，真让人感慨历史老人的偏心。

张季鸾（1888—1941），名炽章，生于山东邹平，祖籍陕西榆林。新记公司接办大公报之初，吴、胡、张三人曾有五项约定，其中的第5项就是："三人共组社评委员会，研究时事问题，商榷意见，决定主张。文字虽分任撰述，而张先生则负责整理修正之责，意见不同时，以多数决之，三人各各不同时从张先生。"也就是说，大公报的言论，基本上是由张季鸾一个人负责的，大公报的主张同时也体现了张季鸾的主张。著名的"不党、不卖、不私、不盲"四不主义办报方针最初就是由张季鸾提出的。

所谓不党，即"党非可鄙之辞。各国皆有党，亦皆有党报。不党云者，特声明本社对于中国各党阀派系，一切无连带关系已耳。惟不党非中立之意，亦非敌视党系之谓，今者土崩瓦解，国且不国，吾人安有立袖手之余地？而各党系皆中国之人，吾人既不党，故原则上等视各党，纯以公民之地位发表意见，此外无成见，无背景。凡其行为利于国者，吾人拥护之；其害国者，纠弹之。勉附清议之末，以彰是非之公，区区之愿，在于是矣"。

所谓不卖，即"欲言论独立，贵经济自存，故吾人声明不以言论作交易。换言之，不受一切带有政治性质之金钱补助，且不接受政治方面之入股投资是也。是以吾人之言论，或不免囿于知识及感情，而断不为金钱所左右"。

所谓不私，即"本社同人，除愿忠于报纸所固有之职务外，并无私图。易言之，对于报纸并无私用，愿向全国开放，使为公众喉舌"。

所谓不盲，即"不盲者，非自诩其明，乃自勉之词。夹随声附和是谓盲从；一知半解，是谓盲信；感情冲动，不事详求，是谓盲动；评诋激烈，昧于事实，是谓盲争。吾人诚不明，而不愿自陷于盲"。

纵观以后大公报的言论，确实也体现了这"四不"方针。由于大公报的独立立场以及其影响力，1941年5月15日大公报被美国密苏里大学新闻学院评选为最佳外国报纸，赠予荣誉奖章，这是我国新闻界第一次获得此种国际荣誉。中国新闻学会和重庆各报联合会为此在重庆举行庆祝会,到会的人员有蒋介石代表贺耀祖以及于右任、吴铁城、王世杰、陈立夫、谷正纲、何应钦代表唐宇纵、美国驻华大使馆秘书赛维思、英国驻华大使馆参赞郝戈登、苏联驻华大使武官华德聂柯夫和新闻专员柯瓦烈夫、沙露诺夫、中国新闻学会理事长萧同兹、重庆各报馆联合会总干事陈博生、各报社代表何联奎、陈铭德、康心之、陈敛仁、潘梓年、赵敏恒等300余人。张季鸾抱病参加了庆祝大会并发表了演讲。张在他生命中最后的这次演讲中表达了两点,其中的一点是谈到"报纸成功之条件或秘诀","即不望成功,准备失败,是报人天职,曰忠。曰勇。忠即忠于主张,此则须经过评审研究,不得固执偏见。勇则勇于发表之论,此则须时时准备失败,方能做到勇字"。

庆祝会后,张季鸾卧病不起,于同年9月6日与世长辞。纵观张的一生可谓生荣死哀。其生前出入蒋门从来无须通报,虽不做官但却可以参与国家机密。不过张自始至终也没有失去其文人本色。这也是我们今天怀念张的原因所在。张的为人在其朋辈中有口皆碑,于右任、胡政之等人都对张有很高的评价。张死后,社会各界纷纷悼唁。蒋介石的唁电是:

"季鸾先生,一代论宗,精诚爱国,忘劬积瘁,致耗其躯。握手犹温,遽闻徂谢。斯人不作,天下所悲。怆悼之怀,匪可言罄。"其挽联是:"天下慕正声,千秋不朽;崇朝嗟永诀,四海同悲。"

中共中央领导人毛泽东、陈绍禹、秦邦宪、吴玉章、林祖涵以参政员名义从延安发来唁电:"季鸾先生在国民参政会内会外,坚持团结抗战，功在国家，惊闻逝世，毋胜悼念。"

周恩来、董必武、邓颖超的唁电为："季鸾先生，文坛巨擘，报界宗师。谋国之忠，立言之达，尤士林所矜式。不意积劳成疾，遽归道山。音响已沉，謦欬不再，天才限于中寿，痛悼何堪。特此持唁，敬乞节哀。"

周恩来、邓颖超送挽联为："忠于所事，不屈不挠，三十年笔墨生涯，树起报人典范；病已及身，忽轻忽重，四五月杖鞋矢次，消磨了国士精神。"

同时，国民政府还下褒奖令，中共机关报也发表了题为《季鸾先生对报业的贡献》的短评，都对张极尽褒扬之辞。

国共双方何以都对张有如此高的评价，不否认其中有张的人格魅力以及其业绩等原因，但更重要的原因要从当时的局势来寻找答案。学者丁东对此有如下评价：两党对峙的时候，自然都希望居于中间的《大公报》发出对己方有利的声音。张季鸾的幸运，在于其死得早，也死得巧。这样说一位先贤或许显得刻薄。但从1949年以后王芸生以及大公报的命运来推测，张的命运又会怎样呢？

王芸生（1901—1980），学名德鹏，生于天津市，原籍河北静海。王自幼家境贫寒，只念过几年私塾。通过这几年私塾打下的基础，加上自身的勤奋，王芸生最终成了一名杰出的报人。但是其间的辛苦，也许只有王芸生自己才能体会了。

1929年，王芸生已经在《商报》担任了一年的总编辑。《商报》

是天津一家不大也不算小的报纸。但其影响还远远比不上《大公报》。当时王芸生写文章与大公报辩论，被张季鸾发现，于同年夏被张请进了天津大公报编辑部。近年来时闻有人因笔墨官司大动干戈甚至对簿公堂，看看先贤的故事，想想先贤的胸襟，真是让我们做后人的感到惭愧。

"九一八"事变以后，张季鸾、胡政之召开全体编辑会议，讨论报纸以后的编辑方针。张在这次会上宣布，今后的编辑方针是"明耻教战"。所谓"明耻"，"盖使国民仰汉唐之盛，悲今日之衰，亦以证明中日文化渊源之厚，而责日本凌压中国之残暴。"张当场指定编辑部汪松年主持其事，派刚进入大公报不久的王芸生协助工作。后来汪因力不济，遂"推王君芸生主编之"。于是从1931年9月开始，王芸生往来于平津之间，奔走于北平各大图书馆，广泛搜集材料。然后每天写成一段文章，在《大公报》上连载。这便是后来结集出版的《六十年来与日本》。"由于符合读者的感情和需要"，使得王芸生声名鹊起。王也因为这本书展示了自己的才华，被张季鸾擢升为编辑部主任。

1936年4月，《大公报》上海版创刊，王芸生和张季鸾来到了上海。此时的王芸生"已不是一个一般的报人，而是兼着报人和日本问题研究专家的双重身份"，并开始为大公报所倚重，成为了大公报上海版的总编辑。至此，王芸生决心"摒弃一切政治的缪辖，安心来过一个新闻记者的生活"。从后来王拒绝蒋介石的聘金来看，王说这话确实是发自内心的。

1936年10月19日,是鲁迅先生逝世的日子。10月20日的大公报发表题为《悼鲁迅先生》的短评。短评说:"他(指鲁迅)那不妥协的倔强性和疾恶如仇的革命精神,确足代表一代大匠的风度。"同时,短评也指出:"他那尖酸刻薄的笔调,给中国文坛划了一个时代,同时也给青年不少不良影响。"接下来文章又说:"在他晚年,把许多力量浪费了,而没有用到中国文艺的建设上。"

　　短评发表之后,立刻引起"轩然大波"。这篇引起"轩然大波"的短评,就是出于王芸生的手笔。王芝琛先生把王芸生批评鲁迅的原因归结为王芸生看不惯鲁迅对梅兰芳的"不恭"。但是我以为原因却没有如此简单。我们读鲁迅的文章可以知道,鲁迅不是一个自由主义者,而读王芸生的文章却可以得出王是一个标准的自由主义者的结论。鲁迅的文章大都读过不少,在此不再举例。王芸生在1949年以后人们就渐渐地不再熟悉这个人了,所以多说两句王的文章。王芸生有一篇在建国后备受訾议的短评《质中共》。文章说"凡是一个政党,都是为了争取政权而组成,所以政党要争取政权是应该的。问题在于应该以政争,而不该以兵争",这是标准的自由主义知识分子对待问题的看法,也是当时大多数知识分子的看法。我倒是以为正是因为两个人在这最根本的一点上的不同,才导致王对鲁迅有所批评。芝琛先生在其文章最后说王芸生"已意识到自己对鲁迅的批评是个错误"。我对此也有些不同看法,王芸生是否在晚年认为自己对鲁迅的批评是错误的?我不得而知。不过从王当年对新闻的看法来看，王芸生未必就认为自己是错误的。因为王"以为（新闻）第一要平常化。不矜奇，不立异，老老实实，平平常常，一切循平常轨道而行，直接养成坚实的舆论，间接促进社会的风气"。平心而论，说鲁迅的文章"尖酸刻薄"并非什么恶毒的评论，批评鲁迅在中国文艺上缺乏建设基本上也是事实。连鲁迅自己也多次在文章中提到自己的文章"不过是为了给黑暗捣乱"。我们不否定鲁迅的伟大，也不否认鲁迅是个伟人。但是我觉得首先要把鲁迅当成一个人，正视他的缺点，这样的研究才有意义。

说到做文章，汤恒先生曾经把张季鸾和王芸生的文章做过一番比较，说"他们两人的文章都是热情而风格上各有不同。王芸生是冲动的热情，张季鸾是沉郁的热情；王芸生的文章色调明朗，而张季鸾的文章色调流丽，幽峭；王芸生的文章是用事实的分析来渲染文章的气势，而张季鸾的文章则是层层剥笋，论证严密，以理服人；王芸生喜用骈四俪六的句式，而张季鸾则是质朴无华，干净利落"。大公报人周雨先生对王芸生的文章的评价是"动人心弦的锋利文笔"。这两者说得都没有错。但是我更认同俞颂华先生在《富有热情的王芸生》一文中的评价："（其）立言的长处是在常以国家为前提，而站在人民的立场，说一般人民所说的话。"

作为一个自由主义的报人，王芸生对于国共两党均有批评，那些评论之所以在今天读起来还觉得很新鲜，还不算过时，究其原委，还是在于其立言是"常以国家为前提"以及其不偏不倚的立场。这种状况一直持续到 1948 年。在新旧政权交替的时代，王的处境变得十分尴尬，不是说王的立场变了，而是社会的环境变了。同是一个王芸生在不同的时代中处境的变化，比较起来意味深长。这时候内战的双方都希望大公报能够站在自己一方，而王却对双方均有批评。于是国共双方对王都不满意，共产党说大公报对国民党是"小骂大帮忙"，而国民党的《中央日报》却说大公报是共产党的"应声虫"。到了 1948 年，时局开始变得明朗，王在思想上却陷于彷徨苦闷的境地。他对旧政权的不满意是显而易见的，但同时也对即将执政的共产党充满疑虑。此时，大公报的前 3 位创始人除了张季鸾 1941 年去世以外，其余的两位都离开了大陆。现在已经无从推测王当时是否也萌生过离开大陆的想法，但是他最终还是留了下来。王芸生之所以选择留下，除了谢泳先生分析的"对香港那样的实行殖民统治的地方，王芸生这一代知识分子有很强的民族情感，是不愿在那里生活的"这方面的原因，也与毛泽东于 1948 年 10 月 30 日发出的邀请王芸生北上参加新政治协商会议的邀请函有很大关系。就是这封信，才使王芸生"深知个人已经获得人民的宽大待遇，同时也使大公报继续存在于解放后的新中国有了可能"。王芸生在解放区做了些什么，我没有看到相关的史料，倒是王芸生从解放区回到上海后，他的女儿王芝芙后来有一篇回忆文章，说王"脸黑了，人也瘦了"。

关于 1949 年以后的王芸生和大公报，谢泳先生有篇文章题为《失望的王芸生》。谢泳先生在文章的结尾写道："王芸生的失望是一代报人命运的一种写照","他的选择同样充满悲怆意味"。这样的评价,我以为是很中肯的。

参考文献:

周雨:《大公报史》,江苏古籍出版社1993年版。

《新闻界人物》(四),1984年版。

王芝琛:《百年沧桑——王芸生与大公报》,中国工人出版社2001年版。

《文史资料选辑》(第九十七辑),中国文史出版社1985年版。

谢泳:《逝去的年代》,文化艺术出版社1999年版。

读书，就是和古人拼智慧。文字，尤其是回忆性文字，是有遮蔽的，要从古人的字里行间寻找漏洞。

读书札记

两相比较读《家书》

关于干校时期那段历史的出版物，我有印象的有三种，其一是杨绛先生的《干校六记》，属于回忆性质的文章，文笔哀而不伤，令人难以释卷。还有两种，同名，都为《干校家书》，属于当时的记录，是难得的一手材料。《叶圣陶叶至善干校家书》在前不久出版，由于叶家父子的特殊身份——圣陶先生曾任教育部副部长，其子叶至善则是中国少年儿童出版社社长——此书甫一出版，就受到士林瞩目。相比之下，费孝通先生于干校时期写给兄长费振东的22封家书，因为附录在一本书的后面，虽然也称为《干校家书》，则少被人提起。不过，把两组相同时期的家书对比阅读，则别有趣味。

叶氏父子"多年父子成兄弟"，书信往来中家长里短乐此不疲，说实话，要不是叶家父子的名人身份，我真不知道会有多少人会对这些"婆婆妈妈儿女情长"感兴趣。而我在阅读此书的时候，除了这些家长里短让我了解了那个时期的一些社会生活细节，更注意的则是这对父子对于一些历史大事件的看法和记录，不过，在篇幅长达600多页的家书中寻找此等内容，竟如大海捞针。看到的几处相关的记录，也和当时的"主旋律"保持了高度的一致。按照以往的阅读经验对那个时代形成的印象，我一开始的判断是：是否在那个特殊年代，虽是父子，亦不能坦陈心曲？可是叶家后人在书中前言的叙述以及接受媒体采访时，都着重表达了相同的一点，即叶氏父子对于干校和"文革"的看法"都是真实的"。我之所以愿意相信叶家后人的表述，是基于在如今的语境下，圣陶父子在家书中表现的对于"文革"和干校的看法，并不能为叶氏父子"加分"，正因为如此，我对整理出版叶氏家书的叶家后人的坦荡持有一份敬意。而对于过去的时代，我们又有多少了解？至少对我来说，接触的材料越多，和那个时代的过来人接触越多，对那个时代就越不了解。

费孝通先生的《干校家书》中表现出来的，和叶氏家书中相比则大相径庭。费先生在干校的最后一年，"林彪事件"发生，他在家书中对此有如下议论：

> 定时炸弹自我爆炸早在"政变论"中伏下杀机，这不是事后诸葛亮，我们不是早就见到了的么？但是事物发展得如此迅速和鲜明，却是预料所不及的了。看来现在一切事情都是"浓缩"了，过去要十年百年才完成的过程，现在几年几月就够了。

这样的言辞，这样的语气，在叶氏家书中是看不到的。不同的性格，不同的位置，对于相同的时代有了不同的记录，我们该相信哪个？或者，我们应该从这种二元对立的思维中脱离出来，承认我们对于那个时代了解太少？

钱钟书先生在给《干校六记》写序时，如此写道："记这，记那，那不过是这个大背景的小点缀，大故事的小穿插。"以此观照《叶圣陶叶至善家书》，当无大谬。不过，这"小点缀"，这"小穿插"，其中有玄机，只好靠各自去领悟了。

家书中的历史

同事晓波兄常常说我有"资料癖"。有一次一起去朋友家里"打秋风",我获得一套《竺可桢全集》,晓波打开看到里面有书信卷,我这个"罪名"就更加坐实。晓波当时有些吃惊地跟我说:"老陈,书信你也能看得津津有味吗?绝对的资料癖呀!"说实话,当时"打劫"那套《竺可桢全集》,只是为了写文章用得着的时候方便查阅。有些太过专业的书信,对于研究者来说有时候都不免枯燥,就是如晓波兄口中我这样的"资料癖",有时也只是下意识地收集,以备不虞之需。但是相对来说,对于第一手的资料,我自己比较喜欢日记和书信,因为这些最能体现作者的才情和性情。手头有一本《任鸿隽陈衡哲家书》,在书店里看到的时候就眼前一亮,看完之后,才发现,这并不是一本只给专业研究的人看的"材料",更像一本编给普通读者看的优美的散文——那一代人的文笔,实在是太漂亮了。

要不是在几年前读了智效民先生的文章《任鸿隽的科学救国梦》,到现在我对于任鸿隽这个人大概还是陌生的,这也怪不得我，任鸿隽这个人，不被人提起的时间实在是太久了。然而在五四时期，他和大名鼎鼎的胡适之博士，同样是哥伦比亚大学的校友，同样是时代的弄潮儿，他所领导的科学救国运动，和胡适发动的白话文运动，被誉为五四以来两个重大的文化革新运动。在美国留学期间，任鸿隽结识"一代才女"陈衡哲，陈衡哲也是一位被遗忘已久的人物，不过我们只要稍微看看，就会知道她是个什么样的人物：她是庚子赔款的第一批女留学生，现代文学史上第一个女作家，北京大学的第一个女教授，出席国际太平洋学会（连续四次）的第一位中国女学者……随后任和陈相知相恋，1920年归国之后成婚，而任的老朋友——在绩溪老家遵从母命已经与江冬秀订婚的胡适，对陈也有一份深深的情愫，"发乎情，止乎礼"，任、陈在订婚的当夜邀请胡适一同用餐，胡适写下《我们三个朋友》一诗，成为一时佳话。顺便说一句，任鸿隽还曾经是一名激进的革命党人，辛亥革命之后在孙中山总统府秘书处任职；他还是中国第一份综合性科学杂志《科学》的创办人，中基会的主持者。翻阅《任鸿隽陈衡哲家书》，遥想当年的事，只能感慨于那些曾经有过的风雅。

《任鸿隽陈衡哲家书》以任鸿隽的生命轨迹为经线，以家书背景为纬编排任鸿隽和陈衡哲在每个生命阶段的家书。对于专业研究者来说，家书背景大多比较熟悉，由此也可以看出编者在编辑此书的时候对于一般读者考虑的用心。每一章之前都附有家书的原件，更是增添了这本书的典雅之气，而有时候体验那一代人的文采风流，纵使是用千般语言来叙述，也不及这些原件来得直接，来得准确。甚至有时候我常常说，对于一个历史人物，不要去看后来的研究者如何去评价，去描述，直接去看这些人物的老照片，朝夕揣摩，便足够了。

阅读任鸿隽的家书，有几个时期让我特别注意，其一是在孙中山总统府秘书处任职时，任鸿隽写给大哥的几封信札，在1912年3月9日的信中，任鸿隽提到孙中山辞职袁世凯接任一事。这一段史实如今大家耳熟能详，但是在当时确实扑朔迷离，革命党人想让袁世凯到南京就大总统一职，以便控制局面，但是袁世凯则担心离开北京受制于人，迟迟不肯动身，当年2月27日蔡元培等人由唐绍仪陪同谒见袁世凯，请赴南京就职，袁表示俟拟定留守之人，即可就道。但是不久即发生"曹锟哗变"。这也就是任鸿隽家书中所说："近因京、津小有变乱，袁君骤难南来，而统一政府不成，对内对外危险万状。故已放弃前议，许袁君在北京受职……"任鸿隽当时虽然不在中枢位置，想来应有耳闻，所以在家书中提及此事，当时定都南北还是个未知数，但是任鸿隽在当时就在家书中写道："虽此时都南都北尚未有定，据参议院前议则都南京，然以大势度之，恐终非都北不可耳。"这话如今看来平平常常，但是想想这些话是在时局纷纭的1912年说出的，不得不佩服任鸿隽的目光深刻；就在任鸿隽寄出家书之后不久的4月2日，参议员议决，临时政府迁往北京。而任鸿隽对于当时的政治格局，已经做出了自己的决定："异日袁君受事，决计不复问政事。"也就是从那时起,任鸿隽科学救国的思想开始孕育。这一家书,实在是任鸿隽生命转捩点的一个见证。其余如留美期间以及主持中基会期间的家书,也均有以上提及的这种结合当时实事为后来者见证历史的特点,不当以单纯的家书视之。

20世纪上半期,重庆多私家花园,任家花园即其中之一。1929年,刘湘兵败贵州,撤回重庆,其下属曾经借住在任家花园,当时任家花园所住多为女眷,每天枪声相闻,不免提心吊胆。任鸿隽的三姐任心一写信给任鸿隽求助。任鸿隽接信之后给刘湘发了一个电报,刘湘接到电报之后遂令部下撤出。任鸿隽和刘湘的往来电报颇值玩味,过去我们在历史上认识的军阀,得到的印象多为骄横颟顸。但是在任刘的往来电报中,却不乏温情脉脉,这也是第一手资料的好处,这一点和在上面提到的任鸿隽写给大哥的信中提及袁世凯时的语气对照阅读,才会发现,有时候我们对于历史过于粗暴,也过于简单。

书中的最后三章分别是任鸿隽和陈衡哲晚年的家书,那已经是1949年之后的事情了。1949年,中国发生了天翻地覆的变化,但是不知道为什么,这些并没有体现在任鸿隽和陈衡哲写给晚辈的家书里。此时的家书中除了一些家长里短,别无其他。不过参看雷颐先生给本书写的序言的结尾,答案或许就在其中。

"烽火连三月,家书抵万金",阅读任鸿隽和陈衡哲的家书,才知古人诚不我欺。如今,在跨越了百年的历史隧道之后谈论任鸿隽和陈衡哲,真有几分"白头宫女在,闲坐说玄宗"的悲凉了。

知道的和说出的

历史的二律背反

几年前,在民盟碰到张冠生,他告诉我,正在做沈公的口述。沈公,即文化界无人不知的沈昌文。

三个月前,收到花城出版社秦颖先生的邮件,说有一部他盯了三四年的书稿,终于要出版了,打开一看,赫然是张冠生整理、沈昌文口述的《知道》。书稿不长,不消一个小时就可以看完,但可堪玩味之处甚多,我读此书,思维常常跳到书外。

近年来,口述历史大行其道,人们也喜欢读,大概是因为这种以大时代大事件为背景的私人记忆,却推翻了以大时代大背景的历史叙述范式。丰盈的细节总是容易打动人。

我亦如是。但是,对于这一类题材,我的警惕与喜欢参半。我总是固执地认为人在回忆时难免粉饰,粉饰自己或者别人。这方面,沈昌文也不能免俗。说到1945年到1951年的学徒生涯,沈公说到当时"接触了很多共产党人",沈先生还提出"要跟他们走",但是他们的理由是"你还是留在上海的作用更大。"这个句式很熟悉,但还是心生疑窦:1945年到1951年,沈昌文不过是个14岁到20岁之间的孩子,能发生多大的作用呢?这样讲,并非对沈先生不恭,我相信沈先生记忆真实,而且大概不止一次对别人说起这段往事。但情况却有可能是,沈先生当时在上海接触的,是共产党的外围人物或者非核心人物。做这样的猜测,是因为历史上有前例可揆:当年范长江要求离开《大公报》和共产党走时,得到的也是这样的答复。时境虽然不同,性质却极为相似,从两个人之后的境遇来看,可以推断到两人异时异地接触到共产党人的不同。

这就是记忆的放大处。但若因此,不相信一切回忆,则是因噎废食。历史的延续,正是靠这口耳相传的记忆和记录。这是关于历史的二律背反。由此推想,我们看到的历史,要么被粉饰,要么被放大,要么被缩小,当然,这些与沈先生这本书无关。

讲述记忆的方式

面对往事,讲不讲?讲什么?如何讲?这是任何想要保留历史的人都要面对的问题。看沈昌文谈往事,肆无忌惮,旁若无人;"文革"反右对别人的检举揭发批斗、和老上司范用之间的微妙之处等等,让人觉得沈先生是在掰开了揉碎了地叙述那段不堪的往事。

其实不然,这三个问题依然摆在了沈昌文的面前。

"当时的这些事儿,我在回忆文章里不好写。不好写的事情多着呢!以后慢慢说。"这是讲不讲的问题。汶川地震,举国悲情,但是,不好讲的事情有没有?比如说,所有的捐助,都要通过官方渠道,很少有人追问,为什么直到现在,我们依然没有民间互助的模式。没有人讲,大概也是因为不好讲。

讲什么?这个问题简单,只要翻开书,就知道沈先生在这本书中讲了什么,这是记忆的选择,沈昌文与别人不同的是,别人是把美的说出来,把不美的留在心里。沈公则是美与不美都讲。

但是,讲述也讲究方式,比如批判戴文葆,沈昌文说"是范用连夜告诉我,你今晚上就要写出大字报反击,调子要高。"大字报后来如何写就?沈先生只说了一句"我当然很会做这个事了",调子高到什么程度?沈先生没有说,我们也就不好妄加推测。我在这句话里听出的"弦外之音、言外之意"是:我当然需要忏悔,可是别人更需要忏悔。这既是"讲什么"的问题,也是怎么讲的问题。

历史在过去常常被人说成是"任人打扮的小姑娘",历史学家们当然不同意这种说法,否则他们就失去了存在的意义。但是历史到底如何传承,却着实令人着迷又令人迷惑。"历史是由胜利者书写的",这话现在大有市场,我们自己的说法是"一部二十四史无非是帝王将相的家谱",胜利者和权力者在这里可以画一个等号。但是,说出"历史是由胜利者书写"这句话的那位纳粹德国年轻上校,后面的话还没有说完,他接下来说的是:"但事实真相只有亲历者才知道。"

这句完整的话,包含了两个层面的意思:书写历史和知道真相。巧的是,沈先生的书也叫《知道》。但是,知道的和说出的,能画等号吗?或许,今天人们热衷的私人记忆,真实与否已经不再重要,重新叙述的历史,在叙述者"往回看"的同时,也掺入了太多的个人情感,所以,与其说是保留历史,不如说是挖掘心灵。

人间正道是沧桑

一

读完牛汉的口述自传《我仍在苦苦跋涉》,第一时间想起的,就是何兆武先生的口述自传《上学记》。《上学记》出版的时候,很受士林推重,一时洛阳纸贵。相比之下,《我仍在苦苦跋涉》已经出版了几个月,似乎没有引起应有的反响。

除了两本书都是由三联出版之外,两位作者和两本书看起来风马牛不相及,而我之所以把两者联系起来,是觉得两者可资比较之处颇多。

牛汉先生出生于1923年,何兆武先生出生于1921年,按照年龄来说,两个人属于同一个时代的人,但是从人生经历来看,两个人的人生际遇迥然不同。在青年时代,何兆武接触的是西南联大的那批自由主义知识分子,如雷海宗、金岳霖、冯友兰(虽然何先生对冯先生有一些看法,但这种看法在整体上并不影响何先生所处的环境),也是在那样的环境中,何先生有了一生向学的志向，何先生那一代人没有能取得他们本来应该取得的成就，这里面的因素很复杂，既有时代的，也有个人的，但是总体说来，时代的因素要多一些。再来看牛汉，在他的年轻时代，因为三舅牛佩琮（曾经担任过《清华周刊》的主编，是季羡林的学长）是共产党，牛汉小小年纪就认定了共产党，把共产党的理念当成自己的理念，在那个时期，他接触的是胡风、冯雪峰这一批左派知识分子，这样的成长经历，基本上从一开始就奠定了牛汉之后一生的底色，昭示了牛汉后来的生命轨迹。从《我仍在苦苦跋涉》这本书来看，牛汉在晚年对自己的早年经历进行了彻底的反思，可以说是回到了自己参加共产党之前的起点。他与何兆武这两个人生际遇完全不同的知识分子，在晚年却有了交汇。这样的结局，让人想起来，会产生无限唏嘘，真不知道牛汉先生在回忆人生轨迹的时候会有什么样的感想。

不过，人生经历就如同烙印，一旦打上就很难去除，这从书名的取舍这个细节上也可以体现出来。何先生把自己的两本回忆录一本取名《上学记》，一本取名《上班记》，而牛汉的回忆录则取名为《我仍在苦苦跋涉》。何先生的书名朴实平和，让人们很容易就联想起20世纪以胡适为代表的那批自由主义知识分子办的杂志，如《每周评论》、《努力周报》、《现代评论》、《独立评论》。用这种风格取书名的，还有季羡林先生的《牛棚杂忆》。牛先生的书名富有象征意义，很明显与鲁迅给他所办过的杂志起名字的风格相近，比如说《莽原》、《奔流》、《未名》、《北新》，后来胡风办的一系列杂志，也基本上沿袭了这种风格。前些年出版的韦君宜的回忆录《思痛录》、徐光耀的《昨夜西风凋碧树》，也都是这种风格。可见这并不是个别的现象。谢泳先生曾经写过一篇《刊名中的文化精神》，或许可以理解牛汉和何兆武这两位文化老人书名风格不同的内在含义。

二

与《上学记》相类的是，《我仍在苦苦跋涉》书中也涉及了现当代史上众多的著名人物，作为那个时代的经历者，牛汉与这些人物存在着千丝万缕的联系，比如胡风、冯雪峰、丁玲，等等。从涉及的人和事上来说，《我仍在苦苦跋涉》与韦君宜的《思痛录》以及徐光耀的《昨夜西风凋碧树》更相近一些。

与韦徐二位的回忆录一样，牛汉的回忆录中也涉及了一些过去年代的个人恩怨，但是牛汉显然超越了这个层面，上升到了更高的境界，就像他自己书中说的："我的悲痛，不仅仅是个人的，是历史的，社会的"、"我和我的诗所以这么顽强地活着，绝不是为了咀嚼痛苦，更不是为了对历史进行报复。我的诗只是让历史清醒地从灾难走出来。"也唯其如此，牛汉的反思也就非常彻底。用牛汉自己的话说就是不含糊。"不含糊"这样的话在牛汉的口述中不止一次地出现，让我们看到了这位反思者的真诚与可敬。

遗憾的是书中还是有一些人名被"×××"取代了，其实大可不必。对于熟悉那段历史的人来说,即使用"×××",大家也都清楚是谁,当事人自己心里更清楚,对于不熟悉历史的人来说,这样做反而让他们觉得不理解。徐光耀当年写《昨夜西风凋碧树》的时候,点名道姓地批评了刘白羽,刘白羽不仅没有怪罪,反而写了一封诚恳的道歉信给徐光耀,成就了文坛一段佳话。

把何兆武先生的《上学记》和牛汉这本《我仍在苦苦跋涉》结合起来看,就会发现,其实无论是像何先生那样与政治无涉的知识分子,还是像牛汉这样与政治联系比较紧密的知识分子,在1949年之后都是走了一条充满荆棘的道路。

毛泽东有诗云:天若有情天亦老,人间正道是沧桑。读了牛汉的回忆录,借用牛汉的话,我把诗改了一下:牺牲个人成全党,人间正道是沧桑。用这句诗来提炼牛汉这本回忆录,倒是贴切得很。

李新回忆录的一致与不一致

中华书局版 13 卷本的《中华民国史》一直是我最喜欢的一套书,遗憾的是,这套书我没有买齐,原因很简单:买不到。说来惭愧,虽然很喜欢这套书,但是对于主编其书的李新,却了解甚浅,只知道他曾经担任过中央党史研究室的副主任。所以得知李新的回忆录《流逝的岁月》出版,就赶紧找来一本,"读其书,颂其诗",进一步想"知其人"。不过,读完此书,感觉到的,却是李新一生的一致与不一致。先说一致,再说不一致。

一以贯之的斗争哲学

在回忆录中,李新对于自己在重庆川东师范学校的岁月用了浓墨重彩。而《风雨巴山》那一章写得确实好,活灵活现,读起来都是一种享受。不过,我从中读到的却是李新(或者说他们那一代人)前半生与后半生颇为一致的斗争哲学。

在布衣学会由此发展而成的众志学会中,李新和他的同伴们一起与学校当局做了许多斗争。以当时的情况来说，校方是权力掌握者，李新以及他的同伴们处于弱势。但是，在众志学会与校方的历次斗争中，学生们能够屡次不落下风，固然有当时的时代救亡情势使然，然而与其说正义最终压倒非正义，倒不如说学生们的斗争哲学占了上风。

　　总结起来，可以归纳成几点：其一是要占住理，在当时的救亡情势下，救国是哪个方面也不敢反对的口号，由此，学生们就占据了一个制高点；其次是具有广泛的群众基础，用现在的话来说，就是弱势者必须联合起来才有力量。当时的一个运动，李新和他的同伴们到其他学校去串联，必能引发响应，若无此，单凭个人的爱国情绪，根本就没有与校方博弈的基础；其三是李新当时还有一个家境比较好的同学陈泰湖，在关键时刻可以拿出资金加以援助，比如布衣学会为了抵抗校方要求学生必须统一穿着咔叽布校服的规定，召集贫困学生集会商议对策，就是陈泰湖出钱搞定。其实还有关键的一点，在这一段岁月中表现得不太明显，但是却至关重要，就是背后有富有经验的人来指导，比如李新在棠香初级中学时的邱老师。没有如此富有经验的人，稚嫩的学生们必然不是老谋深算的校方的对手。

　　我之所以说这种斗争哲学在李新（或者他们那一代人）的一生中保持了一致性，是因为在后来关于搞"三反"、"反右派"、乃至"八角亭编书"以及后来的"四清运动"中，我们几乎可以找到与以上可以一一对应的情节，只不过斗转星移，这时的斗争对象已经易人，自己人与自己人开了火。具体到李新个人身上，这套斗争哲学给他的益处则是，让他在特殊岁月中幸免于难，否则，李新的命运，大概就与那个时代中被划为右派的众多知识分子无异了。

不过，这种斗争哲学，在革命时期体现出的是革命者在非常时期对于现实的应变，在如今的法律社会中却不合时宜。我们阅读前辈的历史，一方面应该抱有同情的理解，但另一方面也应该认识到，在公民意识薄弱的今天，应该早些走出这种斗争哲学的误区。

两个李新，相互撕扯，左右冲突

30万字的篇幅，叙述了李新的一生，按理说，作者自己的回忆，且不说客观上的真实与否，至少应该与自己心目中的自我塑造最为接近。然而读完之后，感觉却是有两个李新：前半生的李新与后半生的李新。前半生的李新是以革命者的姿态出现在现代历史舞台的，通过书中的描述，我们看到的是一个内在具有一致逻辑的革命者。从"九一八"到"一·二八"，从在四川重庆从事学生运动到在晋冀豫参加反"扫荡"……乃至之后一系列的革命活动，李新的生命轨迹宛如一条被安排好的道路，一切都顺理成章。然而，从李新在人民大学经历"三反"之后的叙述中，我读到的却是一个左右冲突、相互撕扯的李新，就仿佛一个人却有两个相互对立的灵魂,不,这样说还不太贴切,应该说,身体向左,灵魂向右,才更贴切一些。

这些年读了不少现代人物的回忆录,这种情况似乎是一种典型。这样的情况,在单纯的知识分子身上或者在1949年新政权建立之后身居高位者身上,或多或少也会有一些体现,但是都不如李新或者说李新们来得如此强烈,来得如此明显。

比如说,对于范长江到人民大学做"三反"工作,对于范长江的"左",我们可以明显体会到李新笔下的情绪,不过,反过来想想,李新其实也是那个阵营中的一员,他的老领导吴玉章老人,也正是以"左派人士"著称的。以及后来李新在八角亭编《中国新民主主义革命时期通史》,在编写人员上,之所以选择北师大的王真和山东大学的孙思白,加上后来加入进去的蔡尚思和陈旭麓,等等一系列的事件,不能说没有"主义"之争,但是给我的感觉是,其中更重要的,毋宁说是人事纠葛。这些人事纠葛,正是大人物们所说处理历史问题"宜粗不宜细"中的细节。按理说,像李新这样的老革命,对于"历史宜粗不宜细"的原则应该是深谙于心的,为什么写了出来,李新自己的说法是:"我亲身经历过的一些历史事实,都被一些大名鼎鼎的'史学家'为了政治目的而歪曲了,我的良心使我感到有责任把它们纠正过来。"

不过,如果我们抱着寻求客观历史的希望去读这本书,恐怕是要失望的,因为这本书本身就是带着情绪的。李新的反思,最终也只能停留在这些人事纠葛上而没有上升到更高的层次,原因就在于他无法脱离自己的"母体文化"。而这本回忆录区别于其他回忆录的地方，正是在于其中有李新自己的善善恶恶，也即我所说的左右冲突。

李新身上之所以发生这样的"左右冲突"，原因就埋在他早年参加革命的经历里，当指导自己的"大思想"与自己身处的"小环境"发生了冲突，这种冲突就不可避免地在当事人身上淋漓尽致地表现出来。正是有了这样的冲突，李新的后半生才让人看起来不是那么顺理成章，也唯其如此，这看起来矛盾的后半生的回忆才显得更加真实，事实上，我读这本书，正是从书的后半部分开始的。这样说，并非说这部回忆录的前半部不真实，相反，我对李新在前半部的叙述中体现出来的对于革命的真诚信仰，非常尊重，不过，与后半部比起来，它缺少了个人色彩，像是被时代的过滤器过滤过了。

仅有理念是不够的

丁东和谢泳出现在当代学术界可谓异数：丁东虽然曾身在学术体制内（山西省社科院），但是若不刻意提醒，大概多数人会忽略丁先生这一身份，因为丁先生每立一言、每叙一事，莫不从民间立场出发，其从事的学术活动如促进民间出版、打捞民间记忆等，更是给他带来了美好的声誉；而谢泳早年身处学术体制之外，多年来对学术孜孜以求，最终跻身于大学教授之列，其学术论文专著立论之严谨、论证之繁复，海内外皆有共识。

我常常在不同的场合说起，丁东和谢泳其实代表了两种典型的知识分子：丁先生是学术活动家，是起而行之的典范；谢先生是潜心书斋又不忘现实的典型。两位先生早年同在太原，与高增德、智效民等诸多同道如切如磋、如琢如磨，形成一个令士林瞩目的知识分子群体。几年前我曾去太原，躬逢其盛，颇感艳羡。之后丁东进京，谢泳入厦大，这种局面有些改变，过去大家一起坐而论道的时光成为回忆。不过，在互联网时代，地域上的距离并未成为丁东和谢泳继续交流合作的阻隔，几年来，两人在《中国青年报》上上演了一出学术双城记,以对话的形式发表了一系列文章。近日结集为《文化十日谈》和《教育放言录》,由福建教育出版社出版。

书拿到手中已有时日,却迟迟没有写出只言片语,一来是觉得与二位先生相识既久,交流起来颇为方便,便有不假文字的偷懒想法,二来是对于二位先生的理念谙熟于心,一时找不到新的角度下笔。每每欲操刀,又每每掷笔。

正如徐友渔所说:"对于现代中国的教育和文化,丁东、谢泳的言论是最值得注意的评论之一。"确实,翻阅二位先生对于教育、文化乃至社会各领域内的发言,均有切中时弊之感,不过,还有另外一种感觉,那就是书中文章,多有主题先行的味道,我的理解,这种风格,正是基于二位先生共同的理念。然而,这种理念,深究起来,并没有给我们提供异于当前盛行的意识形态的思想资源。若以"左右"简言之,说二位先生属于"右派"阵营当无异议,看书中言论,有这样的倾向:即凡是"左派"支持的就反对,凡"左派"反对的就支持。谢泳先生有一篇《倒过来看中国现代历史》的文章,特别能够反映这种倾向。当然,这种风格,或许是因为现在报章对于文章字数要求的限制,无法充分展开阐述而造成的。

丁东和谢泳所倡导的"教授治校"、"书生论政"以及"现代人权意识"等理念无疑具有一定的普世价值,但是,这种单纯的理念性倡导却让我想起阿克顿的历史解释模型。诚如阿克顿在论述法国大革命的时候指出的那样："如果单纯追求普遍的善,必将损害分立的、大有区别的各阶级的利益,到头来法国会丧失一切阻止邪恶的手段。"阿克顿说的是法国,不过把这句话移用于今日中国,同样适用。对于目前的中国来说,各阶层的利益划分从未有如此多元化,利益冲突也从来未有如此复杂过,面对这样的状况,单纯的理念无疑无法化解现实层面的问题。而在另一个层面,正如阿克顿对于法国1789年《人权宣言》的反思一样:罗列一些有关生命、平等、自由、财产权的基本信条,但其"意图和内涵"此后并未得到司法实践或修正案的不断解释和充实,使之成为政治生活的有机成分,而只是作为空洞口号而存在。一句话,丁谢二位在书中所表达的这些理念,若没有制度保障的滋润,在复杂的利益博弈格局下便容易流于苍白。

试举一例,《教育放言录》中有一篇《潘光旦与熊庆来的争论》的文章,说的是1944年昆明各大学在举行"七七事变"纪念座谈会上,潘光旦和熊庆来先生关于学人是否应该论政的一场争论。潘先生主张学人应该论政,熊先生则相反。谢泳和丁东都倾向于潘先生,说实话,我亦如是。

不过,我更愿意从当时的背景和潘熊二位不同的身份上来理解这场争论。当是时也,八年抗战尚未结束,国内局势也不如后来那样明朗,一方面,积极倡导抗日为当时还未成为执政党的共产党赢得了极为广泛的民心,另一方面,作为执政党的国民党方面虽然已经确立了抗日的大方针,但在具体战术方面尚未能达成一致（这是因为，蒋政府当时不足够强大，在国民党内部有蒋嫡系与阎锡山等部的利益冲突和均衡），在具体战略上尚存犹豫（从国际形势上来说，这一年中美关系正处在一个微妙的阶段，美国虽然对中国有所援助，但是蒋介石认为罗斯福对其很藐视；另一方面，另有苏联在新疆边境对于中国的威胁，是以蒋介石认为，在当时局势下要"忍耐待时"）。从国共两党当时的局势来说，也颇为微妙，虽然在抗日这个大问题上取得了一致，但是不一致之处显然更多。在这样一个错综复杂的局势之下，举行"七七事变"的纪念座谈会，本身就是一个敏感的活动，会受到当时政治格局中各个方面的注意。

如果我们再来分析一下当时熊先生和潘先生各自的身份，对于熊潘二位先生各自的观点便会有更深一步的理解，熊庆来当时的身份是国立云南大学的校长，而潘光旦还只是国立西南联合大学校务委员会常委兼主席梅贻琦的助手。作为国立大学校长的熊庆来，其实不能单纯以知识分子视之，同时他还是当时国家机器中的一部分，他在公开场合的言论，很多的时候，不能代表个人立场，相反，会多多少少带有一些国家倾向。而潘先生，虽然也会参与政事，但是我们却可以认为潘先生在当时只是一个单纯的知识分子。作为一个单纯的知识分子，则不用考虑那么多。

知识分子从政历来容易受士林诟病，原因就在于：出山后的知识分子在具体的问题上，不能单纯地从纯粹的知识分子立场出发，而要考虑错综复杂的各种因素。然而，现实的悖论是，如果所有的知识分子都抱着"出山不比在山清"的想法"爱惜羽毛"，那么政治场中都是些什么人就很容易想象，那样的话，情况可能更糟。所以，我不愿讨论这场争论中熊潘二位孰是孰非，就像刚才说过的，从理念上讲，我和丁东谢泳一样倾向于潘先生，但是要回到当时的历史情境，我更愿讨论的是作为知识分子的熊庆来和作为国家机器中一员的熊庆来是否存在冲突？当时的制度在多大程度上改变了作为知识分子的熊庆来？知识分子与从政者之间，能不能存在良好的契合点？回答这些问题，显然不是这篇短文能够解决的，所以姑且提出。若有时贤教我，不胜感谢。

不要误会，我不是否定丁东和谢泳在书中表达的这理念，在我前几年的研究中，正是沿着二位先生的路径摸索过来的，这样的反思，与其说针对二位先生，毋宁说针对我自己。毋庸讳言，民国时期我们曾经有过一些美好的传统，1949年之后，我们一度背弃了这些美好的传统，并且付出了代价。然而，面对如今日益复杂的社会格局，我们是时候应该具有超越"左""右"的姿态与思维了。

当然，我更理解丁东和谢泳二位先生如此孜孜以求的姿态，因为在今天，虽然这些理念在知识界已经成为常识，但是在普通民众之中，这些话语看起来还近乎天方夜谭。丁东和谢泳的对话，意义正在于把这些有益的理念推而广之。

曾子云："士不可以不弘毅，任重而道远。"或许正是对丁谢二位先生不懈努力的写照。

自由不在彼岸,而在于争取

1949年,中国政治格局改变,蒋介石退踞台湾。这一段历史,不仅是中国史上的大事,亦是世界史上的大事。

纷乱时局中的各色人等——学者、政界以及商界人士——在中国的这个重大关口必须做出选择:或走,或留。走的或随蒋氏政权去了台湾,或乘浮桴于海,去了海外。其中缘由错综复杂,台湾学者任育德曾经对这一时期的知识分子的几种选择路线做过分析,虽然我对任先生把诸色人等都统称知识分子并不认同,但是其归纳的几个类别却很有道理。他把处于当时局势中的人分为四类:第一类是对国民党、中共均不支持;第二类是不支持国民党,且不反对中共;第三类是不支持国民党,支持中共;第四类是支持国民党,反对中共。以此来分析那一时期的人,庶几尽之。单就知识分子来说,过去我们有一种看法,就是1949年之后选择留在大陆的,无不经历了一场炼狱,去了台湾的,似乎就好一些。最近读范泓先生所著《在历史的投影中》,感觉事实并非如此,别有一番感触。

一般说来，当时跟随国民党去了台湾的知识分子，相当一部分对于国民党是比较认同甚至支持的，比如说傅斯年、雷震、殷海光等人，还有一部分人则是对中共心存疑虑，不反对国民党，为了各自的理念和事业选择去了台湾，比如梅贻琦、李济等人。后者因为一直与政治保持着一定距离，去台后反倒生活得比较好，事业也比较圆满。而前者中的大部分人，则因为后来与国民党在理念上分道扬镳，其经历与身处内地的知识分子反倒大致相近，在各自的生命中也都经历了一场炼狱。

究其原委，在于蒋介石退踞台湾之后，经过反思，认为过去之所以失败，就在于提供了过多的"民主自由"，当时在国民党内部，持这种观点的人不在少数，蒋经国、陈诚都是这一观点的持有者。其实，这种观点并不新鲜，早在1933年，在胡适主编的《独立评论》上，就曾经展开过一场"民主与独裁"的大争论，当时像蒋廷黻、钱端升、吴景超等一大批一流的知识分子格于当时中国的局势，都在不同程度上支持当时实行"独裁的政治"。与早年那场争论中秉承的理念一样，以胡适为精神领袖、以雷震为首的知识分子群体则持有恰恰相反的观念，他们认为："国民党在大陆的失利就是因为没有贯彻民主政治，导致政府腐化，人心尽失，因此国民党必须彻底反省，在台湾实施充分的民主宪政。"有鉴于此，雷震才聚集一大批理念相近的知识分子，在台湾创办了《自由中国》。除了理念方面的原因，雷震之所以能底气十足地说这样的话，办出一本如《自由中国》那样的杂志，也确实有足够的政治资本，一来雷震是老牌的国民党，曾经出任过"总统府秘书长"

以及国策顾问,与蒋介石有着不浅的交情,觉得自己是国民党的"自己人";二来,背后有在台湾拥有巨大声望的胡适的支持,这让雷震觉得《自由中国》即使有什么地方"越矩",蒋介石也不会把他怎么样。

相比之下,同为雷震老乡的《联合报》的老板王惕吾,虽然也持有与雷震相同的理念,但是《联合报》的调子和《自由中国》比起来却稳健得多。按理说,国民党出身的雷震应该清楚,在一党专政的政治格局之下,想和掌握着政权的政党在政治上争一个说法,本身就是缘木求鱼的事情。果然,《自由中国》最终还是触怒了蒋介石,遭遇了停刊的下场,雷震也身陷囹圄,这就是台湾人尽皆知的"雷震案"。而在这个时候,调子稳健的《联合报》却没有保持沉默,王惕吾尽管知道对"雷震案"进行报道和评论会招致当局的不满,但是却不肯放弃"言论自由"的报人信仰。在"雷震案"发生的第一时间就发出了自己的声音。我们现在检阅当时的《联合报》,看到当年《联合报》上的那些文字,都会为王惕吾的报人气节击节赞赏,但是我们可能难以了解王惕吾当时刊发这些文字的踌躇。不过,尽管踌躇,王惕吾并没有放弃,不放弃,才有了我们今天可以看到的自由。

反观当时的中国大陆,却是"万马齐喑究可哀"。读范泓先生的《在历史的投影中》,感慨系之,其实当时的台湾地区与中国大陆,环境并无不同,不同的是身处其中的知识分子的表现,原来自由不在彼岸,而是在于争取。

道与势之间的党人之争

厚厚一册《民国人物过眼录》,我是一口气读完的。在中共党史研究领域,杨奎松的研究总能不同俗流,让人眼亮。这与他的经历息息相关,说来话长,要从当年讲起。

先说近,再说远。

近的也不近,已经是杨奎松大学毕业之后的事情了,当时杨被分配到中央党校,在《党史研究》做编辑。在那里,他不但可以看到当时最新的研究成果,而且因为在党校,近水楼台,还能看到在其他的地方看不到的档案。我们之所以常常能在杨著中看到让人眼亮的材料,都得益于杨的这段经历。

他早年的研究题目是"社会主义传播史",其方式是组织了几个同学,坐火车去全国各个城市的图书馆,把能够找到的关于19世纪末到20世纪初的所有跟社会主义传播和宣传有关的资料或复印,或抄写,一网打尽。在当时,凡是学过党史的人都知道,这绝对不是中共党史专业要求的研究方法。杨在党史系之时,教研室主任曾经跟他们讲过:所有涉及中国革命和中国社会的答案和结论都在《毛选》里面。一个好的党史教学工作者，就看他对《毛选》熟悉到什么程度。研究中共党史，或讲授中共党史，不要去讲你认为如何如何，而是要对毛泽东怎么说能信手拈来。然而，到了杨奎松做毕业论文时，他就注意到，中共党史过去之所以总是变来变去，以致失去世人的信任，关键就在于它不是从对基本史料的梳理和研究出发，而是从结论出发，为政治服务。

从一开始，杨奎松就走了一条与别人截然不同的研究路径。

远的还真远。在杨奎松小学还未毕业，正是一个不正常年代的开端，小小年纪的杨奎松，目睹一位老师"嘭"的一声从高楼跳下。这件事给后来杨奎松的研究带来什么样的影响，不得而知，但是我想，影响还是有的。读这本《民国人物过眼录》，不知为什么就让我想到几年前他曾经和我说到的这件事。话扯远了，得往回收，还是说这本书。

由做中共党史研究的杨奎松来写《民国人物过眼录》，宛如我们正常走路的人倒立行走，视角陡然转换，世界便完全不同。而我较为注意的则是这本书中涉及的党人之争。这其中，既有国共之争，又有国民党的内部之争，还有共产党的内部之争。错综复杂，让人眼迷。

这是个大题目，因篇幅限制，只选书中的相关文章略作阐述。

"西安事变"是现代史上惊天动地的大事，就以此事为例。当年张学良捉蒋、放蒋，最后又拥蒋，甚至丢下东北军"负荆请罪"，导致后半生遭囚禁。史家对此事件的叙述，涉及对张学良的评价时几乎众口一词，举世赞之。但是杨奎松根据材料得出结论：张学良当年，并非自始至终"拥蒋抗日"，而是一度联苏联共，实现西北大联合，自成局面，与蒋介石翻脸，并不惜动武。

众所周知，张学良与日本，不仅有"国恨"，更有"家仇"。1933年初，距"西安事变"发生还有三年之久，由于日本挑衅，张学良所辖的东北军便因"山海关事件"和"榆关事件"与日本发生冲突。其时，在江西、四川、安徽、贵州等地，国共两党亦发生激烈的军事冲突。

虽有各地国民党将领请缨抗日，但蒋介石格于当时形势，将其战略重点放在剿共之上，谕令整顿部队，静候命令。中共方面虽然于1月17日发表宣言，为保卫中国及争取中国独立统一与领土完整，以实行抗日为条件，愿与任何武装部队订立停战协定。

但在当时的蒋介石看来，对他最大的威胁，似乎来源于当时逐步壮大的中共而非日本，加上在国民党内部，资历不低于蒋介石，又处于蒋介石对立面的胡汉民一直强调，抗日重于剿共，这更加剧了蒋对国民党内部的反对派与中共联手与其抗衡的担忧。"攘外必先安内"，对于蒋介石来说，顺理成章。道之不行，原因复杂，不可争辩的是，历史的发展，又一次形成了"道"让路于"势"的局面：国民党与中共的冲突，并没有因为中共的宣言而减少。

而张学良的东北军与日本孤军奋战，军力消耗，张对蒋不满，为日后的"西安事变"已经埋下伏笔。3月11日，张学良通电辞职,即张不满于蒋的具体表现。

翌年2月,蒋特派张为豫鄂皖三省剿"匪"副司令,此前,张在杭州曾向蒋表示欲任侍从室主任,随侍学习,未果。而对三省剿"匪"副司令职,张初拟不就,但在其时,蒋声势正隆,张只好就之。蒋又一次将张的部队置于与中共内耗之上,对于张来说,为了再登政治舞台,不得不在"势"的逼迫之下,做出违心选择。1935年这一年中,张学良几乎无暇顾及有着"国恨家仇"的日本,大部分精力,都放在与蒋介石共同"剿匪"之上。对于张来说,这种姿态,不得不摆。

但是,若因此说蒋介石不抵抗,也并非公允之语。1935年的"华北事变",已经让蒋介石注意到了日本的西进之势。但是蒋当时判断日本西进的主要目的,是造成对苏联的合围势态,因此并未给予足够重视。

1935年张剿"匪"的"积极姿态",一方面提高蒋对其的信任程度,另一方面,却使张和中共方面有了较多的接触。张"既不信任国民党南京当局有抗战决心,又疑心蒋介石有借刀杀人之意",这一消息被中共获悉之后,成了中共联合张学良最重要的砝码,中共经过精密筹划,到了1936年6月份延安会谈之时,周恩来已经直截了当地劝张反蒋了。

但张学良并非一介草莽武夫,虽然已经决心自成局面,但是他的计划依然小心谨慎。因为他很清楚,此时还并非他揭旗反蒋抗日的成熟时机。这是因为,第一,"要把他家这幢大房屋的一角

（靠他住的一边）完全拿过来"，还需要相当努力；第二，要"把他的几个用人都练为强干的打手"，也并非一朝一夕能够完成；第三，仅以东北军和红军之力，要对付蒋介石的国民党中央军，又要实行抗日，实在难以想象。因此，他要等待时机，而这一切，到了12月，才让张学良觉得已经成熟了。

读《民国人物过眼录》，看其中的党人之争，发现历史的发展并非总是基于"道"，大多时候是迫于"势"，这种历史发展的路径，使国家和民族在历史面前，有时丧失许多机会，比如，在1933年，蒋张皆能置民族大义于地方利益之上，上下齐心，必不至于让日本对于中国的野心扩张如斯，而之后蒋、张、阎（锡山）、白（崇禧）等人在对日问题上，莫不存在保存自己嫡系实力的想法，与此前如出一辙。再如抗战结束之后的政治协商会议，若蒋介石可以放弃独裁的权力野心，当时的中国，正是一个因为存在权力制衡而走上宪政道路的最佳契机。可惜，俱往矣。而我，读此书，不知为何，眼前总是闪现出杨奎松曾经和我讲过的残酷童年。

一杯毒酒,他却甘之如饴

1937年"卢沟桥事变",中日战争全面爆发。但是在当时的中国,对日本的态度并不统一。当时的"和"或"战"并非如我们今天以"错"或"对"加以评判这样容易。比如说胡适,虽然之前因为主张不可轻易对日宣战而备受非议,但此时依然主张"外交路线不可断"。1937年7月31日,胡适日记记载:

> 蒋先生约午饭。在座者有梅(即梅贻琦)、伯苓、希圣、布雷、蒋夫人,极难谈话。蒋先生宣言决定作战,可支持六个月,伯苓附和之。我不便说话,只能在临告辞时说了一句话:"外交路线不可断,外交事应寻高宗武一谈,此人能负责,并有见识。"他说:我知道他。我是要找他谈话。下午汪精卫先生到了南京,找宗武去长谈。谈后宗武来看我,始知蒋先生已经找他谈过了……

当年读《胡适日记》,还真没有注意到这个在一个下午被国民党第一号、第二号人物连续接见的高宗武,后来读到范泓先生的文章《从政七年如咯血》,才对这个人注意起来。

范文中屡屡提及的高宗武未刊回忆录,之前少见史家引用,在以往论及"高陶事件"文章中,作为主角之一的高宗武的说辞也竟然一直缺席,最近中国大百科全书出版社将尘封了60多年的《高宗武回忆录》首次出版,其意义自不待言。

不过,读这本《高宗武回忆录》,疑惑接踵而来。

其一是高宗武对于自己过去经历的矛盾态度,高宗武当年追随汪精卫从事所谓"和平运动",当然是大节有亏,却又在关键时刻反戈一击,令汪精卫阵营中另一重要人物周佛海恨之切切,称之为"动物"。但是对于当年从事"和平运动"的种种,先后有美国学者约翰·亨特·博伊尔和史学家唐德刚相继访问高宗武,高对当年事的态度都是讳莫如深;但是另一方面,高宗武却早在1944年就完成了他的回忆录,并且积极谋求出版,据陶希圣的哲嗣陶恒生的文章,我们可以知道,当年高宗武的这份文告至少和6家出版社接洽过,而且,为了出版该文稿,高宗武还曾经找胡适做介绍人。读高宗武自己为此书所写的序言,在他心里,这本是写给当时正在与日本作战的美国的,"他非常希望这本书能够在年底(1944)以前出版,以提供给直接关系战事的人士"。陶恒生在文章中如是说。让我疑惑的是,当年高宗武渴望出版回忆录的热切态度,和后来面对访问者的淡漠,二者之间竟然有如此巨大的反差。关于此,我有一点个人的猜测,稍后就说。

还是先说高宗武，1931年，25岁的高宗武从日本九州帝国大学法学院毕业，学成归国后，曾在国民党的《中央日报》担任特约撰稿人。高自己认为那份工作"了无前途可言"，但是，范泓在《从政七年如咯血》说"蒋介石却很欣赏他分析日本问题的文章"。作为最高领袖的蒋介石，如何在日理万机的状态下注意到高宗武这个毫无背景的年轻人，让我觉得大为蹊跷，不过根据后来蒋介石对于高宗武的倚重情况来看，这种情况当为属实。别急，答案这就揭晓，原来，高宗武有一好友裴复恒，时任委员长侍从室上校秘书。高宗武的文章为何能入委员长法眼，自然也就不奇怪了。当时裴还推荐高入侍从室工作，不知道为什么高宗武在经过了一番与蒋介石的长谈之后没有去。这也是我的疑惑之一，想蒋介石当时在中国是何等人物？可是随便可以拒绝的？但是高宗武拒绝之后，也并没有什么不好的后果。

1934年初，高宗武以日本问题专家的身份，在汪精卫的出面之下，进入外交部，次年5月就升任外交部亚洲司科长，一个月后又兼升亚洲司帮办（副司长），不久后又升任司长。其擢升之快，令人瞠目，这也不由人不疑惑。

而当时外交部一致认为高是汪的人，以高层政局中人物关系之微妙，蒋对高的印象竟然"一直不错"。另外，甚至在高宗武跟着汪精卫到了上海之后，汪精卫还对高说："蒋介石不放弃你，你也忘不了他"。但就是在这样的局势之中，高宗武在这两位大人物之间竟然游刃有余，其在政治上的长袖善舞，可见一斑。但是，当时的高宗武,和汪是怎样的关系?和蒋又是什么关系?高宗武在他的回忆录中说他和汪的一面比较多,涉及他和蒋的一面却比较少,作为局外人又是后来人,我们实在不好妄加猜测,这是我读这本《回忆录》的疑惑之三。

还有疑惑之四。1938年,高宗武受蒋介石指派,到香港以"宗记洋行"办理商务的名义,"代蒋负担对日联络与觅取情况的工作",7月初,高宗武在没有经过蒋介石允许的情况下去了日本与日本陆军大臣、参谋次长等重要人士会见,并在无意中把汪的"和平主张"透露给了日本人,以至于一个月后日本内阁通过了《适应时局的对中国谋略》,决定"推翻中国现中央政府,使蒋介石垮台"。范泓在他的文章中认为高是在蒋不知情的情况下去的。当时读范泓的文章,就暗生疑窦:以蒋介石的疑心之重、耳目之广,对于高的这一重大举措,怎么会不知情?此次读高宗武的回忆录,看到陶恒生在《译序》中说高一出海,蒋介石便得到了情报,疑窦才解。不过一疑虽解,又生一疑,即蒋介石当时为何没有阻止高宗武,却任之纵之?以致让高宗武的日本之行造成后来那样严重的后果?另外,据陶恒生在《译者后记》中说,1967年,高宗武曾经去过台湾,当时蒋介石还健在,以蒋介石的性格,若是高宗武曾经有过"背叛"的行为,怎么会允许高宗武入台?

范泓在《从政七年如咯血》一文中,对高以文人身份从政颇为惋惜,然而,如果拿《高宗武回忆录》和陶希圣的《潮流与点滴》对比阅读,我倒是觉得,陶希圣身上的文人气质更多一些(顺便说一下，陶希圣的文笔，非常漂亮，读起来几乎让人欲罢不能），但高宗武，确是个政治人物。且看《高宗武回忆录》中高陶出走的细节：

> 原来他跟我一样知道船期。不过在政治圈子里谁也不敢承担太多。于是我说："这么大的事情得慢慢来。你最好再考虑看看。明天告诉我你的最后决定。如果你决定走，我认为三号的'柯立芝总统号'最好。日本人不大敢惹美国船，即使他们恨美国人。"
>
> 虽然我早已买好他和我的船票，我补充说："等你决定好了，我去给你买船票。"
>
> 陶一直是我的好朋友，但是，我说过，政治是危险的。

虽然从政仅短短7年，但正是对于政治规则如此谙熟于心，才让高宗武能在蒋汪之间左右逢源。政治在多数人看来是"毒酒"，对高宗武，却甘之如饴。不知道这样说，是否有些刻薄古人了。

现在，该说出我的猜测了，1944年，高宗武那么热切地想出版自己的回忆录，也许是想借此在当时美国与日本对峙的局面中，在美国谋求出路。我们看《高宗武回忆录》，描写日本的内容占了一半的篇幅，而另外一半的内容，也多是说汪和日本的纠葛，而对于他和蒋的关系，则很少着墨。高宗武的期望落空了，也怪不得他面对后来的访问者那么讳莫如深。

陶菊隐又如何？

事出曹汝霖。先容我抄书：

　　曹住在天津，日本人认他是中国真正的亲日派，日本信任得过的中国人也只有他一个。天津常有防空演习，凡灯光外露的例须拘禁屋主人。有一个曾任前清总督的老翁因此被捕。一天，日本宪兵发现曹宅也有灯光，将要进门来盘问，曹站在阳台上向他说："用人一时不小心，你把他带了去。"

　　宪兵告以带主人不带仆役。曹说："你认得我否！"

　　"我认得你，你是曹汝霖。"

　　"认得我就好说话了，曹汝霖在中国是著名的卖国贼，你为什么要拘我！"

　　"不是我要拘你，我是执行上级的命令，命令不容对人而有所变更。"那个宪兵不再往下说，冲进门来跑上楼，忽然看见曹汝霖在打电话给他的最高司令，电话打完了,曹回头来说:"命令是不是可以变更的呢!"

那个宪兵行了一个举手礼说:"我是来向你敬礼的。"

以上段落,出自陶菊隐所著《天亮前的孤岛》,因少见,所以抄录在此。

叙述有声有色,曹汝霖汉奸形象一下子跃然纸上。然而细读之下,觉得基本事实应有,具体细节却值得推敲。曹汝霖是卖国贼不假,但,曹汝霖是否会自称"卖国贼",却值得商榷。"卖国贼"这个称号,连3岁小孩都知道是一个冒天下之大不韪的称呼,曹汝霖岂能不知?陶书中曹的口吻,于情于理,似乎都说不过去。而且,日本宪兵态度的瞬间转变,也太过戏剧性,若是拍成电影,定能带给观众强烈的视觉冲击,但是历史有时,却没有如此的戏剧化。

前两年,《武夫当国》出版,陶菊隐的名字又开始被人们熟知。

其实,陶菊隐享有盛名并不始于今日。民国期间新闻界有"南陶北张"之说,"北张"是张季鸾,"南陶"就是陶菊隐。

其根据自身见闻撰就的《菊隐丛谈》,曾经影响了一代研究近代史的学者。《天亮前的孤岛》便是其中一册,其中涉及曹汝霖的段落,我初读之时便疑窦丛生,可是没有其他材料作证,只能存疑。

最近,读中国大百科全书出版社出版的《曹汝霖一生之回忆》,在书中果然看到陶菊隐所讲的那一事实。在当事人的回忆中，其具体过程与陶书叙述大相径庭。据曹汝霖自述，与日本宪兵发生此次冲突，是曹利用自己与日本人的关系，屡屡为中国人"抱打不平"，因此遭到日本宪兵的疑忌。冲突发生之时，曹的家仆遭日本宪兵暴打。依照此说，曹汝霖非但不"卖国"，颇有几分"爱国"了。

没有替曹汝霖翻案的意思。曹汝霖附日，是不争的事实，因此，他已经被钉在历史的耻辱柱上，为人不齿。但曹汝霖之附日，并非始于众人所熟知的五四运动，也非此前发生的"二十一条"，而是在中日战争全面展开之后。

对于五四运动，曹的回忆录中有相当篇幅的描写，在他笔下，火烧赵家楼的喧嚣，恍如昨日，愤愤之情，溢于言表。不过，除去曹氏为自己辩护的因素，曹说自己与陆徵祥一再据理力争，对可能造成亡国条款的第五条，始终没有退让，"会议结果，虽不能自满，然已尽最大之努力矣"，应该是可信之言。

曹氏一生，晚清即入仕，位至外务部副大臣；民国以后，先后供事于袁世凯与段祺瑞，由外交部次长而交通总长，后又兼外交总长和财政部长，其眼中的袁世凯、段祺瑞、张学良、吴佩孚等北洋时期的要人，与我们平常了解到的情况，迥然有别，若不因人废言，曹对这些人的评价是值得重视的。

历史原本多面，但是长期以来，我们却往往只看到一面。就拿曹汝霖来说，其参与"二十一条"谈判，终属大节有亏，然而究竟起来，曹虽然是当时的政府要角，但毕竟不是决策者，弱国无外交，处于当时历史情境之下，曹之表现，只能让人一声叹息。及至五四运动，曹汝霖成为近现代史上人尽皆知的人物，但是对于其日后与日本人的纠结，却又不得而知。历史果真是任人打扮的小姑娘么？

曹氏晚年作此回忆，自称"饱谙世味，毁誉皆忘"，"关于及身之事，必求真实，不自隐瞒"。纵览此书，曹氏对于被迫退出政坛之后，与日本的纠结亦一一道来，于华北沦陷后，其担任华北政府高级顾问之史实，对自己虽有回护，但是保持了基本真实。颇有"人之将死，其言也善"的况味。

而回到文章开头说到的陶菊隐，陶氏在新政权建立之后出任上海文史馆副馆长，在文史领域卓然成家，但是面对历史，我想说，陶菊隐……陶菊隐又如何？

一边心凉　一边眼热

说的是读书的感受，书名是《中国的军阀政治》，作者齐锡生。我也孤陋，对于书和作者，之前均无所闻。看介绍，齐先生是海外华人，早年就读于台湾，后来去美国深造，修的是国际关系和政治学。

因为专业上的兴趣，听到这本书出版的消息就找来读，兴趣盎然。抛开书，先说点题外话。

一

1949年之后民国史研究，大致经历了三个阶段。刚开始时以国民党为主线，且以反面叙述为主，好似一部民国史，就是国民党的万恶史，当然，孙中山除外。这类作者，多以党内史学家为主，爱憎分明，爱之不觉其恶，憎之不觉其善。我早年所受的历史教育，多属此类，以至于那时候一说起"国民党"，脑子里立马就反应出"反动派"。这类著作，如今多遭人淡忘，在此不做举例。

第二阶段是在改革开放之后延续至今,历史研究越来越趋于客观,在民国史研究领域中,加入中共党史视角,以两党相互交错相互斗争的历史背景展开叙述。这方面,以杨奎松先生为代表,比如《国民党的"联共"与"反共"》;杨天石先生最近出版的《解读蒋介石日记2》,也属于此类作品。

其实,大清王朝葬送之后,从爱新觉罗家族接过政权的,并非国民党,而是晚清重臣袁世凯。国民党,是1928年,北伐完成之后,才正式成为执政党的。在1912—1928年这16年的时间里,执政者其实是袁世凯及其后继者,史称北洋军阀。这一段历史,坊间有传说,正史有记载。但是由于历史原因,说到民国,似乎没这帮人的什么份。在历史的惯性下,人们说起民国,大多对此习焉不察。

近几年来,北洋研究方兴未艾,但是少有突破,多数还是基于民国名记者陶菊隐的《北洋军阀史话》。1949年后,以北洋作为研究目标的,有来新夏先生的《北洋军阀史略》,出版于1957年,即使没有读过此书的读者,从出版年代来看,便可想见,北洋军阀是作为反面教材来叙述的,之后经过多次修订,时代烙印依然难以去除。

《中国的军阀政治》,据译者介绍,系作者齐锡生1976年完成。1976年,国内史学界正是一片荒芜,更不要说做如此前沿的学术研究。

二

在民国38年的历史上，前16年纷繁复杂，乱人眼目，比如在1912—1928年间，就有"24次内阁改组，26个人担任过总理。任期最长的是17个月，最短的是2天；平均存留时间是3—5个月"。

更为关键的是，袁世凯之后，北洋集团分崩离析，各地军阀各自为政，造成当时以地方实力为基础的军阀政治，如译者所说的那样，"中央政府只起某种装饰作用，它除了意识形态和政治符号上的价值功能外，几乎与实际上的政治强力控制无关"。

不唯如此，在国民党控制的南方，这种"抢座位"的游戏现象同样发生。

还不唯如此，在中华民国建立之后13年，至少有四种不同的宪法，在颁布不久就立即变成废纸一张。之后的各方势力，常常在"法争"的名义之下，展开利益博弈。

如此一个复杂混乱的年代，还有各种错综复杂的关系：直系、奉系、皖系；派系之中又有各种关系：父子、兄弟、师生、同乡……看起来，不免有让人眼花缭乱之感。

前面说到早期研究北洋的两部著作，或许是因为研究者均是土生土长，对于这些关系习以为常。齐锡生虽然也是华裔，但是其研究的眼光，却是外来者的眼光。其有别于国人著作的地方，在于作者把1916—1928年间各种繁复的关系，运用图表方式如庖丁解牛一般层层拨开，这些图表，对于我等后来者，恰如认识"历史大杂院"的门径，大杂院里有什么，一目了然。

作者齐锡生也是在此基础上，以政治学的学科背景展开研究。

三

但是，也正因为作者所采取的范式（即译者在译者序中所指出的"运用现代国际政治理论解释中国前现代政治行为"），致使材料与理论框架不符合时，让作者显得捉襟见肘。比如作者认为家族主义的复活是中国政治失态的表征之一。这一结论，就有些失之武断。

当时的中国，与其说家族主义的复活，倒不如说是千年封建帝制中家族主义的延续，而彼时的政治，与其说是失态，倒不如说是百年中国，第一次迈向现代政治的蹒跚起步。如果不是从材料出发，而先存在理论框架，便容易出现这样的问题。

基于此，我对陈志让先生对作者的批评——以1916年袁世凯死后和1928年蒋介石执政之间作为军阀的统治时期，这样的分期不能说明中国军绅政权的形成，也不能解释它的衰落——持谨慎的赞成态度。

在我看来，写这一段历史，至少，应该用相当的篇幅叙述袁世凯时期对于其属下的军事势力如何运筹帷幄、如何布局谋篇，因为那恰是之后北洋集团分崩离析的根源所在，就像作者写军阀的起源是从李鸿章开始追溯一样。

对于一个政治学出身的学者，这样的指责或许属于苛求。我读此书，一边心凉，一边眼热，眼热的是，这部白璧微瑕开启门径的著作出自历史学界之外的学者之手；心凉的是，国内史学界至今对于北洋集团缺乏系统性的研究。

顾颉刚的方法　李泽厚的思想

与顾颉刚无关，与李泽厚也无关，但不是哗众取宠。

大抵说来，读一本书，没有多大的必要去了解作者写作的范式和方法，历史书除外，比如案头这本《革命与反革命》。

作者王奇生，北大历史学教授，学界之外，名声不彰。不过，中华书局版13卷本的《中华民国史》，王是作者之一。那套书，以我有限的阅读范围来看，在系统的民国史著作中，是最好的，甚至不用加"之一"。如今声名鼎盛的杨天石、杨奎松，当年都是这套丛书的作者，一般史学界之外的读者，可以从此推断王奇生先生的学术水平。

疑古学派自古有之，但直至顾颉刚先生的《古史辨》，才能说得上集大成。"层累地造成历史"，振聋发聩，天才之声。可惜的是，自顾颉刚先生以降，疑古一派，渐成式微。历史又开始被层层渲染。比如说五四运动，比如说《新青年》。

数十年来，学界针对《新青年》为代表的新文化运动的历史叙事，日益趋同，今人在"一代名刊"光环的遮蔽之下，甚少有人注意到，陈独秀于1915年创办《青年杂志》之时，其实并没有什么高远志向和预设路径，成为"时代号角"，有因缘际会的因素，也有一个相当长的"运动"过程。

现在，有人说，《新青年》创办之初，不过是一本"普通刊物"，不单如此，就连被后来史家不断征引的发刊词，"论旨其实十分空泛"，"无多少实际内容"；还不单如此，就连《新青年》创刊中声称的"本志执笔诸君，皆一时名彦"，经由作者王奇生一番考证，所谓"名彦"，其实不过是陈独秀的朋友圈，与其实说是名彦，倒不如说更"类似自我张扬的'广告'"，只不过，后来论者，"常以《新青年》作者日后的成就和名望来评断其撰作阵营"，王奇生甚至指出："陈独秀本人在民初的知名度其实也不能高估。"

这一番去茧抽丝后的史实，本来应该是史学界的常识和共识，但是现在反倒成为"奇缺品种"，从一个侧面反映了史学不振的局势。王奇生娓娓道来，用的正是顾颉刚先生疑古的方法。

写《新青年》一章，并非此书重点所在，而是由此带出后面的主题：社会文化视野下的民国政治。唯有了解了作者的质疑方法，才不会在阅读过程中处处惊奇，同时更能够理解作者叙述史实背后的逻辑。

比如说到五四，今人多注意的是"爱国"与"民主"，此书却注意到在此潮流之前，还存在一个个人主义的潮流，不过经由党派的运动，尤其是国民党1924年"以俄为师"的改组并逐渐成为执政党，个人主义才逐渐式微，民主集权制才"复制扩大为整个国家和社会的体制"，中国也"终于告别了五四人最为忧心的'一盘散沙'的局面"。

比如说到政党和上世纪20年代的中国革命，学界的目光多聚焦于国共两党，而长期漠视中国青年党的存在，而真实的情形，是当时三党之间互成犄角之势。个中缘由，正是在于"革命"成为当时社会最主流的意识形态，不仅渗入社会大众层面并影响社会大众的观念和心态，甚至"以革命为社会行为的唯一规范和价值评判的最高标准"。如此一来，"反革命"则被建构为最大之"恶"，进而升级为"罪"，"不革命就是反革命"，这看起来相当熟悉的"文革话语"，在当时不仅流行，而且是真实写照。中国青年党的长期被漠视甚至遮蔽，其实恰是当年国共两党"革命"意识形态的余绪。

从当年国民党、共产党和中国青年党三大政党之间的党际活动的叙述发端，王奇生开始进入"革命与反革命"考察，"革命与反革命"，是个"借"来的题目，早在2000年，就有台湾学者以此为题对清党进行再考察。王奇生则是把考察的时间跨度拉得更长，思绪飘荡得更远。通过对于民国政治或宏观或个案的考察，王奇生指出：1966—1976年的"大革命"，与1925—1927年的"大革命"，"其实具有相当的历史延续性"，"1949年的'解放'，只是国家政权的更替，并非中国革命的终结。1949年以后大规模的革命运动仍在继续。1949年以前的革命，只是在中国的局部地区进行；而1949年以后的每场运动，无不席卷全国。1949年以前的革命,主要是武力革命,参与革命的人数尚有限;而1949年以后的革命,则是全民性的社会革命,中国的老百姓无一例外被卷入。从社会结构变迁的角度看,1949年以后的社会革命更剧烈,更复杂,经验和教训也更丰富"。

通读全书再回头来看这段序言中的文字,其中不难看出作者深受李泽厚先生相关著作的影响和作者对"革命和反革命"这一考察背后的深意,正如作者在书中所言:

在业已告别革命的今天,作为历史研究者,不能仅仅简单地放弃、淡忘或者否定那些我们曾经长期沉迷的观念,而有必要追问,那些早已熔铸成为我们思想价值观念的革命话语和革命政治文化是如何构建起来的?又是如何演变的?

这些问题,正值得我们每个活在当下的人深入思考。

"不采蘋花即自由"

中国的知识分子似乎和政治的瓜葛特别深，近现代尤其如此。大家熟悉的朱自清和闻一多，我们在其作品中似乎看不到多么强烈的政治色彩，但是，他们声名的得来，却在很大程度上是因为政治。

单纯的知识分子，世俗名声往往都不大，比如说我比较喜欢的顾随和许地山。最近读谢泳的新书《书生的困境》，这种感觉就更加强烈。

一个典型的例子是谢泳书中说到的王瑶。王瑶师从的，正是文章开头说到的朱自清和闻一多，但谢泳通过梳理之后注意到，在王瑶的学术道路中，存在比较深的"陈寅恪影响"。这在以前的王瑶研究中很少被注意到。

王瑶的学术道路中为什么存在"陈寅恪影响"，要从王瑶的学术道路来考察。在新旧时代交替的历史阶段中，王瑶虽然已经开始在学术界崭露头角，但是还没有能像长他不多的钱钟书和费孝通那样奠定自己的学术地位。在1949年，36岁的王瑶还只是一个清华中文系的讲师。

时代的巨变给学术带来的巨变是非常明显的,据王瑶自己说:"后来系里在课改中课程有了变动,古典文学只剩下了三门课,而就有三位教古典文学的教授,而且资格都比我老,教新文学的又人少课多,于是我改教了新文学,但我在思想上并没有放弃我研究古典文学的计划,因为我以为研究新文学是很难成为一个不朽的第一流学者的"。

如果王瑶沿着以前的研究路径走下去结果如何?难以想象。但是,王瑶学术道路的转向,确实是因为外力的影响。因为按照原来的学术路径,个人上升的渠道已经被堵住了。在特殊的时代里,只好通过特殊的选择来展现自己的学术才华。

从王瑶自身来说,要他完全忘情政治,似乎也不太可能:学生时代的王瑶,就曾经表现出对政治的巨大热情,在"一二·九"运动中,王瑶又是其中的积极分子。这样的经历,很容易让王瑶在他的学术研究中注入他的政治情结。这一点和陈寅恪不同。

1953年,陈寅恪被邀北上出任中国科学院中古史研究所所长,陈寅恪提出了两条当局不能满足的条件,陈终于没有出任此职。随后,陈寅恪用柳宗元的典故表明心志:"柳家既负元和脚,不采蘋花即自由。"

"采蘋花"和"要自由"似乎是知识分子身上与生俱来的气质。但是,就像鱼和熊掌不能兼得,二者之间好像也有不可调和的矛盾。这两点的冲突在知识分子身上体现得明显还是不明显,跟一个时代的政治清明与否有关。政治越清明,这两者的冲突就越不明显，反之亦然。

王瑶的学术道路中存在明显的"陈寅恪印象"，说明在王的内心里，一直不能忘情于因为过去的教育而树立起来的学术标准。

以我看来，王瑶当时所处的历史情境，远远没有陈寅恪所处的历史环境紧张，对于还没有多少声望的王瑶来说，"不采蘋花"的自由还是有的，但是，如果那样的话，我们也就看不到之后的王瑶了。实现个人价值和追求个人自由之间，到底哪个更重要，是个很难说清楚的话题。因此今天的我们也不好以简单的"对错"来看待王瑶的选择。不过，王瑶晚年对于知识分子独立性的重视和呼吁，是和他的经历密切相关的。

王瑶有没有"不采蘋花"的自由，这个问题值得探讨，但是二者的冲突在他的身上体现得如此淋漓尽致，本身就说明了问题。

到了知识分子的改造完成之后——也就是谢泳书中说到《文艺报》1951年的讨论等一系列事件，比如学术界是通过批判胡适来肃清旧学术的影响；而延安知识分子们，则是通过《学习》杂志在建立新意识形态过程中发挥积极作用的——意识形态的影响开始渗透到各个角落，知识分子们，即使"不采蘋花"，也没有自由了。

值得注意的是，陈寅恪"不采蘋花即自由"的诗句，正是写自那个时期。陈寅恪的诗句，一方面显示了他学术上的自信，一方面表现出他对于无孔不入的泛意识形态的厌恶。在历史翻过了新的一页的今天，重温陈寅恪的诗句，无论对于这个时代，还是身处此中的知识分子，都是一面镜子。

当代华语学术界四大重镇思想的精华。

与前辈谈

李泽厚：《论语》非圣经

陈远：李老师，想跟您聊聊《论语》。

李泽厚：我不想谈。国内现在关于《论语》的争论很大，很多地方来过电话，我都没有讲。我不想加入争论，关于这场争论的一些具体情况也不了解，我倒是想听你讲讲这场争论的各方各派。

陈远：这些以后我细细跟您聊，但是现在我想暂时抛开这场争论。单纯地探讨一下《论语》。

李泽厚：其实争论是抛不开的，今天要谈《论语》，自然就会牵扯到这争论，我们如何来读《论语》？今天为什么要读《论语》？《论语》是不是凭考证就能读通？都跟现在的争论有关。更重要的是，读《论语》背后的复杂因素，一些人正在大搞复古主义，结合各种民间迷信，花大量钱财建庙宇，立巨像，搞祭拜，知识人也大倡立孔教、办国学、主三纲、穿汉服、贬五四、骂鲁迅，反对过圣诞，要用七夕代替情人节，用孟母节代替母亲节，用孔子纪年代替公元纪年，形形色色，热闹得很。我说干脆星期六星期天也不要过了，那也是基督教的嘛。所以，我以为这场争论要放在这样一个特定的大语境（还不只是"语境"）中来看，它不只是如何读《论语》的问题。

陈远：但是我觉得还是可以做一些深层次的探讨。现在的"《论语》热"，我觉得，不是因为于丹出现了，《论语》热了；也不是因为李零出现了，《论语》才热了。而是有一种内在的规律让《论语》热了起来。这也让我想起上个世纪80年代的美学热。这两种热潮虽然不相干，但是热度很相近。《论语》为什么在这个时候热了？而不是上个世纪的80年代？

李泽厚："《论语》热"当然不是因为于丹或者李零，恰恰相反，大家想回归传统，他们才被推了出来。"《论语》热"说起来原因也简单，在毛泽东时代过去之后，人们需要信仰，想追求一种信仰以安身立命，处世为人。现在人们的物质生活改善了，去年我在《答问录》中说到"现在是'四星高照'，声色犬马"，声就是music，色就是sex，犬就是dog，宠物，马是什么呢？汽车，car。这就是现代生活，无可厚非，但是在这样的状况下，大家又都很迷茫，怎么样安身立命？怎么样为人处世？中国没有《圣经》，大家就都到《论语》中去找了。但我以为今天中国需要的，还是"德先生"、"赛先生"。2004年我说：今天中国还是要启蒙，不要"蒙启"。（见《答问录》）

陈远：这正好是下面我想问的一个问题：在今天的语境之下，如果说我们需要的还是"德先生"、"赛先生"，还是"启蒙"，为什么还要读《论语》？应该怎么读《论语》？当初读您的《论语今读》，感觉有很多问题您在那里并没有展开来讲。

李泽厚：《论语今读》对一些问题的确一带而过、点到为止，留下了很多空白，例如《今读》中说到白牧之、白妙子夫妇的《论语辨》时曾说："《论语辨》重语录的具体情境性，《今读》重语录的意义普遍性；一为考据性分疏，一乃哲学性阐释；一吻合学术新潮，彻底解构《论语》，抹去作为中国文化符号之孔子形象，一率仍旧贯，又力图新解以重建。"就是说，读《论语》有各种读法，有历史读法、哲学读法，其实还可以有崇拜读法、批判读法、消闲读法，等等等等。自由选择，多元并存。至于说怎么读最好，我觉得我没有能力回答，也不喜欢回答这个问题。但是要说读《论语》，一定要弄清楚孔子是什么人，他的原话原意是如何说的？我看这个可能性也不太大。因为《论语》与孔子的关系就并不很清楚，传统的说法，《论语》是孔子弟子（曾参和有若）的弟子的记录，再传弟子传太老师的话就未必准确，又是一派弟子传的，更难全面，所以康有为说，假使子张的学生来记录，孔子和《论语》的面目就大不一样，因为曾参和有若强调修养（内圣），而子张是强调政治的。而从崔东壁到白牧之，好些人怀疑《论语》的一些篇章甚至绝大部分乃伪造，与孔子无干，这是他们"考证"出来的结论。《今读》也解说了这个问题，所以我虽极重考证，爱看考据文章，却不迷信、崇拜考据。

陈远：那么您觉得重要的是什么呢？

李泽厚：重要的是这本书到今天能给我们什么意义？我们到

底需要什么？读《论语》还是要从今天的现实出发。所以我提出"重意义的普遍性"，即古今中外都适用的原理原则。

陈远：您觉得《论语》能给我们提供刚才您所说的"德先生"、"赛先生"这些现代观念吗？

李泽厚：不能。这些观念是现代生活中产生出来的，孔子当然不能提供。但是除了现代观念，中国还需要其他的东西。《论语今读》中曾经说宗教性道德和社会性道德，孔子提供这个民族以生存的智慧，其中包括生命价值、人生态度、道德理想、境界情操以及勤劳、乐观、坚持不息等，它具有一种普遍性。

陈远：这些就是您认为《论语》为现代生活提供的资源？那么您反对的是什么呢？

李泽厚：当然不止这些，《论语今读》里说过很多了，我不想重复。十多年前我对抗当时的反传统热，开始写作此书。但今天我却要强调，不要拿《论语》或者孔子来掩盖、冲淡和转移我们现在所需要的最基本的东西。

陈远：长期以来，我读《论语》，有一个疑惑，是关于《论语》的界限讨论的。我觉得《论语》作为一个修身的文本，是一套非常完美的体系，一旦它跨越了这个界限，进入了"治国平天下"这个层面，是非常要不得的东西。但这似乎是个悖论，后世人谈《论语》，津津乐道的恰恰是它"治国平天下"的功能。您怎么看？

李泽厚：刚才不是说过吗，因为《论语》本来就是两派，曾子一派主张修身，子张一派主张治国。现在流传下来的《论语》

主要讲修身，它怎么能用来治国呢？但宗教性道德会对社会性道德有范导作用。值得好好研究。

陈远：这也是我正想说的，恰恰在过去，《论语》所表现出来的，是对于过去历朝历代的政治制度都产生了重大的影响。您怎么看？

李泽厚：过去两种道德是一个东西，不可分开，从孔子到荀子，再到董仲舒，《论语》对社会制度有建构（不只是范导）作用，但这也不完全是《论语》。儒家吸取包容了法家、道家、阴阳家的很多东西，这正是真正的儒家的特色所在，有转换性的创造，不盲目排外。

陈远：那您觉得我们今天需要一个什么样的孔子？

李泽厚：我没有答案，我更愿意把它作为一个问题提出来。我不赞成的是复古主义、民族主义的孔子。汉代有素王的孔子，宋儒有圣人的孔子，康有为有民主的孔子，孔子的形象是不断在塑造过程中间的。

陈远：过去有很多家对于《论语》做过注疏，您都怎么看？

李泽厚：做完《论语今读》，关于《论语》的新东西我没看。《论语今读》引用最多的是程树德的本子。之所以做《论语今读》，就是对以前的本子不满意。

陈远：您在《论语今读》中曾经提出过一个问题，我觉得非常重要，那就是解读《论语》，第一步的工作是解构，但是只有解构是不够的，更重要的工作是重建。那么您认为该怎么重建？重建的难度在哪里?

李泽厚：这是个很大的问题。与其现在言之凿凿地说如何重建，不如大家一起努力，尝试去做。重建的难度，在于孔子不是神，假如孔子是神，就不难了。但《论语今读》说《论语》有"半宗教性"，就是想为重建做些工作。

陈远：《论语》不单是一个阅读的文本，更重要的是落到实践上。您怎么看？

李泽厚：我赞成你这种说法。《今读》曾引用程颐："读《论语》，未读时是此等人，读了之后又是此等人，便是不曾读。"读《论语》，更重要的是落实在自己身心上，这也是《论语》的特点，不同于亚里士多德、柏拉图的"哲学"。但是孔子又不是神，他说的话并非句句是真理。

余英时：《论语》只能"冷读"，不能"热读"

陈远：您曾经在《当代儒学的困境》中对于儒学的境况做过论述，现在国内读《论语》非常热，各种争论也很多。我不知道您对这种情况怎么看？

余英时：我知道，好像现在《论语》在电视上大出风头。我的看法是这里的情况很复杂，动机也不一样，不能简单化。在一部分人看来，他们大概是希望《论语》能起到和谐的作用，他们所注重的点就是希望大家能安贫乐道，穷没有关系，穷还可以乐，所以就不必追求财富，也不必羡慕别人，这样不满意现状的人就会减少，这是一个层次；另外一种层次就是中国民间确实有精神空虚的问题，因为没有信仰。在这样的情况之下，一般人都要找一点价值，价值等于精神食粮，没有价值观念就没有是非、不知好歹、无法判断，人就没有办法活下去。所以就要寻求价值，寻找中国自己的《圣经》。而《论语》就相当于西方的《圣经》一样。《论语》是几千年来大家公认的第一部宝典，所以大家都想在里面找东西。

陈远：那么下面的问题就出来了，《论语》应该怎么读呢？

余英时：几千年来，大家都在读《论语》，读法不一样，重点也不一样，每个时代的读法都不一样，汉代一个读法，宋代一个读法，清代人搞考证又是一种读法。现代人当然可以抓自己想找的东西，但是这个问题跟古典的文字训练有很大关系。如果没有文字训诂的基本训练，只凭现代人的直觉在那里望文生义就会有很大的问题，我听说有个笑话，说《论语》中"民无信不立"的"信"解释成"信仰"，那就荒谬到极点了。其实不光内地，几十年前台湾也闹过这样的笑话，台湾的"教育部长"也是这样讲的，"信仰"嘛，就是"三民主义"啦。没想到几十年后，内地重复同样的笑话，而且不谋而合，这就是没有基本的阅读经典的能力，只是根据个人价值上的需要，任意取舍，任意解释，这恐怕不算是真正意义上的读《论语》。《论语》根本不能热，只能"冷读"，不能"热读"。"热读"的话，《论语》就完了。另外一个，读《论语》，还不单单是个阅读文本的问题，也不是一个建构理论的问题，越是这样做，离《论语》的真相越远，而是一个实践的问题，所以古人说：读《论语》"念一句受用一句，得到一句就是一句"。比如说梁漱溟先生、陈寅恪先生、吴宓先生，他们都没有关于《论语》系统的著述，但是他们身上体现出来的，恰恰是《论语》中的精神价值，他们才是认真读《论语》的人。

陈远：既然《论语》是一个需要"冷读"的文本，那么知识界对于《论语》表现出来的这样巨大的热情又是为什么呢？比如说新儒家的诠释，比如说李零先生考据式的解读。

余英时：这个问题很难说，一个很古典的东西，要把它普遍化，没有很高的学术水平的话，就会发生各种各样的误解，跟《论语》不相干，只不过是借着《论语》说自己想说的话。比如你说的新儒家，他们的预设跟《论语》本来就不相合，他们的那套东西是从德国的唯心论里面来的，把黑格尔、康德都卷了进来，中国思想史上本来没有那样的问题，如果要讲发展中国哲学与西方结合，那是一回事儿，但要是说这是《论语》留给我们的教训，那就不一定了。这个问题就像一团乱丝，很难理清。

陈远：现在《论语》这么热，您对儒学现状的看法还像您过去那样看吗？还是有所改变？

余英时：我认为现在的儒学现状有一种抵抗西方价值的倾向，希望能在《论语》中找到许多东西，让我们可以排斥西方的某些价值，比方说人权、自由，那些东西都可以不要了。我们有自己的价值，可以不跟着西方走，马克思主义里的东西，再找一个代替品来取而代之。这样子就可以不受西方的挑战。这恐怕就比较难了。但是有个外国人通过《论语》的译本，读出了《论语》与民主自由是相合的，不是相反的。

陈远：通常人们都认为《论语》中没有"个人"，注重的是"二人关系"，与西方的观念是针锋相对的，但是我觉得与其探讨中西文化的不同，不如寻求中西文化的共通之处，《论语》有很多关于"己"的论述，就是关于个人的，您觉得《论语》与西方的观念是格格不入的吗？

余英时：你这个基本判断非常对。《论语》每个人读出来都是不同的，不过我觉得《论语》有些基本的东西是不能乱解释的。从前胡适讲《论语》，讲中国自由的起源，他说"为人由己"，"由己"就是"自由"。这是讲"意志自由"。我觉得这样讲是对的，如果不假定人有"自由意志"的话，那就不能成就道德，我为什么要做一个仁者？为什么不能做一个不仁不义的人呢？所以我认为像"自由""平等"这样的观念，佛家早就用过，跟《论语》某些观念是可以相通的。《论语》中有历史的部分，限于当时的历史情境，跟我们今天不相干了。但是《论语》有很多普遍性说法，普遍性的说法具有普遍性的价值，这些普遍价值在人类很多高等文化中都有的，只是说法不同，名词不同。所以我不认为《论语》与西方的观念是针锋相对的。《论语》那些关于"己"的论述，就是关于"个人"的。

陈远：过去有很多家对于《论语》做过注疏，您都怎么看？

余英时：我认为读《论语》，如果有现代的翻译，就很好了。比如说我过去读过的杨伯峻的译本，就是很好的译本，基本上是很正确的，就是有可以商量的地方，也很少，受时代局限很小。李泽厚先生的《今读》，是思想家的读法，有他自己的思想在里面，他不是要讲《论语》原来是什么意思。另外我的老师钱穆先生的注本，也是相当好的。如果把钱先生和杨先生的书合起来对着看，对于《论语》的理解就不会差到哪里去，这是我的看法。

陈远：我也有一个看法，跟李泽厚先生很相近，我觉得读《论语》，仅仅有文句的解释是不够的……

余英时：可以有发挥，那是我们的工作了，也是这个时代需要的。但是无论想给《论语》一个什么样的现代性的解释，第一步首先要把原来的文句讲清楚，对于《论语》，可以同意，也可以不同意，还可以与它争辩，但是前提是把原来的意思搞清楚，不能完全做到，但要尽量地接近。否则的话，何必还要讲《论语》呢？自己单搞一套哲学就可以了。

陈远：那么您觉得《论语》对于我们现代人，有什么启示呢？

余英时：如果承认《论语》有塑造文化的作用，才好谈这个问题。《论语》的本来面目，有很多被搞得面目全非，比如说刚才我说的"民无信不立"的例子。然后再看看《论语》中的价值系统，对于我们今天还有什么意义，还可以不可以引申发挥。比如说孔子讲了很多"君"的问题，在今天就不存在了，孔子讲"忠恕之道"，"忠"并不是"忠君"的意思，朱熹讲"忠"，是"尽己"，这个解释就可以为今天用，"恕"就是宽恕，就是对别人容忍。这样看，"忠恕之道"这样的价值，对于我们今天还有价值。比如说"六十耳顺"，就是听得进去别人的话，跟我有不同的意见，不反感，这是容忍的态度。后来人们讲"朱陆异同"，就是说《论语》不是一个解释，可以有不同的解释、有不同的观点的存在，这样就进入现代我们所说的多元的观点了，而不是一元论的，从这一点上讲，《论语》可以有很多启示的。《论语》中有很多是可以为今天所用，超越了时代性，不分古与今，永远是普遍价值，而且范围极广，包括做人、读书、做学问等各个层面，比如"己所不欲，勿施于人"，比如"三人行，必有我师"，比如"思而不学则殆，学而不思则罔"，都可以成为现代文化的非常重要的一部分。

陈远：长期以来，我读《论语》，有一个疑惑，是关于《论语》的界限讨论的。我觉得《论语》作为一个修身的文本，是一套非常完美的体系，一旦它跨越了这个界限，进入了"治国平天下"这个层面，是非常要不得的东西。但这似乎是个悖论，后世人谈《论语》，津津乐道的恰恰是它"治国平天下"的功能。您怎么看？

余英时："治国平天下"是后来讲到《中庸》、《大学》才有的，那已经是非常迟的东西了。从《论语》来看，还是讲个人修身，从近处开始。我曾经讲过儒家的规划的问题，也曾讲过《论语》主要是讲修身，它也讲到"平天下"的问题，但是不多，《论语》第二篇讲"为政"，就是讲"平天下"，《论语》主要讲的还是一个伦理的社会秩序，不是政治制度。但是有一点要注意，孔子那些话，是对"士"这个阶层讲的，他的对象是将来在社会上占领导地位的人，所以他讲"君子喻于义，小人喻于利"，对于老百姓来讲，孔子的意见是先要丰衣足食。现代人对于孔子和《论语》有误解和曲解。对于"君子"和"小人"的观念，我也有过文章分析，你可以找来看看。

陈远：最后一个问题，您觉得我们今天需要一个什么样的孔子形象？是"至圣先师"，还是一个原原本本的孔子？

余英时：我想"至圣先师"——一切都以孔子为模范——在今天不大能够成立，在多元化的今天，说中国的思想，不能光说《论语》，也不能光说儒家，老子何尝不重要？庄子何尝不重要？韩非子何尝不重要？我想今天来看孔子，应该把他看成最早提出精神价值的一个人（因为从现在的材料来看《老子》成书在《论语》之后），一个很平平实实的人，一个实践了自己道德和精神价值的人。而不要把他装扮成一个深不可测的人。如果孔子深不可测，与一般人也就没有什么相干，"道"也会遥不可及；也不要把孔子装扮成十全十美的圣人，今天也不能劝人做"圣人"，而是要劝人做"君子"，也就是孟子讲的"富贵不能淫，威武不能屈，贫贱不能移"。这就是把价值放到自己身上了，而不是嘴上讲讲或者写写文章。

许倬云：《万古江河》是思乡，更是对中国的期望

中国"和而不同"、"阴阳二元论"以及"变化"等观念，对未来世界更为适用

陈远：读完《万古江河》，我似乎感觉到您有一种思乡的情绪。是这种情绪促使您把中国的过去历史化吗？三年前您开始进行《万古江河》一书的创作，能谈谈您创作此书的契机所在吗？

许倬云：是有一点，但是我这种思乡的情绪不是那种滥情式的思乡，我更希望的是中国人在面对正在转变的重大关口时，了解其位置，不能闭关自守，应该开放心胸，承认自己是世界的一部分，不要总是关着门。这种情绪，与其说是思乡，毋宁说是一种对于中国的期望。

至于说写这本书的契机，当然不只这些，我写这本书的想法已经相当久了。这个想法是逐渐逐渐发展起来的。过去在做比较文化研究的过程中，我就发现世界正在走向一个不能分的整体，我已经感觉到了全球化的现象，后来的演变也果如我所料。我有

这种想法大概已经将近三四十年了。

尤其是 20 年前开始,当时,我参加一个由一批社会学家、文化人类学家以及历史学家组成的会议,那一系列会议的内容就是比较各种文化走的方向以及他们在面对重大关口时如何度过的问题。

从那时起,我在心中就开始酝酿这样一种想法:世界虽然不改变,但是每处关闭的故乡都不能不开门了。所以,与其闭关自守,发抒滥情式的思念,不如指出方向,指出这个故乡是要不断扩大的,最后我们真正的故乡就是这个地球,大家全体在一起的大的故乡。

这个工作在 30 年前有了大概的想法,20 年前逐渐逐渐明确,等到开始写《万古江河》时,我就知道得相当清楚了。

过去我有过一本书《世界文明与中国文明》,在那本书中我已经指出,人的故乡是一个网络,这个网络是要不断扩大的,是要逐渐成长的。

到了最后,我有一点就是对中华文化的信念。在我看来,西方文化,主要就动力来说,上帝一神论的观点对于未来世界是不合适的,中国的"和而不同"、"阴阳二元论"以及"变化"等观念,对未来的世界来说是更为适用的。我的思乡里面其实包含着这样一种希望:中国不应该妄自菲薄,而是把这些非常合时的思想资源贡献给世界。我深有信念,未来世界不能把独断的一元主义作为主调,避免不断发生冲突。"和而不同"和"变化无穷"这八个字应该是"究天人之际,通古今之变"的钥匙,这把钥匙,我们中国人手中是有的。

陈远：在序言中，您提到："本书各章的标题，得益于梁任公《中国史叙论》中所述的观念"，同时您又说："本书不仅有自己设定的断代，于各个段落的解说也有自己的认知，而毋须受任公历史观念的约束。"我在您其他的文章中也看到您曾经提及任公先生的《中国史叙论》对您的影响非常大。能够具体谈谈在本书中，您的哪些观念与梁启超先生是相同的，哪些是不同的吗？

许倬云：我借用了梁任公阶段扩张的想法，但是我跟他讨论的扩张过程中的方向是不同的，梁先生讨论的是上层的文化，我讨论的是普遍性的文化，上下一起讨论，比如说民间的信仰和饮食起居，对这些文化的交流比单纯讨论上层的文化更为明确、更清楚。

另外，我对于两年前刚刚故去的一位在美国教书的埃及人——萨义德讨论东方主义的想法深有感受。我觉得萨义德对于东方是理解的，别人想办法懂得他的故乡是从别的角度——东方的界定是西方人的角度，萨义德提醒大家，我们东方自己对于东方、西方、世界，都应该有我们自己的界定。在这本书中，我也做了这样的工作。任公先生在这方面则没有太着眼。

比如说东方是东方自己的界定，西方是西方自己的界定，世界的界定则是全球性的最后共同的界定，在这方面我想我和任公是不同的，而和萨义德比较接近。我也想把"他者"和"我者"的界限打开。

"他"和"我"不是对立的,而是有交流和汇合的。

我在以儒家为主的文明里长大,耳濡目染,我从来没有丢开过这种文化

陈远:在第二章《中国文化的黎明》的第五节《中国思想体系的核心成形——孔子学说及诸子百家的辩证发展》中,您对孔子的思想着墨甚多,而对孔子时代的诸家则着墨甚少,这是出于什么样的考虑?

许倬云:我认为孔子注重的是具体和实在的东西,和人生关系最切。道家的东西,一方面高明,一方面玄虚,对于一般人来说没有直接的用处。

或者还可以这么说,道家是人到老年成熟了之后用,儒家则是在壮年时用。终究,人生是壮年的时期比较长,人要首先学会入世才能学会出世,我们不能还没有学会入世就学会出世,对不对?我们一路成长从婴儿到青年,做的都是准备入世的事情,把这些事情做完了,才会去想如何超脱这个世界。人生的阶段里面,"在世"的时间是比较长的,孔子所提出来的智慧,对于我们的日常生活,对于我们日常在世界上的社会性有很大的帮助。还有就是,我们究竟是一个以儒家为主的文化氛围,我在这种文明里面长大,耳濡目染,我从来没有丢开过这种文化,这种文化,已经浸到我的骨子里了。以上种种,是我之所以这样写的考虑或者原因。

陈远：诚如您所说："中国思想对于'全面'的整合与悟解，超过了对'部分'的分析——春秋战国时代500年的演化，所谓诸子百家学说其实不应当看作各自独立发展的思想流派，应当视之为经过长期的对话与辩论交织成后世2000年中国文化的核心思想。"我对于这一观点非常认同，而我的疑惑是，在经过了长期的对话与辩论之后，中国文化的重心为何落在儒家文化而不是其他诸家的学说？

历史虽然不能假设，但是我们不妨假设一下，如果中国文化的主干道不是沿着儒家这一思想脉络走下来，而是选择了杨朱学说或者韩非子的法家学说，今日的中国是否会呈现另外一种面貌？

许倬云：中国如果走的是"杨朱"然后到"老庄"的路线，我们很有可能会成为和印度一样的局面。如果要顺着"韩非"的路走，就和今天的社会科学比较接近了。要注意，所谓法家，是手段性和工具性的，而不是目的性的。

他们讨论的更多是怎么治国，但是没有讲清楚为什么治国。法家实际上是从儒家分出去的一个分支，所以你看，韩非和李斯都是荀子的学生。如果从法家的工具论发展下去，那么中国就会发展成相当于欧洲近古发展的现代科学，有方法而无目的。这个方向目前我发现了存在很大令人困惑的地方，目前的社会科学所走到的地步，就是我们可以分析问题到的极点，但是我们找不出最后的答案来。所以目的论方面，终极关怀方面，法家提不出答案来。因为法家是从儒家里面钻出来的，它把这部分工作又还给儒家去做了。到了汉代，汉宣帝说得很清楚，他说：儒法是合一的，我们汉家规模不只是儒家的东西，而是儒法相合的东西。

中国比欧洲提前1000年就想到了怎么治国的问题，不仅仅是安顿心灵，而是要兼善天下，而是要"己欲立而立人"，而是要别人的饥渴都是我的饥渴，而是要在一个现实的世界上做到一个理想的社会。这个梦，中国比欧洲提前1000年，欧洲的那个梦，很早就转变到上帝那里去了。上帝的梦转变成所谓的理性，从理性上就发展了绝对的法律和可测的科学。

中国则不同，中国是从现实生活上发展出"己欲立而立人，己欲达而达人"，"推己及人"这一系列的理念进而达到"推己及人"地将心比心——这种理念，是一种情理交融的理想，而不是走向单纯的理性。所以，你看，朱夫子走的路和康德相近，着重在"理"的上面，但终究走不过去，还要让王阳明在"心"的方面做一个很大的转弯。如果单单从纯粹的理性方面，是走不远的，必须要把人本身放进去。人本身则包括了情和理两方面，我们不能只顾理不顾情。但是中国情理交融的治国方法最后也出现了问题，比如说人情关系啦、家族关系啦，都出来了。

中国的法律不是绝对的法律，中国的法律一直是相对的法律。这是因为情理交融的治国理想出现了问题，这种问题当然也会有它的缺陷。

陈远：从第三章开始，您分别提出了"中国的中国"、"东亚的中国"、"亚洲多元体系的中国"、"进入世界体系的中国"等一系列的概念,您能否对这些概念做一下简要的表述?

许倬云:我的表述就是,中国逐渐扩大到中国的疆界之外,所谓疆界是指地理疆界、政治疆界以及文化疆界。

中国在大的环境中,与其他文化之间,不可避免地与政治、经济、军事、思想、物质都有关系,关系一步步扩大:第一步的扩大是和周围的邻邦,比如和日本、越南、蒙古以及西北地区;第二步就要扩大得更远,是和欧洲、美洲等;第三步则是全球性的融合。文化的内容就必须要在全球的框架内才具有意义。中国今天经济的繁荣就靠在全球经济系统上,隔离的中国不能存在。

从历史抛物线上,我看到的是中国一直在向多元方向走

陈远:通读全书,您是把"中国"放在"世界"这一宏大视界中来进行描述的,能否这样说,"中国"在"世界"这一宏大的坐标系中的位置,正是沿着您提出的这一系列概念逐步发生变化的?

许倬云:对。是这样。我所讲的既是对最近20年发展的一个陈述,也等于指向前面一个更广大更宽阔的境界,这个境界终将要到来。

陈远:这正是我下面想问您的问题。在《万古江河》一书中,您对中国数千年的历史作了详尽而精彩的回顾,对于"我们从哪里来"这一问题作出了回答,我接下来想问的是"我们将往何处去"这一问题,能否展望一下未来的中国?比如说未来中国的文化将往何处去？未来中国的社会将往何处去？

许倬云：我把过去看作抛物线，一个图表上的抛物线，不能没有前面半段；没有前面的半段，我们就无法预测后面半段的趋势。从中国历史这个抛物线上，我看到的是中国一直在向多元的方向走。所以我预测，将来的中国在政治上将逐渐从地区上的中国，发展成在全球格局下扮演重要角色的中国。这个角色，不是霸主，而是做一个协调者。在经济上，中国的经济体系将会成为全球性的一部分，而不能像现在的西方世界，曾经大量浪费全球资源，来造成局部的繁荣。中国不应当如此，而是应该处于全球性之中，有给有拿，互惠互利。

更重要的是中国的文化部分，目前，世界上主要的文化辩论的场合和论坛都在西方，以西方的话语为语境，以西方的学校作对话的场合。

中国将来也会不可避免地担任这样的角色，因为中国在政治和经济的角色加重了，大家会注意到中国怎么想，在这方面，中国应该做好准备，准备好辩论的场合也会在中国举行，以东方的话语和西方的话语交汇之后作为共同语境来展开辩论。

鉴于此，中国的学院不应该再有固步自封的想法，中国的学者包括青年学生应该获得更多文字的工具，也不应该自暴自弃，自贬中国文化。

长期以来，我们一方面有自暴自弃的感觉，一方面又有狂妄自大的虚骄。这两种感觉都是不对的，我们应该是不卑不亢地做我们应当做的角色。

将来的社会,我们不管它会怎么样,我盼望出现也有可能出现的结果是,国与国的界限要提升到区域界,国内的界限要下放到地区,为什么要下放到一个地区呢?

因为许多很现实的问题,在小的区域中更容易解决。比如说吧,干旱地区处理水的方法和潮湿地区对待水的态度不会一样,我在这边早晨6点起来出太阳了,你那里才刚蒙蒙亮。

我未来向往的社会,是一个世界性的政治秩序和法律观念,但是执行起来,却在地方落实。比如,福利是在地区性的群体中共同解决。所以我构想中的社会是公众秩序和公开社会,有阶层的分工。民主、人权,当然是我们盼望有的事情。"民主"这两个字的内容的界定,"人权"这两个字的内容的界定,不应全从美国式的界定来界定,它们的界定已有不少缺陷。美国200年来的富强使它们自信。各个地区的人权应该自己争取,自己界定,不能由别人为我们争取。

所有的人文科学都可以整合成一个学科:"H"

陈远:令人耳目一新的是,在此书中,您不只运用了历史学的方法,而且运用了比较史学、考古学、人类学等诸多学科的方法,这种学科的交汇与融合在本书中体现得几近完美,您能否谈谈在研究中如何将诸多学科融会的问题,以便后学者有所裨益?

许倬云：一个学者，不要固步自封，不要自以为是哪一个学派或者哪一个学门的就蜷守在里面。我们要从问题上去找，而不是从科目上去找。假如从问题着眼去想，那我们攻打问题就可以四面八方、分路合进，从社会学、人类学、历史学哪一条路都可以攻打进去。如果死守着一个学门，就限制住了自己攻城的方向了。我们攻打一座城池，四面八方围攻当然比专从一路打进去要好，你说是不是？

芝加哥大学已经成立了一个研究所，叫做"自然科学整合研究所"，在他们的心目中，只有一个自然科学，就是一个大写的"S"，所有的自然科学都属于共同一个科目；这个大写的"S"，是不能分裂的。我同样认为，人文学科都可以整合成一个大写的"H"，所有的学科都可以整合在下面，不能分割开来。对于中国来说，自从学科重新分类、学校重新划分之后，最大的问题就是学科与学科之间的界限划分得太严格了，壁垒森严，谁都不能跨出去。最近国内有一些改变，我盼望着这种改变是走向整合的。

陈远：最后一个问题，关于历史研究的方法，您对于后辈的治史者有什么建议和期许？您对内地的史学界怎么看？

许倬云：说到研究方法，我是觉得，资料和问题两方面都要注重。过去大家的方法都是从资料下手，我的意思是从问题下手，也从资料里面看问题，在资料里面呈现对问题的理解，资料有所改变的时候，我们的问题跟着改变。就是说做研究要有两手的政策，左手管问题，右手管资料，两手对着谈，丢来丢去，丢出一个好东西。单谈问题会流于空疏，单谈资料会流于枯燥。

　　毋庸讳言，内地在学术的继承和发展上与外界有一个落差，几十年的关闭造成了这种落差。今天的年轻人目前很难说一步走到哪里，很多基本功夫有缺陷。但是基本的功夫打扎实了之后，以中国这么庞大的人口，人才是一定会脱颖而出的。但是，我们必须付出更多的努力，这部分努力是要靠大家一起来进行的。我为什么到了70多岁的时候还要写这样的一本书，就是想参与这样共同的工作，把年轻人的注意力和志向拉起来。我写这本书不是当作一个研究工作，而是当作一个反省，而是当作与年轻的弟弟妹妹们对话的方式来进行的。所以你在这本书中可以看到，这里面是谆谆的叮嘱，而不是说教。

　　到了我这个年岁，我就盼望替年轻人做一些提醒的工作。

　　陈远：谢谢您。

与唐德刚先生聊历史

按:2006年,笔者曾经就口述历史问题求教于唐德刚先生,唐先生当时年事已高,又因不慎跌倒卧病在床,无法通话。但唐先生依然不辞如我这样一个小辈的烦扰,两次笔答,前辈之风,由此可见一斑。

陈远问

一问:在《晚清七十年》一书中,您提到中国史学有三大主流,第一是从往古的左丘明、司马迁到今日在台湾的钱穆教授,这一脉相承的中国传统史学;第二则是在今日大陆一枝独秀的马克思主义史学派;第三则是由19世纪的西方汉学逐渐现代化和社会科学化而形成的"现代西方史学"。您把自己划到哪一支中呢?

二问:说到流派,不由得就想到师承,您是胡适之先生期许颇深的弟子，您自己在著作中也屡屡提到"胡适老师"。在您几十年的治史生涯以及您的著作之中，形成了自己独特的史学方法论，能谈谈您在这方面的心得吗？您觉得您在多大程度上是继承了适之先生，在多大程度上是自己的创新和发展？

三问：关于胡适晚年的学术选择，比如说考证《红楼梦》与《醒世姻缘》，又比如说不遗余力地搜集《水经注》的各种编本进行考证，走的基本上是乾嘉学派考据实证的路数，与其早年的学术选择大相径庭，因此也遭到时人与后人的不解。但是我却以为适之先生的这种选择，更加贴近学术本身，这种选择的背后其实包含着适之先生对自己学者角色的期待，在这种角色期待背后的潜在意识则是：适之先生希望为当时的学术界建立一种范式，那就是学者可以关注现实并抱有现实情怀，但是在以学者这一角色进行治学时，必须保持价值中立，必须"为学问而学问"。您对胡适晚年学术路径的选择怎么看？

四问：下面想和您聊聊口述史方面的话题。目前在中国内地，您拥有为数众多的读者，您的名字几乎就是口述史的代名词。在您所做过的众多大人物中，哪位在口述过程中让您感到最酣畅淋漓？哪位让您感到难以为继？

五问：我觉得，经过修饰的文字往往具有极大的遮蔽性和欺骗性，也就是说，我们所接触到的史料，或多或少都是失真的，而口述有时则可以纠正这种失真。但是如果口述人的口述与现存史料有出入时，您是如何判断究竟何者才是真实的呢？

六问：您怎么看待口述史的前景？它究竟是史学研究的康庄大道，可以改变史学研究的方法和途径？还是一条羊肠小道，必须依附于旧有史料才可以进行？

七问：阅读《晚清七十年》时，我有个感受，不知道对不对。我觉得，在您看来，中国100多年以来，一直处在转型当中。如果我这种说法可以成立的话，那么在您看来，哪一段时期的转型比较成功？哪一段时期是应该定型而我们却失去了机会？

八问：如果让您在自清末民初以来逝去的史学家中，推荐三位最值得后人学习借鉴的史学大家，您会推荐谁？如果推荐三位在世的史学家，您又会推荐谁？

唐德刚先生一答

陈远先生：

　　谢谢来电。弟因久病，日常所用的中英文电脑皆失灵，写字手也抖个不停。前天又跌了一跤，弄得卧床不起。迟至今天才恢复一点。就勉强涂鸦。实不得已也。务乞原谅。

兄所垂询各条,弟即用原号码分列于后。弟如未写清楚,盼打电话,我们再谈。

1. 2. 关于历史学派,原无定论。弟则选择所谓"三派"吧。至于我自己属于何派?老实说,治史数十年,却不敢附骥,乱找师承。为说话方便计,就无中生有,说是第四派,算是综合三家、采长补短的现代派吧。弟在课堂里对学生言明,此派上不见踪影,就姑妄言之吧。

3. 胡老师是不世出之才,十项全能。早年搞民主也是"逼上梁山"。搞《水经注》只是一种"嗜好"。

4. 关于"口述历史",您对我的过奖之词,我绝不敢当。病中简答乞正。

"口述历史"并不是美国货,它是中国最优良的史学传统之一。《史记》中最好的篇章,几乎全是作者口述的。《鸿门宴》和《荆轲刺秦王》都是世界史学上的经典"口述",也全是正宗"国货"!

哥大口述史的始祖纳文斯教授看到新发明的录音机,一时灵感大发搞起来的。我那时在哥大当助教,才被召入伙的。想不到竟干了一辈子!陷身此行,一干就干了一辈子,言之可叹。

5. 口述史料与笔述史料,本质上有多大区别,我不敢乱说也。因时而异耳。至于"口述"与"笔述"异同何在,那就标新立异的说不尽了。

6. 我看口述笔述基本相同，说他们同与不同，都是说不尽的，只是运用之妙，存乎一心罢了。

7. 足下所言，正是我的意思。中国历史上的生活方式，是千年不变的。鸦片战后（1842），忽然大变特变，甚至是"十年一变"。这"十年一变"至少要变20次（200年，1842—2042），大致才能变完，国家社会恢复安定，就天下太平了。何以如此？那就说来话长了。

8. 中国政制，十年一变，史学亦然。第一段我选出3人，他们是已故的胡适（历史哲学）、陈寅恪（历史史通）、顾颉刚（古代史）。后三雄我推荐何炳棣、余英时、吴相湘，以知名海外为主。

唐德刚先生二答

陈远先生大鉴：

暮年握笔，耳脑争鸣，障眼有纱。初以为勉力作书，或可改善，孰料每况愈下，几至失明。此信只好请老伴代书。内子吴昭文，台大法学院毕业之后，曾通过政府高等考试。嗣留美再获硕士学位。返台在学政界，本可前程似锦，不幸滞美误嫁老朽，沦为儿女乳媪，甚为可惜。然渠小楷秀丽，文笔超群，儿女成长之后，老妪终是人才。如今就她代劳。以下就由她代作记录吧！弟在病中无法执笔，亦不得已也。万请恕之，幸甚，幸甚！！

唐德刚答第二问如下：

禅宗六祖的学生或问半山和尚曰："汝肯先师也否？"和尚答曰："半肯半不肯。"问者再问曰："何不全肯？"和尚答曰："全肯则辜负先师也。"一次在胡家，某台湾访客亦以相同问题问我，我即以相同言语回答。全堂宾客闻之大笑，说我在老师面前开这样玩笑。我说这故事是老师自己说的，胡老师在一旁也为之点头大笑不已。

胡适先生本人基本上为乾嘉学派的后起之秀。据他自己说他之成为现代学术的尖兵，是他在康奈尔大学翻大英百科全书谈考据专章，忽然灵感大发，偶然搞起来的，不意竟成终生的兴趣。

胡先生的第一篇考证文章《诗经言字考》颇受蔡元培之赏识。我自己平生所写的第一篇考据文章《中国郡县起源考》就是受他的影响下笔的。东施效颦，言之可笑。我自选的论文导师是顾颉刚先生。顾是胡的学生，后来我又做了胡老师的学生，胡氏开玩笑地叫我"小门生"。我个人所受胡门的影响是很大的，但不是全部，我对胡老师也是"半肯半不肯"的。

后 记

按照惯例,小册子编定之后,应该写个后记。这颇让我犯难:收入这本小册子的文章,写作时间不同,我的思想也在不断变化。用一篇文章"总而言之",很难。

但是,不同中有同,那就是这些文章,大多是民国旧事,除了后面四篇与李泽厚、余英时、许倬云、唐德刚四位前辈的对谈。

作为一个新闻记者,我不单单对于当下感兴趣,对于往日的旧闻,有时候反倒比"新闻"更感兴趣。这让我在同行当中,显得有些"另类"。这种状况,和我在读书时,学的是化工专业,却喜欢历史,被师长视为"不务正业"的情形,很类似。

有一次向余英时先生请益,我笑谈我的尴尬:在新闻界我被视为"历史学者",但是在史学界,我却又被认为是不折不扣的记者。

余先生说:你可以沟通两界嘛。

其实,对于历史的兴趣源于对当下的关注。

但是,像是个悖论,而且不只一重。且听我一重重讲来:

我总是觉得,当下的新闻,过于喧嚣,身处其中的我们,因为"身在庐山"的缘故，或因为立场，或因为利益，或因为人事，往往难以看清事件的真相。反倒是那些历史旧事，因为经过了时间的过滤，少了种种复杂的纠葛，再回过头来重新审视的时候，比较容易保持冷静，虽然对于某些历史，想做到客观的描述，依然十分困难。

陈寅恪先生说：读史早知今日事。确实如此，历史读多了，看当下纷乱的事件，会有一种如犀烛隐的感觉。

然而，我却拒绝任何"以古喻今"的治史方式，包括当下知识界热衷谈论的"现实情怀"。

作为政治附庸的"古为今用"固然面目可憎，抱着为当下"疗伤"的"情怀"去研究历史，也会让历史发生变形。

只有真实的历史，才能给当下提供借鉴。

收进这本小册的本章，不敢说都是历史的真实，但是我在写这些文章的时候，想的是寻找历史的真相。

有些文章，是早年写的，当时"现实情怀"颇重，这次收录，也没有修改，有心的读者，应该能看得出来。

不修改，也算是保留"历史真实"。

是为后记。

图书在版编目(CIP)数据

负伤的知识人:民国人物评说/陈远著.—北京:商务印书馆,2011
ISBN 978-7-100-08671-4

Ⅰ.①负… Ⅱ.①陈… Ⅲ.①文化—名人—人物研究—中国—民国 Ⅳ.①K825.4

中国版本图书馆 CIP 数据核字(2011)第 207339 号

所有权利保留。
未经许可,不得以任何方式使用。

负 伤 的 知 识 人
——民国人物评说
陈 远 著

商 务 印 书 馆 出 版
(北京王府井大街 36 号 邮政编码 100710)
商 务 印 书 馆 发 行
山东临沂新华印刷物流集团
有 限 责 任 公 司 印 刷
ISBN 978-7-100-08671-4

2012 年 2 月第 1 版　　　开本 889×1194　1/32
2012 年 2 月北京第 1 次印刷　印张 11½
定价:38.00 元